الإغــــراق
من صور المنافسة غير المشروعة

دراسة مقارنة
بين الشريعة الإسلامية والقانون الوضعي

الدكتور
محمد أنور حامد علي
دكتوراه في الشريعة الإسلامية والقانون التجاري
كلية الحقوق - جامعة بني سويف

دار النهضة العربية

«حديث شريف»

عن أميرِ المؤمنينَ أبي حفص عمرَ بن الخطابِ رضي اللهُ عنهُ قال: سمعتُ رسولَ اللهِ صلى الله عليه وسلم يقول:

«إنّما الأعمالُ بالنياتِ, وإنّما لكلِ امرئٍ ما نَوىَ, فمنْ كانتْ هجرتُهُ إلىَ اللهِ ورسولهِ؛ فهجرتُهُ إلىَ اللهِ ورسولهِ, ومنْ كانَتْ هجرتُهُ لدنيا يصيبُها أو امرأةٍ ينكحُها؛ فهجرتُهُ إلىَ ما هاجرَ إليهِ»

(متفقٌ عليه)

شكر وتقدير

من باب "هل جزاء الإحسان إلا الإحسان"، "من لم يشكر الناس لم يشكر الـلـه"، فإني أتقدم بخاص شكري وعظيم امتناني وتقديري إلى أستاذي ومعلمي الأستاذ الجليل الـدكتور/ رضا عبيد - أستاذ القانون التجاري والبحري بكلية الحقوق - جامعـة بنـي سـويف وعميـد الكلية الأسبق، والذي شرفت بالتلمذة على يديه، فلمست فيه رقة القلب، وسعة الصـدر، وصدق النصيحة، وغزارة العلم وذكاء العقل وحنان الأبوة... وإلى أستاذي ومعلمـي الأسـتاذ والعالم الجليل الدكتور/ عبدالحميد ميهوب - أستاذ الشريعة الإسلامية بكلية الحقوق ببنـي سويف - ذلكم الشيخ الذي ألبسه الـله رداء الهيبة والوقار، وكساه بحلة السكينة والصلاح، والذي شرفت أيضا بالتلمذة عـلى يديه في الجانب الشرعي، فلمست فيه أمانـة المواسـاة وسماحة الخلق وسعة الصدر وشفافية الروح

وذلك لما بذله معي هذان الأستاذان الكريمان من جهـد مصحوب بالعنايـة والرعايـة العلمية النادرة، والتي تجسدت فيها كل معاني العطاء بلا حدود في مشـوار حيـاتي العلمـي والعملي

فالله أسأل أن ينعم عليهما بـبرد عفوه وحـلاوة مغفرتـه ورحمتـه، وان يـتم علـيهما عافيته وستره في الدين والدنيا والآخرة، وأن يجزيهما عنى خير الجزاء، إنه نعم المـولى ونعـم النصير وبالإجابة جدير

المؤلف

٥

المقدمة

نحمد الله سبحانه ونستعينه ونستهديه ونتوكل عليه ونثني عليه الخير كله نشكره ولا نكفره ونخلع ونترك من يفجره ونشهد أن لا إله إلا الله الكريم الوهاب ونشهد أن سيدنا ومعلمنا محمد رسول الله من آتاه الله الحكمة وفصل الخطاب ونصلي ونسلم على محمد النبي العربي الأمين الذي صدع بأمر ربه فبلغ ما أنزل إليه وسن للمسلمين بأقواله وأفعاله طريق الخير والصلاح والسعادة في الدنيا والآخرة ورضى الله عن الصحابة والتابعين والأئمة المجتهدين الذين اتخذوا من القرآن الكريم والسنة النبوية المطهرة نبراساً ونوراً استضاءوا به واعتمدوا عليه في محياهم ومماتهم ... وبعد.

فلقد تنوعت السياسات التجارية في العالم بين مذهبين أساسيين هما مذهب حرية التجارة ومذهب حماية التجارة[(١)]، إلا أن التحول إلى نظام السوق الحرة يعتبر أهم ملامح النظام العالمي الجديد الذي يسود العالم أجمع ويسمى برأسمالية السوق وهذا النظام يقوم على المنافسة بقصد جذب أكبر عدد ممكن لتحقيق أقصاالأرباح [(٢)].

ومن البديهي أن التجارة لا تزدهر إلا في جو من الحرية، وحرية

(١) لمزيد من التفصيل راجع د. محمد عبد العزيز عجمية " الاقتصاد الدولي "دار الجامعات المصرية سنة ١٩٧٨ صـ١٤٢ وما بعدها ود. عبد الرحمن الحبيب "نظرية التجارة الدولية والتكتلات الاقتصادية " معهد البحوث والدراسات العربية سنة ١٩٧٤ صـ ٨٨ وما بعدها.

(٢) د. محمد عبد الحليم عمر " مشكلة الإغراق وحرق الأسعار " ورقة عمل مقدمة إلى الحلقة النقاشية السادسة عشرة المنعقدة بمركز صالح عبد الله كامل للاقتصاد الإسلامي. جامعة الأزهر بالقاهرة في ٢٠٠٠/٩/٢٣ صـ١

التجارة وما تتضمنه من مزايا اقتصادية وتجارية تحفـز عـلى جـودة المنتجـات وخفـض أسعارها للمستهلكين تتجلى بدايتها الحقيقة في وجود مناخ تنافسي صـحي [١], والمنافسـة لا تعمـل بصـورة فعالة إلا بإعمال مبدأ حرية التجارة لما يشكله من مردود إيجابي على مبدأ حرية التعاقـد, وكلـما تعددت صور إعاقة التجارة قيد من مجال المنافسة بين التجار [٢].

وللمنافسة بين التجار أهميتها البالغة فهي التي تشحذ همـم التجـار في تطويـر أعمالهـم والارتقاء بخدماتهم وزيادة مستوى ومعـدل الإنتـاج مـع خفـض سعره جـذباً للعمـلاء وبـذلك يستقيم القول بأن المنافسة من دعائم الاقتصاد الحر [٣].

ويسلك المنتجون - المتنافسون ـ وسائل شتى لتحقيق مآربهم منها مـا هو حسن كتطويـر المنتجات وزيادة جودتها وتقليل التكاليف من أجل تخفيض الأسعار ومـنح التسهيلات البيعيـة، ومنها ما هو سئ ضار مثل

---

(١) د. حسين محمد فتحي " الممارسات الاحتكارية والتحالفات التجارية لتقويض حريتي التجارة والمنافسة – دار ابو المجد للطباعة سنة ١٩٩٨ صـ ٣

(٢) د. أحمد عبد الرحمن الملحم " الاحتكار المحظور ومحظورات الاحتكار في ظل نظرية المنافسة التجارية. مجلة القانون والاقتصاد العدد ٦٣ سنة ١٩٩٣ صـ ٣٨١ وراجع كذلك د. الهادي السعيد عرفه " الضوابط الشرعية التجارية – دراسة مقارنة – مجلة البحوث القانونية والاقتصادية كلية الحقوق – جامعة المنصورة العدد التاسع والعشرين – أبريل سنة ٢٠٠١ صـ ١٩٣

(٣) د. محمد فريد العرينى ود. جلال وفاء محمدين – القانون التجاري، دار المطبوعات الجامعية سنة ١٩٩٨ جـ١ صـ ٣٨٣

الاحتكار والإغراق مما قد يؤدي إلى إقصاء الآخرين والقضاء عليهم [1].

ونظراً للمخاطـر العظيمـة التـي تنتـج مـن الاحتكاروالإغراق – باعتبارهما أهـم معوقـات المنافسة المشروعة – فقد تضافرت الجهود الدوليـة لمجابهـة تلـك المخاطـر ولتحريـر المنافسـة, وتمثلت تلك الجهود في إنشاء منظمة التجارة العالميـة في أول ينايـر سـنة ١٩٩٥ بإعلان مراكش والذي تم في ١٥ أبريل سنة ١٩٩٤ بموافقة ١١٧ دولة والتي حلت محل اتفاقية الجات [2], وتهدف هذه الاتفاقية إلى زيادة المنافسة الدولية وتحرير التجارة الخارجيـة وفتح الأسواق بـين الـدول وكذلك الالتزام بإزالة القيود والعقبات التي تقف أمام انسياب حركـة التجـارة بـين الـدول, كـما تحظر القيود التي من شأنها الحد من الواردات أو تقييد المنافسة الدولية,

وعلى الرغم من أن الاتفاقية أتاحت للدول الحق في حماية منتجاتها الوطنيـة ضد المنافسـة غير العادلة والضارة نتيجـة الإغـراق، إلا أن معظم الـدول المتقدمـة تمـارس هـذه المنافسـة غـير العادلة وبخاصة في أسواق الدول النامية مما يؤدي إلى إلحاق أعظم الأضرار بالصناعات المحليـة لهذه الدول فضلاً عن التأثير على المنافسة العادلة بين المنتجات المستوردة والمنتجات المحلية [3].

وتتميز أسواق الدول المستوردة التي يمارس فيها الإغراق بوجود منافسة شديدة مـن خـلال فتح الباب أمام الواردات مع غياب الحماية والدعم

(١) د. محمد عبد الحليم عمر " مشكلة الإغراق وحرق الأسعار " مرجع سابق صـ ١
(٢) د. عاطف السيد " الجات والعالم الثالث " طبعة ١٩٩٩ صـ ٢٧
(٣) د. محمد عبد الحليم عمر " مشكلة الإغراق وحرق الأسعار " مرجع سابق صـ٧

للمنتجات المحلية، أما أسواق الدول المصدرة للإغراق " للسلعة محل الإغراق " فإنها تتمتع بحماية جمركية أو غير جمركية تجعل من المتعذر على المستهلك المحلي فيها الحصول على السلعة موضوع الإغراق أو بديل لها من منتج آخر، وتعتبر هذه الحماية شرطاً يضمن تعويض الخسائر المتحققة في الأسواق الخارجية بسبب البيع بأسعار منخفضة عن السوق المحلي، ولا يمارس سياسة الإغراق إلا منتج يتميز بدرجة عالية من الاحتكار في الأسواق المحلية[1].

والإغراق ـ الذى نعنيه هنا ـ هو الذى يؤدي إلى تدهور الصناعة المحلية وقد يقضي ـ عليها تماماً، كما أنه يلحق أكبر الأضرار بالمستهلك المحلي – وإن كان يجلب له منفعة عاجلة - وذلك عندما يتحقق للمغرق ما يصبو إليه وهو القضاء على منافسه ثم يحتكر السوق ويفرض ما يحلو له من أسعار على المستهلك المحلي، فالإغراق إذن هو صورة من أهم صور المنافسة غير المشروعة، وهذا ما تؤكده هذه الدراسة بمشيئة الله تعالى.

أما عن الشريعة الإسلامية فإنها تهدف إلى إقامة مجتمع يوازن بين مصلحة الفرد ومصلحة الجماعة وتقيم هذا التوازن على أساس التآخي والمحبة والتراحم، إلا أن النزعة السائدة في الشريعة الإسلامية هي النزعة الجماعية؛ لذلك فهي تعمل على الحد من سلطان الفرد إذا ما تعارض

مع الصالح العام غير أن أهم ما يميزها أنها تقوم على الود والمحبة

---

(١) د. إبراهيم محمد الفار " اتفاقيات منظمة التجارة العالمية " دار النهضة العربية سنة ١٩٩٩ صـ٢٥١ وما بعدها.

والتآخي والتراحم بين الناس[١]، والقرآن الكريم قاطع في هذا الشأن، ومن أمثلة ذلك قوله تعالى: ﴿ وَتَعَاوَنُوا عَلَى الْبِرِّ وَالتَّقْوَى وَلَا تَعَاوَنُوا عَلَى الْإِثْمِ وَالْعُدْوَانِ﴾[٢] وقوله تعالى : ﴿ إِنَّمَا الْمُؤْمِنُونَ إِخْوَةٌ فَأَصْلِحُوا بَيْنَ أَخَوَيْكُمْ﴾[٣].. ومن مميزات التشريع الإسلامي الوسطية التي ميز اللـه بها هذه الأمة في قوله تعالى: ﴿ وَكَذَلِكَ جَعَلْنَاكُمْ أُمَّةً وَسَطًا﴾[٤]، وتتجلى هذه الوسطية في التوازن المقسط الذي أقامه الإسلام بين مصلحتي الفرد والمجتمع بخلاف النظام الرأسمالي والذي يقدس مصلحة الفرد الشخصية وحريته التي تكاد تكون مطلقة في تملكه المال وتنميته وإنفاقه وخلق عقلية نفعية التهازية لا يشغلها إلا منافسة الخصوم والتغلب عليهم وتحقيق الربح المادي بأكبر قدر ممكن وبكل سبيل مستطاع، ويظهر ويتجلى الفرق أيضاً بين النظام الإسلامي والنظام الاشتراكي الذي يهدر بدوره الفرد تماماً ويجعل من الدولة سلطة عليا وما الفرد فيها إلا أداة تنفذ التعليمات الصادرة من تلك السلطة فلا حق للفرد في ظل هذا النظام في التملك [٥].

والإسلام مع اعترافه بحق الفرد في التملك؛ إلا أنه لم يطلق له حق

(١) د. محمد سلام مدكور " الاحتكار وموقف التشريع الإسلامي منه " مجلة القانون والاقتصاد سبتمبر سنة ١٩٦٦ العدد الثالث - السنة السادسة والثلاثون. صـ ٤٦٥

(٢) الآية ٢ من سورة المائدة

(٣) الآية ١٠ من سورة الحجرات

(٤) الآية ١٤٣ سورة البقرة

(٥) د. يوسف القرضاوي " دور القيم والأخلاق في الاقتصاد الإسلامي " مكتبة وهبه - الطبعة الأولى سنة ١٤١٥ هـ - سنة ١٩٩٥م صـ ٨١ وما بعدها.

التصرف على وجه لا يحد من سلطانه فيه شئ لأن المالك الحقيقي هو الله تعالى حيث يقرر ذلك في كتابه بقوله تعالى: ﴿ وَلِلَّهِ مُلْكُ السَّمَاوَاتِ وَالْأَرْضِ وَمَا بَيْنَهُمَا﴾[١] وقوله تعالى: ﴿ لِلَّهِ مُلْكُ السَّمَاوَاتِ وَالْأَرْضِ وَمَا فِيهِنَّ﴾[٢].

والملكية في نظر الإسلام هي ملكية محددة ومقيدة بقيود رسمها الله وبينها في كتابه وأوضحتها سنة رسوله صلى الله عليه وسلم كما فرض على المالكين لمصلحة الجماعة طائفة من التكاليف والالتزامات منها أنه فرض على مالك المال وجوب استثماره فيما يعود عليه وعلى الجماعة بالخير والرفاهية, كما ألزم الفرد بعدم استعمال المال على نحو يلحق الضرر أو الأذى بالغير وهو ما يطلق عليه مبدأ المنع من إساءة استعمال الحق وهو مبدأ قرره الإسلام قبل أن تعرفه الحضارات القانونية الحديثة[٣].

ومن أجل ذلك اهتم الإسلام بالمال بصفة عامة وجعله هدفاً لإصلاح المجتمع والنهوض به كما جعله سبباً لتحقيق الراحة والسعادة لجميع أفراده لأن المال - كما سبق - هو مال الله وإن ربط باسم شخص معين فهو

(١) الآية ١٧ من سورة المائدة

(٢) الآية ١٢٠ من سورة المائدة

(٣) د. محمد سلام مدكور " الاحتكار وموقف التشريع الإسلامي منه " مرجع سابق صـ ٤٦٦، د. لاشين محمد الغياتي عقد الأذعان في القانون المدني المصري وموقف الشريعة الإسلامية منه "مجلة كلية الشريعة والقانون بطنطا العدد الأول سنة ١٩٨٦م صـ ٤١

لجميع عباد اللـه يحافظ عليه الجميع وينتفع به الجميع[1] وقد أرشد إلى ذلك قوله تعالى: ﴿هُوَ الَّذِي خَلَقَ لَكُمْ مَا فِي الْأَرْضِ جَمِيعًا ﴾[2] وأضاف القرآن الأموال إلى الجماعة وجعلها قواماً لمعاشهم فقال تعالى: ﴿وَلَا تَأْكُلُوا أَمْوَالَكُمْ بَيْنَكُمْ بِالْبَاطِلِ ﴾[3] وقوله: ﴿ وَلَا تُؤْتُوا السُّفَهَاءَ أَمْوَالَكُمُ الَّتِي جَعَلَ اللَّهُ لَكُمْ قِيَامًا ﴾[4].

وتحقيقاً لانتفاع الجميع بالأموال وتطهيراً للنفوس من بواعث الأثرة فيها حارب الإسلام هذه الأنانية من خلال تحريم الاحتكار - وكل ما يؤدي إليه - بالتنفير منه والتحذير من الوقوع في براثنه، فمن أبى أن ينقاد لتوجيه الإسلام وعزفت نفسه وخلا قلبه من التقوى فلم تنفعه مواعظ الإسلام ولم تثمر فيه توجيهات اللـه ورسوله صلى اللـه عليه وسلم فقد سلط اللـه عليه سلطة الحكام يقوِّمون زيغه ويعدلون ميله، فالسلطان ظل اللـه في الأرض يأوى إليه كل مظلوم فهو مسئول أمام اللـه عن مصالح رعيته ومنع البغي بين أفراد أمته ومناصرة المظلوم على الظالم والضرب على يد كل جشع آثم[5].

والإسلام له مواقفه الخالدة من المستغلين لحاجات الناس حيث يمنع

---

(1) الإمام محمود شلتوت " الإسلام عقيدة وشريعة " دار الشروق طبعة ١٣ سنة ١٤١٤ هـ سنة ١٩٨٥م صـ٢٥٧

(2) الآية ٢٩ من سورة البقرة

(3) الآية ١٨٨ من سورة البقرة

(4) الآية ٥ من سورة النساء

(5) د. محمد سلام مدكور " الاحتكار وموقف التشريع الإسلامي منه " مرجع سابق صـ ٤٦٧

ظلمهم ويدفع بغيهم وجشعهم ويقف حائلاً دون تحقيق مآربهم وأطماعهم، ويتبين ذلك جلياً من موقفه صلى الله عليه وسلم من اليهودي الذي كان يمتلك بئر رومة بالمدينة والذي لم يكن هناك سواه، وكان هذا اليهودي يستغل حاجة الناس الماسة إلى عصب الحياة وهو ماء هذا البئر- وهذا شأن اليهود دائماً - فغالى في ثمنه مدركاً أهمية قطرة الماء في هجير الصحراء وقاصداً امتصاص دماء الأمة، فلما اشتكى الناس إلى رسول الله عرض الأمر على أصحابه فَهَمَّ عثمان - رضي الله عنه - بالاتفاق مع اليهودي على شراء نصف البئر ليستسقي الصحابة منه مجاناً في اليوم الذي خصص لعثمان فأثر ذلك على اليهودي فلما فطن إلى الأمر قام ببيع البئر إلى عثمان الذي تصدق به على المسلمين ليحرر إرادة الأمة من استغلال المستغلين ومن احتكار المحتكرين[1].

وأخيراً فإن مخاطر الاحتكار والإغراق لا تخفى على العامة والخاصة وبخاصة فى الوقت الراهن حيث أصبحت هذه الممارسات على شكل دراسات بين الشركات الكبرى وأقطاب التجارات في العالم وتحالف المحتكرون من أقطاب المال مع أقرانهم في الدول الأخرى من أجل تحديد الأسعار التي تأتي بأقصى الأرباح وللوصول إلى هذه الأرباح الفاحشة صنعوا الأزمات وتآمروا على بخس أثمان المواد الخام التي تنتجها الدول النامية، كما مارسوا كل ما من شأنه أن يفرض لهم الهيمنة والسيطرة ويحقق لهم الاحتكارات ومن هذه الممارسات سياسة الإغراق.

---

(١) د. محمود محمد عمارة " الإسلام وتحرير إرادة الأمة " منبر الإسلام السنة ٥٧ العدد ١١ ذو القعدة سنة ١٤١٩ هـ فبراير - مارس سنة ١٩٩٩ صـ ٩٢

ولذلك فإن الإغراق ـ إذا كان بغرض الإضرار بالمنافسة المشروعة أو بهدف خلق وضع إحتكاري ـ فإنه يعد من أعظم وأخطر الممارسات المقيدة للمنافسة ـ وحينئذ يسمى بالاغراق الضارى وهو المقصود فى هذه الدراسة ـ ولذا فيجب الوقوف له بالمرصاد من أجل حماية المنافسة من مخاطره وأضراره البالغة؛ وهذا ما تؤكده الدراسة ـ بمشيئة الله تعالى ـ والتي تهدف في مجملها إلى بيان المنافسة المشروعة وحالات المنافسة غير المشروعة وكيفية حماية الأسواق من ظاهرة الإغراق بقصد حماية المستهلك والمنتج المحلي وكذلك الاقتصاد القومي بصفة عامة من مخاطر المنافسة غير المشروعة وبخاصة من الإغراق.

خطـــة البحـــث:

تتناول الدراسة اربعة محاور أساسية: أولها: بيان ماهية المنافسة ومتى تكون المنافسة غير مشروعة، وبيان وظائفها وصورها وكذلك بيان سماتها وشروطها وكيفية حماية المنافسة من الممارسات المقيدة لها وذلك في النظم الوضعية وفي الشريعة الإسلامية، ثانيها: ماهية الاغراق وموقف الاسلام منه, ثالثها: حماية المنافسة من الاغراق (مكافحة الاغراق) , رابعها: ظاهرة الاغراق في جمهورية مصر العربية وسبل مكافحته,وذلك فى فصول اربعة:على النحو التالى:

الفصل التمهيدى: المنافسة فى النظم الوضعية وفى الشريعة الاسلامية.

الفصل الأول : ماهية الاغراق وموقف الاسلام منه.

الفصل الثانى : حماية المنافسة ومكافحة الاغراق (مكافحة الاغراق).

الفصل الثالث: ظاهرة الاغراق فى جمهورية مصر العربية وسبل مكافحته.

الخاتمة

المؤلف

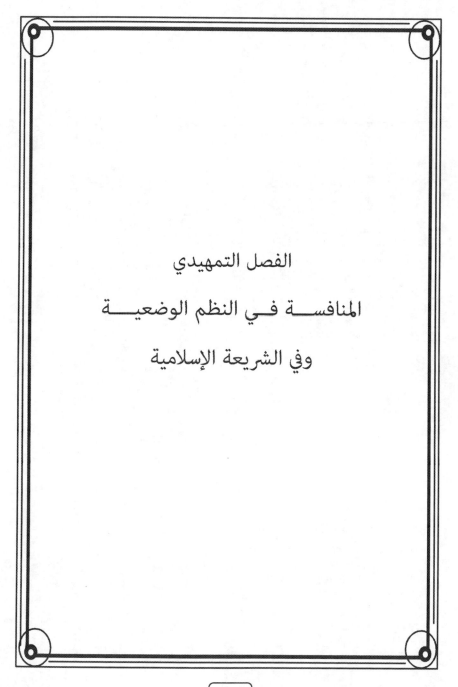

الفصل التمهيدي

المنافســـة فـــي النظم الوضعيـــة

وفي الشريعة الإسلامية

الفصل التمهيدي

المنافسة في النظم الوضعية وفي الشريعة الإسلامية

تمهيــد:

تعد المنافسة ـ بصفة عامة ـ من سنن الفطرة الطبيعية للإنسـان ونشـأت معـه منـذ بدايـة الخليقة، غايتها التفوق في مجالات الأعمال والأنشطة المختلفة[١]، وتجرى المنافسـة في النشـاط التجاري مجرى الدم في العروق , فهي ترتبط ارتباطاً وثيقاً بالأعمال التجارية والتجار لأن هذا هو مجالها الرئيسي ـ وإن لم ينكر وجـود منافسـة بـين أصحـاب المهـن الحـرة كالأطبـاء والمهندسـين والمحامين والفنانين وغيرهم، ولكن هذه المنافسـة الأخـيرة لا تبلـغ أهميتهـا بـين التجـار بمناسبة أعمالهم التجارية، وذلك لأن المنافسة بين أصحاب المهن الحرة تخضع في الغالب لتنظيم قـانوني معين، فلكل مهنة قانونها وتنظيماتها التي تراقب التصرفات القائمة بين أصحابها، كـما أن الخـبرة تلعب دوراً مهما في هذه المنافسة الخاصة[٢].

ولقد اهتم الإسلام بدوره بالمنافسة اهتماماً بالغاً فحض التجار والمنتجين على التخلق بأخلاق إسلامية عظيمة تهدف في مجملها إلى إيجاد سـوق إسلاميـة تسـودها المنافسـة التعاونيـة الخـيرة التي تقوم على التعاون وتهدف إلى الخير للكافة، كما حظر الإسلام المنافسة التي يسلك في سبيلها التجار

---

(١) د. أحمد محمد محرز " الحق في المنافسة المشروعة في مجالات النشاط الاقتصادي " الصناعة – التجارة – الخدمات سنة ١٩٩٤ ص ٧،صـ١٥
(٢) د. محمد الأمير يوسف وهبه " صور الخطأ في دعوى المنافسة غير المشروعة " رسالة دكتوراه - كلية الحقوق – جامعة القاهرة سنة ١٩٩٠م صـ١

سبلاً غير مشروعة لتحقيق غايات وأهداف ذاتية أو دنيوية محضة فنهى عن جملة من البيـوع أو التصرفات التي تمارس في إطار المنافسة غير المشروعة. ومن ثم تتناول الدراسة في هـذا الفصـل التمهيدي مبحثين على النحو التالي:

المبحث الأول: ماهية المنافسة في النظم الوضعية وفي الشريعة الإسلامية.

المبحث الثاني: حماية المنافسة في القانون الوضعي وفي الشريعة الإسلامية.

المبحث الأول

ماهية المنافسة في النظم الوضعية وفي الشريعة الإسلامية

تمهيـد:

تعد حرية المنافسة من سمات النظام الرأسمالي الذي يقوم على حرية التجارة التي تعني حرية المشروعات في ممارسة أنواع التجارة دون قيد عليها في ذلك حيث إنها تسعى إلى تحقيق أكبر قدر ممكن من الأرباح، ولا يتدخل القانون لتنظيم هذه المنافسة إلا إذا شكلت الوسائل التي يسلكها المنافس لاجتذاب المتعاملين خطراً يهدد مبدأ حرية التجارة بأن كانت غير مشروعة وأدت إلى الصراع بين التجار وألحقت بهم الأضرار ولذلك لا يتصور وجود هذه المنافسة بصورتها في الاقتصاد الحر بين المشروعات العامة في دول الاقتصاد الموجه أو المخطط أو في دول الاقتصاد الاشتراكي.

ويذهب البعض [1] إلى أن المنافسة بين المشروعات في الدول التي تتبع نظام الاقتصاد الموجه لا تفقد أهميتها - كذلك – لأن المنافسة وحرية المبادرة تعتبر من مستلزمات التطور في الجماعات المتمدينة بوجه عام.

ونحن نرجح هذا الرأي؛ لأن المنافسة المشروعة تعني المسابقة

(١) د. علي حسن يونس " المحل التجاري". دار الفكر العربي صـ ١٣١،د محمد حسني عباس - الملكية الصناعية والمحل التجاري " دار النهضة العربية صـ ٤٨٣ وكذلك د. محمد أحمد الزرقا "حرية التجارة في التشريع الإسلامية والقانون التجاري " مجلة الشريعة والقانون - كلية الشريعة والقانون -جامعة الأزهر – القاهرة - العدد السادس سنة ١٤١٢ هـ سنة ١٩٩١م صـ ٦٣

والمسارعة وليس المزاحمة والمصارعة, وأن المشروعات العامة تحتاج إلى الازدهار والإبداع , كما أن حاجة الاقتصاد الموجه إلى المنافسة لا تقل عنها في الاقتصاد الحر.

وللمنافسة في الشريعة الإسلامية قواعدها وأصولها التي تهدف إلى مصلحة الفرد ومصلحة المجتمع وتحقق المنافع بأشكالها المختلفة والتي تمارس في إطار من التراحم والتآلف والتكافل.

وفيما يلي نتناول هذا المبحث في ثلاثة مطالب على النحو التالي:

المطلب الأول: ماهية المنافسة في النظم الوضعية.

المطلب الثاني: ماهية المنافسة في الشريعة الإسلامية.

المطلب الثالث: مقارنة بين المنافسة الإسلامية والمنافسة في ظل التشريعات الوضعية.

المطلب الأول

ماهية المنافسة في النظم الوضعية

تمهيـد:

للمنافسة في النظم الرأسمالية والاشتراكية أهمية بالغة لما يترتب عليها من آثار مهمـة عـلى الأداء الاقتصادي للدول، غير أنها إذا تجاوزت حدودها صارت منافسـة غـير مشروعة ولهـا صـور متعددة بينها فقهـاء القـانون التجاري، بيـد أن هـذه الأخـيرة تختلـف عـما يسـمى بالمنافسـة الممنوعة.. ولتوضيح ذلك نتناول هذا المطلب في ثلاثة فروع على النحو التالي:

الفرع الأول: تعريف المنافسة وبيان وظائفها وعيوبها.

الفرع الثاني: المنافسة غير المشروعة والمنافسة الممنوعة.

الفرع الثالث: صور المنافسة غير المشروعة.

الفرع الأول

تعريف المنافسة وبيان وظائفها وعيوبها

أولاً: تعريف المنافسة [1] **Defining competition**

لقد أخذ معنى المنافسة مفهوماً متطوراً لدى الاقتصاديين والقانونيين، فوصف البعض[2] الغاية من المنافسة بأنها التفوق في مجالات الأعمال والأنشطة أياً كانت طبيعتها، ولقد عرفها أحد الاقتصاديين وهو الأستاذ

(١) المنافسة في اللغة: هي نزعة فطرية تدعو إلى بذل الجهد في سبيل التفوق، والمنافسة تقابل التنافس، ونفست عليه الشئ أنفسه إذا ضنت به ولم تحب أن يصل إليه، وتنافسنا ذلك الأمر وتنافسنا فيه أي تحاسدنا وتسابقنا وفي التنزيل العزيز " وَفِي ذَٰلِكَ فَلْيَتَنَافَسِ الْمُتَنَافِسُونَ " الآية ٢٦ من سورة المطففين - أي وفي ذلك فليتراغب المتراغبون، ونافست في الشئ منافسة ونفاساً إذا رغبت فيه على وجه المباراة في الكرم - وتنافسوا فيه أي رغبوا فيه - انظر في ذلك لابن منظور " لسان العرب " - دار المعارف صـ٤٥٠٣ باب نفس، وللإمام محمد بن أبي بكر بن عبد القادر الرازي - رحمه الله " مختار الصحاح " مطبعة عيسى الحلبي - دار إحياء الكتب العربية صـ ٢٣٢، صـ ٢٣٣ باب نفس، المعجم الوجيز - إصدار مجمع اللغة العربية - طبعة خاصة بوزارة التربية والتعليم سنة ١٩٩٣ - صـ ٦٢٣ باب نفس.

(٢) د. أحمد محمد محرز " الحق في المنافسة - مرجع سابق صـ ٧

"Francs Walker" [1] بأنها العمل للمصلحة الشخصية للفرد وذلك بين البائعين والمشترين في أي منتج وأي سوق.

كما عرفها البعض الآخر [2] بأنها نظام من العلاقات الاقتصادية ينضوي تحته عدد كبير من المشترين والبائعين وكل منهم يتصرف مستقلاً عن الآخرين للبلوغ بربحه إلى الحد الأقصى.

وعرفها بعض القانونيين [3] بأنها الحياة الطبيعية للمؤسسات التجارية خاصة تلك التي تعمل في إطار نظام اقتصادي رأسمالي ولكن المنافسة تقوم أيضاً بين وحدات القطاع العام في كثير من البلاد الاشتراكية التي تحرص على بقائها كحافز على حسن الإنتاج في الداخل، أما في التجارة الخارجية فإن المنافسة هي القاعدة الأصلية بين المنتجات.

ولا بأس أن يتبارى التجار والمنتجون لنوع معين من السلع أو الخدمات طالما كان ذلك في خدمة المستهلك، والمنافسه على هذا النحو بين التجار مطلوبة ولها الأثر الأعظم في ازدهار التجارة وتسمى حينئذ بالمنافسة المشروعة Fair competition وتعد عملاً مشروعاً ولو ترتب عليها اكتساب المحل التجاري بعض عملاء محل آخر لأن التاجر الذي ينشط في

(1) F.A. Walker. poLiTicaL Economy " ٩١-٩٢ (٣ rd ed –١٨٨٨)
مثبت في د. أحمد عبد الرحمن الملحم " الاحتكار المحظور ومحظورات الاحتكار في ظل نظرية المنافسة التجارية – مرجع سابق ص٣٨٠
(٢) د. حسين عمر " الموسوعة الاقتصادية " دار الفكر العربي – الطبعة الرابعة سنة ١٩٩٢ ص ٤٥٧
(٣) د علي البارودي " القانون التجاري والبحري " دار المطبوعات الجامعية سنة ١٩٧٧ ص ١٧٨

خدمة العملاء وتوفير أجود الأصناف والعمل على النهوض بالتجارة والصناعة لا يرتكب خطأ في حق أحد ولا يكون لمنافسه أن يتضرر من عمله لأن عمله هذا يعد مشروعاً ولا يعاقب القانون عن الضرر المترتب على هذه المنافسة، ولذلك قيل بأن المنافسة التجارية هي من الحالات التي يجيز فيها القانون إلحاق الضرر بالغير[1].

ولكن هذا لا يصدق إلا على المنافسة المشروعة، أما إذا انحرفت عن الجادة ولجأ التجار أو المنتجون إلى طرق غير مشروعة تتنافى والنزاهة وأصول التعامل التجاري كما يعتمدها العرف فالمنافسة - في هذه الحالة - تفقد مشروعيتها ويجيز القانون لمن أصابه ضرر منها الرجوع على المنافس غير الشريف بالتعويض[2] كما سنوضح ذلك في دعوى المنافسة غير المشروعة.

ثانياً: وظائف المنافسة وعيوبها:

إن المنافسة في النظام الرأسمالي والاشتراكي تعد من المبادئ الأساسية فيهما، بيد أن المنافسة ليست هي المقصودة لذاتها بل الآثار التي ترتبها على الأداء الاقتصادي في الدول خاصة تلك التي تنتهج نظام السوق الحرة، لذلك أشاد كثير من الاقتصاديين بما للمنافسة الحرة من مزايا، غير أن بعضهم

(١) د. علي حسن يونس " المحل التجاري " مرجع سابق صـ ١٣١، د. حمد الله محمد حمد الله - حقوق الملكية الصناعية والتجارية - دار النهضة العربية - طبعة ثانية سنة ١٩٩٧ صـ ١٨٧

(٢) د. أكثم أمين الخولي - الوسيط في القانون التجاري الجزء الثالث " الموال التجارية - الطبعة الأولى سنة ١٩٦٤، مطبعة نهضة مصر بند ٢٦٤ صـ ٣٧٨.

حمَّل عليها وعدد مساوئها وفيما يلي نوضح الاتجاهين:

الاتجاه الأول:

وهذا الاتجاه يذهب إلى إبراز وظائف ومزايا المنافسة وأهمها ما يلي:

١) تعمل المنافسة على تحسين طرق الإنتاج وجودة المنتجات [١] كما أنها تحفز على التقدم الصناعي والتكنولوجي لأن كل منتج يبذل قصارى جهده لتحسين طرق ووسائل الإنتاج ويؤدي هذا إلى كثرة الاختراعات ويحفز على الإبداع ليحقق رغبات المستهلكين [٢].

٢) في ظل المنافسة يتسابق المتنافسون في خفض التكلفة وتنتج السلع والخدمات بأدنى سعر ممكن [٣] وهو ما يعود على المستهلك بالمصلحة حيث يساعد ذلك على انخفاض نفقات المعيشة وهذا بخلاف سوق الاحتكار التي يحدد فيها المحتكر السعر الذي يحلو له والذي يحقق

---

(١) د. حسين محمد فتحي " الممارسات الاحتكارية " مرجع سابق صـ ٣

(٢) جيمسي جوارتيني وريتشارد ستروب – الاقتصاد الجزئي " ترجمة محمد عبد الصبور – دار المريخ للنشر- صـ٢٢٤

(٣) وتجدر الإشارة إلى أن المنشآت لا تتنافس في الأسعار فقط ولكن هناك ما يسمى بالمنافسة غير السعرية NoN. Price Competition والتي تعني تنافس المنشآت في نواح أخرى غير الأسعار كالإعلان عن السلعة واختلاف نوعية المنتج المعروض والاختلاف في التصميم وتأثير الموقع وتوفير الخدمات المكملة- لمزيد من التفصيل راجع جي هولتن ولسون " الاقتصاد الجزئي " ترجمة د. كامل سلمان العاني – دار المريخ صـ ٣٦٥ وما بعدها وانظر كذلك

Piercy – Nigel Export Strategy- Markets and Competition ١٩٨٢- P,١١٩

مصلحته الذاتية[١].

٣) تؤدي المنافسة إلى إيجاد التوازن بين الإنتاج والاستهلاك[٢] حيث يقتضي قانون العرض والطلب في السوق الحرة - الذي تسوده المنافسة - أن يحقق التوازن بين الإنتاج والاستهلاك مما يؤدي إلى تفادي الوقوع في أزمات الإفراط في الإنتاج.

٤) تعمل المنافسة على استبعاد المشروعات الضعيفة وبقاء المشروعات القوية ذات النفقات المنخفضة على أساس مبدأ البقاء للأصلح[٣].

الاتجاه الثاني: عيوب المنافسة الحرة:

بالرغم من المزايا السابقة للمنافسة إلا أنَّ البعض عدد مساوئ وعيوباً لها أهمها ما يلي[٤]:

١) قد تؤدي المنافسة إلى وفرة الإنتاج إلى الحد الذي يضر بالاقتصاد القومي حيث يؤدي هذا إلى أضرار أخرى مثل خلق ظاهرة البطالة نتيجة نكوص عدد كبير من المشروعات المنتجة عن إنتاج السلعة المتوفرة لكسادها في السوق.

(١) د. أحمد عبد الرحمن الملحم " الاحتكار المحظور " مرجع سابق صـ ٣٨٣

(٢) د. محمد الأمير وهبة " صور الخطأ في دعوى المنافسة غير المشروعة " مرجع سابق صـ ٣

(٣) د. محمد متولي محمد عبد الجواد " المنافسة والاحتكار بين الشريعة والاقتصاد " رسالة دكتوراه كلية الشريعة والقانون - جامعة الأزهر - القاهرة سنة ١٩٧٩ صـ ٨٨

(٤) د. محمد متولي محمد عبد الجواد - المنافسة والاحتكار - مرجع سابق صـ ٨٨

٢) يذهب بعض الفقه[(١)] إلى أن المنافسة لا تحقق تخفيضاً في الأسعار كما يدعى رجال القانون والاقتصاد عندما يتناولون المنافسة التامة، إنما الواقع العملي أن المنافسة تخضع لقوى السوق وآلياته وليس أية قوة أخرى مفتعلة سواء من جانب المنتج أو المستهلك.

٣) تؤدي المنافسة إلى ضياع رأس المال حيث يتم تبديد الموارد الإنتاجية وإنفاق أموال طائلة على الإعلان كما قد تستخدم المنشآت المتنافسة وسائل غير مشروعة لتحقيق أعلى نسبة في الأرباح كالتجسس على المنافسين أو اللجوء إلى رشوة بعض المسئولين[(٢)].

٣) مبدأ البقاء للأصلح غير أخلاقي حيث يتنافى مع المبادئ الاجتماعية الخلاقة؛ فالمنافسة قد تؤدي إلى خروج صغار التجار أو المنتجين من الأسواق خاصة أن المشروعات العملاقة – في المنافسة الرأسمالية – تشن في بعض الأحيان حرباً تنافسية على بعضها البعض[(٣)] بقصد فرض سيطرة وهيمنة احتكارية على السوق.

٥) تؤدي المنافسة إلى عدم عدالة توزيع العمال بين مختلف فروع الإنتاج حيث يهجر العمال ميدان الإنتاج لعدم استقرارهم في العمل التجاري أو الصناعي، كما قد يلجأ المتنافسون إلى تخفيض أجور العمال أو يلجأون إلى تشغيل النساء والأطفال لانخفاض أجورهم.

---

(١) د. أحمد محرز " الحق في المنافسة " مرجع سابق صـ ٢٣

(٢) د. محمد متولي " المنافسة والاحتكار " المرجع السابق صـ ٨٨

(٣) د. علي عبد الرسول " المبادئ الاقتصادية في الإسلام " دار الفكر العربي – الطبعة الثانية سنة ١٩٨٠ صـ ١٠٦،صـ ١٠٧

ومن جانبنا نقول: إنه على الرغم من تعدد مساوئ وعيوب المنافسة إلا أن هذا لا يفقد ما للمنافسة من أهمية كبرى فإليها يعزى الفضل في ازدهار المشروعات وتقدمها، كما أن لها قدرة خلاقة في الابتكار وتحفز على الإبداع وتحقيق التقدم وبخاصة في ظل محاربة هذه المساوئ وتلك العيوب بسن التشريعات المنظمة للمنافسة ومكافحة الاحتكار والممارسات الاحتكارية وتلك التي تحمي المستهلك من المنافسة غير المشروعة، وكذا إذا دعمت الدولة المنافسة الشريفة الخيرة والتي يدعو إليها الإسلام الحنيف.

الفرع الثاني
المنافسة غير المشروعة والمنافسة الممنوعة

درج الفقه على التفرقة بين المنافسة غير المشروعة والمنافسة الممنوعة[1] فالمنافسة غير المشروعة يعرفها

(١) " بيد أن المنافسة غير المشروعة والمنافسة الممنوعة يختلفان عما يسمى بالمنافسة الطفيلية فالمشروع الطفيلي هو الذي يحاول أن يستفيد من مبادرة وجهود مشروع آخر أو ما توصل إليه من تقنيات مبتكرة أو ما حظي به اسمه وعلامته التجارية من قبول لدى العملاء على الرغم من أن كلاً من المشروعين يمارس نشاطاً تجارياً مختلفاً عن نشاط الآخر ولا يرتبطان بعلاقة تنافسية فمثلاً قد تحظى علامة تجارية معينة بشهرة كبيرة في قطاع اقتصادي معين كقطاع السيارات فيحاول منتج آخر غير من سجلت له العلامة أن يستخدمها في قطاع اقتصادي آخر بعيد عن صناعة السيارات كالمصابيح الكهربائية فيعد هذا من أعمال التطفل، ولقد أقام القضاء نظرية المنافسة الطفيلية على أحكام المسئولية المدنية غير التعاقدية وهو نفس الأساس الذي بنيت عليه دعوى المنافسة غير المشروعة " لمزيد من التفصيل راجع محمد سلمان=

البعض[1] بأنها استخدام التاجر لطرق منافية للقوانين أو العادات أو مبادئ الشرف والأمانة في المعاملات.

ولتحديد ما يعد منافياً لمبادئ الشرف والأمانة يجب الاحتكام إلى العادات المتبعة في التجارة ولا يؤخذ بمعيار خُلقي مجرد لأن تحديد مضمون الشرف والأمانة في المعاملات يرجع فيه إلى العرف والعادات المستقرة في التجارة[2].

كما عرف البعض الآخر[3] المنافسة غير المشروعة بأنها؛ إساءة استعمال الحق في ممارسة النشاط الذي يكون القيام به جائزاً إذا اتبعت في ذلك الأساليب السليمة التي استقر عليها العمل في المحيط التجاري.

ونحن نؤيد التعريف الأول لسهولته, ولأن أي سلوك للتاجر يحتكم فيه إلى القوانين أو العادات والأعراف ومبادئ الشرف والأمانة السائدة في محيط التجارة فإذا سايرها اعتبر مشروعاً وإذا تنافى معها أو مع أي منها اعتبر من قبيل المنافسة غير المشروعة.

أما المنافسة الممنوعة فتعني: حظر القيام بنشاط معين أما بمقتضى نص

= مضحي " الاحتكار والمنافسة غير المشروعة " دار النهضة سنة ٢٠٠٤ صـ ٩٨ وما بعدها.

(١) د. مصطفى كمال طه " القانون التجاري " الدار الجامعة سنة ١٩٩١ بند ٦٥٨ صـ ٦٢٢

(٢) د. محمود سمير الشرقاوي " القانون التجاري " الجزء الأول - دار النهضة العربية سنة ١٩٨٢ بند ١٠٥ صـ ٩٢

(٣) د. نادية محمد معوض " القانون التجاري " دار النهضة العربية - الطبعة الأولي سنة ١٩٩٩/ ٢٠٠٠ صـ٢٢٣.

في القانون وإما بمقتضى الاتفاق بين المتعاقدين[1].

ولذلك لا تعتبر المنافسة الممنوعة من قبيل المنافسة غير المشروعة لأن الأخيرة لا تمنع من ممارسة النشاط فالأصل أن النشاط الذي يمارسه التاجر قانونياً ويحق له أن يباشره ولكنه فقط يسيء استخدام هذه المكنة فيلجأ إلى وسائل تتنافى مع مبادئ الشرف والأمانة والمعاملات التجارية فالتحريم لا ينصب على موضوع النشاط وإنما على كيفية ممارسته[2].

وفيما يلي نبين حالات المنافسة الممنوعة.

١ - المنافسة الممنوعة قانوناً.

قد ينص القانون على حظر ممارسة بعض المهن أو الأنشطة إلا بشروط خاصة أو لفئات خاصة ومن أمثلة ذلك تحريم ممارسة بعض المهن التجارية كالصيدلة على من لا تتوافر فيهم شروط علمية معينة، فلا يجوز لشخص مزاولة هذه المهنة إلا إذا كان حاصلاً على درجة علمية في الكيمياء والصيدلة فإذا زاول أحد الأشخاص أعمال الصيدلة دون الحصول على الرخصة المذكورة فإنه يكون قد خالف أحكام القانون واللوائح ويعد ذلك من قبيل المنافسة الممنوعة، أما إذا توافرت في الشخص الشروط المطلوبة قانوناً ولكنه استعمل طرقاً غير مشروعة لاجتذاب عملائه فإن ذلك

---

(١) د. حسين فتحي عثمان " حدود مشروعية الإعلانات التجارية " مجلة مصر ـ المعاصرة السنة ٨٣ عدد ٤٢٧ يناير سنة ١٩٩٢ صـ ١٥١
(٢) راجع محمد سلمان مضحي " الاحتكار والمنافسة غير المشروعة " مرجع سابق صـ ٩٨

يعد من قبيل المنافسة غير المشروعة[1].

ومن صور المنافسة الممنوعة قانوناً أيضاً تدخل المشرـع بنصوص معينة لحماية مصلحة خاصة بالمخترعين من حيث حق احتكار استغلال اختراعه مدة معينة فإذا خالف أحد هذا الاحتكار كانت مخالفته تحت ما يسمى بالمنافسة الممنوعة[2].

ومن أمثلتها أيضاً احتكار الدولة أو غيرها مـن المؤسسـات القيـام بنشاط معين أو احتكار سلعة أو خدمة معينة وقد يكون ذلك للمصلحة العامة[3].

٢ - المنافسة الممنوعة اتفاقاً.

لا تقتصر المنافسة الممنوعة على الأحوال التي تـنص فيها القوانين أو اللـوائح عـلى حظر النشاط ولكنها قد تنشأ بناءً على اتفاق بين الطرفين ولها عدة صور منها ما يلي:-

أ)   الاتفاق على منع المنافسة بين العامل ورب العمل بعد انتهاء العقد بينهما.

فقد يشتمل عقد العمل المبرم بين رب العمل والعامل عـلى شرط بمقتضاه يلتـزم العامـل بعدم منافسة رب العمل عند انتهاء العقد سواء بالعمل لدى متجر منـافس لـرب العمـل أو ممارسة نفس نشاط رب

---

(١) د أكثم الخولي " الوسيط في القانون التجاري " مرجع سابق صـ ٣٨١.
(٢) محمد سلمان مضحي " المرجع السابق " صـ ٨١
(٣) محمد الأمير يوسف " صور الخطأ في دعوى المنافسة غير المشروعة " مرجع سابق صـ٣١

العمل في المكان الذي يوجد فيه متجر رب العمل [(١)].

ب)   اتفاق مشتري المحل التجاري بعدم منافسة البائع له [(٢)].

ينشأ عن عقد البيع التزام بعدم التعرض الذي يعني التزام البائع بضمان التعرض الصادر منه شخصياً سواءً كان تعرضاً مادياً أو قانونياً، وكذلك عدم تعرض الغير القانوني وإلا تعرض للمسئولية التعاقدية لإتيانه عملاً من أعمال المنافسة الممنوعة [(٣)].

ج)   الاتفاقات بين المنتجين أو التجار.

" يحظر المشرع كل اتفاق أو تعاقد بين الأشخاص المتنافسة من المنتجين أو التجار إذا كان من شأنه التحكم في الأسعار، أو اقتسام

---

(١) لمزيد من التفصيل راجع د. علي حسن يونس " المحل التجاري " مرجع سابق صـ١٣٢ ولقد نظمت المادة ٦٨٦ من القانون المدني الاتفاق على منع المنافسة بين العامل ورب العمل بعد انتهاء عقد العمل فنصت على أنه " إذا كان العمل الموكول إلى العامل يسمح له بمعرفة عملاء رب العمل أو الاطلاع على سر أعماله كان للطرفين أن يتفقا على ألا يجوز للعامل بعد انتهاء العقد أن ينافس رب العمل ولا أن يشترك بأي مشروع يقوم بمنافسته "

(٢) د. عباس مصطفى أنور – التزام بائع المحل بعدم إنشاء تجارة منافسة – رسالة دكتوراه – كلية الحقوق – جامعة عين شمس سنة ١٩٨٠ صـ ٣ وما بعدها

(٣) راجع د. نادية محمد معوض " القانون التجاري " مرجع سابق صـ٢٢ ولقد نصت المادة ٤٢ من قانون التجارة المصري على أنه " لا يجوز لمن تصرف في المتجر بنقل ملكيته إلى الغير أو بتأجير استغلاله أن يزاول نشاطاً مماثلاً لنشاط المتجر بكيفية يترتب عليها ضرر لمن آلت إليه الملكية إلا إذا اتفق على خلاف ذلك " ولمزيد من التفصيل راجع د. سميحة القليوبي " المحل التجاري " دار النهضة العربية الطبعة الرابعة سنة ٢٠٠٠ صـ٨١

الأسواق، أو تقييد عملية التصنيع أو التوزيع أو التسويق أو يحد من المنافسة[1] ".

وتجدر الإشارة إلى أنه إذا وقعت حالة من حالات المنافسة الممنوعة فيجب على القاضي الحكم بوقف النشاط الممارس بخلاف ما يحكم به في حالات المنافسة غير المشروعة[2].

الفرع الثالث

صـــور المنافسـة غير المشروعة

سبق أن أشرنا إلى أنه إذا انحرفت المنافسة عـن طريـق الجـادة وقصد المنافسون تحقيق أغراض ذاتيـة، وسلكوا في سبيل ذلك طرقاً غير مشروعة؛ وصفت المنافسة حينئذ بعدم المشروعية.

وللمنافسة غير المشروعة صور متعددة وتطبيقات كثيرة تتضح مـن قضاء المحـاكم، ولقـد تضمـن التشريع المصري الجديد تعداداً لبعض أعمال المنافسة غير المشروعة[3]، وهي أعمال تنطوي بصفة عامة على مخالفة

---

(١) راجع المادتين ٦، ٧ من قانون حماية المنافسة ومنع الممارسات الاحتكاريـة رقم ٣ لسـنة ٢٠٠٥ – الجريـدة الرسمية العدد ٦ مكرر – بتاريخ ٢٠٠٥/٢/١٥.

(٢) د. أكثم الخولي " الوسيط في القانون التجاري " مرجع سابق صـ ٣٨١

(٣) حيث نصت المادة ٦٦ من قانون التجارة رقم ١٧ لسنة ١٩٩٩ على أن " يعتبر منافسة غير مشروعة كل فعل يخالف العادات والأصول المرعية في المعاملات التجارية ويدخل في ذلك على وجه الخصوص الاعتـداء عـلى علامات الغير أو على اسمه التجاري أو عـلى بـراءات الاختراع أو عـلى أسراره الصناعية التي يملك حـق استثمارها وتحريض العاملين في متجره على إذاعة أسراره أو ترك العمل عنده =

القوانين أو اللوائح، أو أنها أعمال تتضمن الإخلال بالنزاهة والشرف اللذين يعدان دعامة الحياة التجارية متى قصد بها إحداث لبس بين منشأتين تجاريتين أو إيجاد اضطراب بإحداهما وكان من شأنه اجتذاب عملاء إحدى المنشأتين للأخرى أو صرف عملاء المنشأة عنها[١].

وقد قيل بحق أن صور المنافسة غير المشروعة لا تدخل تحت حصر ولا يمكن التنبؤ بما قد يستجد منها في المستقبل ولها أمثلة كثيرة في تطبيقات القضاء[٢].

وقد استقر الرأي على تقسيمها إلى مجموعات ثلاث هي:

أولاً: أعمال تؤدي إلى الخلط واللبس بين المحال التجارية والمنتجات:

والهدف من هذه الأعمال هو اجتذاب العملاء إلى متجر منافس بطرق تنطوي على خديعة، ومثال ذلك إطلاق اسم تجاري مشابه لاسم سابق أو

= وكذلك كل فعل أو إدعاء يكون من شأنه إحداث اللبس في المتجر وفي منتجاته أو إضعاف الثقة في مالكه أو في القائمين على إدارته أو في منتجاته " وبديهي أن هذا التعداد لم يرد على سبيل الحصر. وللقاضي أن يقحم في هذا التعداد أعمالاً أخرى يرى وجوب اعتبارها من قبيل المنافسة غير المشروعة " لمزيد من التفصيل راجع. مستشار محمد إبراهيم خليل " قانون التجارة الجديد معلقاً على نصوصه " مطابع روزا ليوسف الجديدة سنة ١٩٩٩/ ٢٠٠٠ صـ ١١٣ وكذلك حكم محكمة النقض المصرية الطعن رقم ٦٢ لسنة ٢٥ق. جلسة ١٩٥٩/٦/٢٥ س١٠ صـ ٥٠٥ ونقض ١٩٥٦/٣/٨ قضية رقم ٢٧٤ لسنة ٢٢ القضائية.

(١) د. أحمد محمد محرز " القانون التجاري " الجزء الأول - مطبعة حسان طبعة ١٩٨٦/١٩٨٧ صـ ٢٢٠

(٢) د. علي حسن يونس " المحل التجاري " المرجع السابق بند ١٠٠ صـ ١٣٩

استعمال علامة تجارية مشابهة[1]. أو استخدام عنوان تجاري مشابه أو تقليد رسوم أو نماذج صناعية أو الاختراعات التي تحميها براءات الاختراع أو وضع بيانات غير حقيقية على المنتجات أو تقليد الإعلانات أو الدعاية التي يقوم بها متجر منافس[2].

ثانياً: وسائل أو أعمال التشويه:

وتهدف هذه الأعمال إلى النيل من سمعة التاجر المنافس أو إلى منتجاته بطريقة تؤدي إلى نفور العملاء من التعامل معه كالطعن في شخصه أو التنديد بضعف انتمائه وكذلك الإساءة إلى منتجات التاجر المنافس كالادعاء بعدم احتوائها على العناصر الواجب توافرها فيها، أو ضررها بالصحة العامة ويكون ذلك بطريقة الادعاءات غير المطابقة للحقيقة وقد تتم بطريقة علنية كتوزيع نشرات أو إعلانات أو نشرـ في الصحف والمجلات أو قد تتم بطريقة سرية وفي كلتا الحالتين تنشأ المسئولية متى وصل ذلك إلى علم عدد من العملاء[3].

ثالثاً: أعمال تهدف إلى إحداث الاضطراب الداخلي في المشروع المنافس أو في السوق:

ومن أمثلة الحالة الأولى: تحريض عمال متجر منافس على الإضراب أو على ترك العمل والالتحاق بمتجر أو مصنع آخر، أو رشوة العمال

---

(١) د. رضا عبيد " القانون التجاري " دار الثقافة العربية – الطبعة الثانية سنة ١٩٩٨ بند ١٧٢ صـ ٢٤٦
(٢) د. حمد الله محمد حمد الله " الوجيز في حقوق الملكية الصناعية والتجارية " دار النهضة العربية – طبعة ثانية سنة ١٩٩٧ بند ١٩٨ صـ ١٩١
(٣) د. رضا عبيد " القانون التجاري " مرجع سابق صـ ٢٤٦

والموظفين للوقوف على أسرار المشروع المنافس[1]، أو قيام التاجر بإعدام إعلانات المنافس أو تغطيتها بإعلانات أخرى أو تحطيم لافتة مضيئة تعلن عن منتجاته[2].

(١) انظر حكم محكمة النقض المدنية - جلية ٢٥ يونيه لسنة ١٩٥٩ - السنة العاشرة صـ ٥٠٥ والطعن رقم ٦٢ لسنة ٢٥ القضائية - مطبعة دار القضاء العالي الفرعية لسنة ١٩٥٩ صـ ٥٠٦ حيث جاء به " تعد المنافسة التجارية غير المشروعة فعلاً تقصيرياً يستوجب مسئولية فاعله عن تعويض الضرر المترتب عليه عملاً بالمادة ١٦٣ من القانون المدني، ويعد تجاوزاً لحدود المنافسة المشروعة ارتكاب أعمال مخالفة للقانون أو العادات أو استخدام وسائل منافية لمبادئ الشرف والأمانة في المعاملات إذا قصد به إحداث لبس بين منشأتين تجاريتين أو إيجاد اضطراب بإحداهما متى كان من شأنه اجتذاب عملاء المنشأتين للأخرى أو صرف عملاء المنشأة عنها - فإذا كانت الوقائع الثابتة من الأوراق والتي حصل الحكم المطعون فيه هي خروج تسعة عمال من محل المطعون عليه خلال شهر واحد تم إلحاقهم بمحل الطاعنين المنافسين له كل منهم فور خروجه ثم إعلان الطاعنين بالصحف أكثر من مرة عن التحاق أربعة منهم بمحلهم موجهين الأنظار إلى أسمائهم وسبق اشتغالهم بمحل المطعون عليه وكانت هذه الوقائع تتم عن إغراء الطاعنين لعمال محل المطعون عليه على الخروج منه وإلحاقهم بمحلهم وتضمينها ما يفيد سبق اشتغال عمالهم لدى المطعون عليه رغم انقطاع الصلة بينهم وبينه بخروجهم من محله وكانت هذه الأفعال مجتمعه تعتبر تجاوزاً لحدود المنافسة المشروعة لما يترتب عليها من اضطراب في أعمال محل المطعون عليه بسبب انفضاض بعض عميلاته عنه إلى محل الطاعنين، لما كان ذلك فإن الحكم المطعون فيه إذا أنتهى إلى مساءلة الطاعنين على أساس من الفعل الضار غير المشروع وقضى بتعويضه يكون قد طبق القانون تطبيقاً سليماً وبنى قضاءه على أسباب سائغة كافية محكمة "

(٢) د. أكثم الخولي " الموجز في القانون التجاري " مرجع سابق صـ ٣٧٣، د.علي حسن يونس " المحل التجاري " مرجع سابق صـ ١٤٣

أما إحداث الاضطراب في السوق فيمكن أن يتم بعدة وسائل منها: أن يوزع التاجر إعلانات أو نشرات لتضليل الجمهور حول طبيعة المنتجات أو طريقة صنعها أو ذكر مزايا مبالغ فيها للسلعة التي ينتجها أو أنها تحتوي على عناصر لا وجود لها في الحقيقة أو انتحال ألقاب أو صفات غير صحيحة أو تخفيض الثمن بطريقة مصطنعة[1].

الإغراق من صور المنافسة غير المشروعة.

يعتبر الإغراق ضمن المجموعة الثالثة من صور المنافسة غير المشروعة وهي إحداث الاضطرابات في إطار السوق.

فالإغراق وإن كان في ظاهره الرحمة بالمستهلك إلا أن في باطنه سوء العذاب، حيث يعد من أعظم صور المنافسة غير المشروعة والتي تلحق أكبر الضرر بالمنافسين في السوق المحلي أو السوق الدولي، فعلى الرغم من أن تخفيض الثمن في ذاته لا يعتبر من قبيل المنافسة غير المشروعة بل هو عمل مشروع وهو المقصود من قيام المنافسة في السوق[2]، وأن بعض الفقه[3] قد ذهب إلى أن البيع بأقل من السعر الجاري يعد الصورة المثلى للمنافسة المشروعة وللتاجر أن يبيع بأقل من السعر الجبري متنازلاً عن جزء من أرباحه لجذب العملاء باعتبار أن السعر الجبري يمثل الحد

(١) د. رضا عبيد " القانون التجاري " مرجع سابق صـ ٢٤٦.

(٢) د. رضا عبيد" القانون التجاري مرجع سابق صـ ٢٤٦، صـ٢٤٧، صـ ٢٤٧ د. محمود سمير الشرقاوي القانون التجاري " مرجع سابق صـ ٩٤

(٣) د. أكثم الخولي " الوسيط في القانون التجاري مرجع سابق صـ ٣٩٣، د. نادية محمد معوض القانون التجاري " مرجع سابق صـ ٢٢٨

الأقصى الذي لا يجوز تجاوزه إلا إذا قامت قاعدة ملزمة لجميع التجار بعدم النـزول عـن سـعر معين فإن من يخالف منهم هذا المنع يتعرض للمسئولية قبـل التجار الآخرين ... إلا أن هنـاك رأياً مغايراً[1] يذهب إلى اعتبار بيع التاجر السلعة بأقل من السعر الجاري أو البيع بتخفيض كبير وبخسارة بهدف اجتذاب العملاء إليه وصرفهم عن منافسيه يعد من قبيل المنافسة غير المشروعة لأنها تؤدي إلى إحداث اضطراب في السوق.

ومن جانبنا نميل إلى تأييد هذا الرأي الأخير لأنه وإن كان هدف المنافسـة حمايـة مصالح المستهلكين إلا أن تخفيض الأسعار بهدف اجتذاب العملاء غالباً مـا يكون وسيلة للإغراق الـذي يؤدي إلى اضطراب السوق وإلحاق أضرار بالغة بالتجار المنافسين وبالمستهلكين على حد سواء[2].

---

(١) د. مصطفى كمال طه " القانون التجاري " مرجع سابق بند ١٦١ صـ ٦٢٤، د. عـلي حسـن يونس " المحل التجاري - مرجع سابق صـ ١٤٤، د. أحمد محرز " الحق في المنافسة " مرجع سابق صـ ٦٣ وما بعدها.
(٢) وقد صدر حكم محكمة السين التجارية في ٢٤ أبريل سنة ١٩٦٧ باعتبار أن من قبيل المنافسة غير المشروعة إغراق الأسواق بالبضائع بواسطة شركة اكتفت بنـزول مؤثر في أسعار منتجاتها العاديـة وتركت لـدي المستهلكين اعتقاد أو إيحاء بأن هذا التخفيض يسري أيضاً على منتجاتها مـن العلامـات الكبيرة أي الأكثر جودة فهذه العملية بحق يصدق عليها وصف أنها "جزيرة من الخسارة في محيط مـن الفوائد " - انظر محكمة السين التجارية في ١٩٦٧/٤/٢٤ - الجازيت باليه ١٩٦٨-١-٤٣ نقلاً عن د. محمد الأمير يوسف " صور الخطأ في دعوى المنافسة غير المشروعة " مرجع سابق صـ ١٧٣.

المطلب الثاني

ماهية المنافسة في الشريعة الإسلامية

تمهيـــد:

ينظم الإسلام مقتضيات الحياة بالنسبة للإنسان بالتنسيق بين مطالب الروح والجسم بميزان العدل والاستقامة، فكما أنه رسم للروح طريق سعادتها كان من الضروري أن يرسم أيضاً للمادة طريق سعادتها ويأمر بتحصيل ما فيه خيرها ونفعها، ومن هنا أمر بتحصيل الأموال من طرق عدة يعلو فيها الخير للناس من خلال النشاط والعمل وعمارة الكون والتعارف والتعاون والمبادلة[1] من أجل هذا حض الإسلام ورغب في الكسب الحلال. فقال تعالى: ﴿ يَا أَيُّهَا النَّاسُ كُلُوا مِمَّا فِي الْأَرْضِ حَلَالًا طَيِّبًا وَلَا تَتَّبِعُوا خُطُوَاتِ الشَّيْطَانِ إِنَّهُ لَكُمْ عَدُوٌّ مُبِينٌ ﴾[2] وقال تعالى: ﴿ هُوَ الَّذِي جَعَلَ لَكُمُ الْأَرْضَ ذَلُولًا فَامْشُوا فِي مَنَاكِبِهَا وَكُلُوا مِنْ رِزْقِهِ وَإِلَيْهِ النُّشُورُ ﴾[3] ومن الأحاديث الدالة على ذلك ما روى عن أنس بن مالك رضي الله عنه عن النبي صلى الله عليه وسلم قال: «طَلَبُ الحَلَالِ وَاجِبٌ عَلَى كُلِّ مُسلِمٍ»[4].

وحيث إن التجارة تعد من أوسع ميادين النشاط البشري ولأنها ترتبط

---

(١) الإمام الأكبر محمود شلتوت " الإسلام عقيدة وشريعة " - مرجع سابق صـ٢٥٠.

(٢) الآية ١٦٨ من سورة البقرة.

(٣) الآية ١٥ من سورة الملك.

(٤) رواه الطبراني: انظر للمنذري " الترغيب والترهيب " تحقيق أيمن صالح - دار الحديث سنة ١٩٩٤ جـ٣ رقم ٢٥٩٠ صـ١٦ قال المنذري إسناده حسن.

بأنشطة أخرى كالصناعة والزراعة، فقد أباح الإسلام التجارة شريطة أن يسلك المسلم وسائل الكسب المشروعة التي أحلها اللـه تعالى في طلب المعاش واكتساب الرزق، وحرَّم ألواناً من المعاملات التي تتيح اكتساب المال بطرق غير مشروعة تتنافى مع إنسانية هذا الدين وسماحته[1] ولذلك يقول تعالى: ﴿ يَا أَيُّهَا الَّذِينَ آمَنُوا لَا تَأْكُلُوا أَمْوَالَكُمْ بَيْنَكُمْ بِالْبَاطِلِ إِلَّا أَنْ تَكُونَ تِجَارَةً عَنْ تَرَاضٍ مِنْكُمْ.....﴾[2] ومما يدل على اهتمام الإسلام بالتجارة اهتمام النبي صلى اللـه عليه وسلم بإنشاء سوق إسلامية رتب أوضاعها وظل يرعاها بتعاليمه وتوجيهاته[3]. ولما كانت المنافسة ظاهرة حتمية في التجارة فإن الإسلام يدعو إلى نظام المنافسة ولكن ليست المنافسة في الإسلام كتلك التي تدعو إليها النظم الرأسمالية والاشتراكية إنها منافسة خيرة يتحلى فيها التاجر بقيم وأخلاق رفيعة. ولبيان ذلك رأينا تقسيم هذا المطلب إلى ثلاثة فروع على النحو التالي:

الفرع الأول: مفهوم المنافسة في الشريعة الإسلامية وأدلتها.

الفرع الثاني: سمات المنافسة الإسلامية.

الفرع الثالث: شروط وآثار المنافسة الإسلامية.

---

(١) د. عبد الحفيظ فرغلي علي " آداب السوق الإسلامية " سلسلة الدين المعاملة - دار الصحوة - طبعة أولى سنة ١٩٨٧ صـ ٢٤

(٢) من الآية ٢٩ من سورة النساء

(٣) د. يوسف القرضاوي " الحلال والحرام في الشريعة الإسلامية " - المكتب الإسلامي - الطبعة الخامسة عشر- سنة ١٩٩٤ صـ ١٣١، صـ ١٣٢

الفرع الأول

مفهوم المنافسة في الشريعة الإسلامية وأدلتها

يدعو الإسلام إلى نظام المنافسة التي تمارس في إطار من التعاون والعدل اللذين يكفلان حصول كل ذي حق على حقه في جو تسوده المحبة والأخوة[(١)] كما يوجب الإسلام أن تكون المنافسة بناءة تنصب على التسابق في إجادة العمل وإجادة المنتجات وتفوقها وأن تكون منافسة خيرة لا يترتب عليها الإضرار حيث لا ضرر ولا ضرار[(٢)].

ودعوة الإسلام الحنيف إلى التسابق والتنافس في العمل الصالح تعني - في ميدان النشاط الاقتصادي – إجادة المنتجات وتحسين طرق الإنتاج وخفض التكاليف مما يمكن المستهلك من الحصول على مطالبة من السلع والخدمات بثمن أقل وبجودة أعلى[(٣)].

وهناك أدلة عديدة تدل على الحض على التنافس والمسارعة في الخير بوجه عام نذكر منها ما يلي:

(١) د. محمد فتحي صقر " تدخل الدولة في النشاط الاقتصادي في إطار الاقتصاد الإسلامي – إدارة البحوث مركز الاقتصاد الإسلامي – المصرف الإسلامي الدولي للاستثمار والتنمية طبعة ١٩٨٨ صـ ١٥ وما بعدها

(٢) د. علي عبد الرسول " المبادئ الاقتصادية في الإسلام والبناء الاقتصادي للدولة – مرجع سابق سنة ١٩٨٠ صـ ١٠٤

(٣) د. عوف محمود الكفراوي " دراسة تكاليف الإنتاج والتسعير في الإسلام " مؤسسة شباب الجامعة سنة ١٩٨٥ صـ ١٦٠

١ - من القرآن الكريم:

يقول سبحانه وتعالى: ﴿ فَاسْتَبِقُوا الْخَيْرَاتِ﴾[١] ويقول سبحانه: ﴿ وَسَارِعُوا إِلَى مَغْفِرَةٍ مِنْ رَبِّكُمْ وَجَنَّةٍ عَرْضُهَا السَّمَوَاتُ وَالْأَرْضُ أُعِدَّتْ لِلْمُتَّقِينَ ﴾[٢] ويقول سبحانه: ﴿ فَاسْتَجَبْنَا لَهُ وَوَهَبْنَا لَهُ يَحْيَى وَأَصْلَحْنَا لَهُ زَوْجَهُ إِنَّهُمْ كَانُوا يُسَارِعُونَ فِي الْخَيْرَاتِ وَيَدْعُونَنَا رَغَبًا وَرَهَبًا وَكَانُوا لَنَا خَاشِعِينَ ﴾[٣] ويقول سبحانه: ﴿ أُولَئِكَ يُسَارِعُونَ فِي الْخَيْرَاتِ وَهُمْ لَهَا سَابِقُونَ﴾[٤] ويقول سبحانه: ﴿ ثُمَّ أَوْرَثْنَا الْكِتَابَ الَّذِينَ اصْطَفَيْنَا مِنْ عِبَادِنَا فَمِنْهُمْ ظَالِمٌ لِنَفْسِهِ وَمِنْهُمْ مُقْتَصِدٌ وَمِنْهُمْ سَابِقٌ بِالْخَيْرَاتِ بِإِذْنِ اللَّهِ ذَلِكَ هُوَ الْفَضْلُ الْكَبِيرُ ﴾[٥] ويقول سبحانه أيضاً: ﴿ خِتَامُهُ مِسْكٌ وَفِي ذَلِكَ فَلْيَتَنَافَسِ الْمُتَنَافِسُونَ﴾[٦].

٢ - من الأحاديث النبوية:

- عن أبي هريرة - رضي الله عنه - أن رسول الله صلى الله عليه وسلم قال: «بادروا بالأعمال فتناً كقطع الليل المظلم بصبح الرجل مؤمناً ويمسي كافراً ويمسي مؤمناً ويصبح كافرا

(١) الآية ٤٨ من سورة المائدة
(٢) الآية ١٣٣ من سورة آل عمران
(٣) الآية ٩٠ من سورة الأنبياء
(٤) الآية ٦١ من سورة المؤمنين
(٥) من الآية ٣٢ من سورة فاطر
(٦) الآية ٢٦ من سورة المطففين

يبيع دينه بعرض الدنيا»[١].

- عن أبي هريرة - رضي الله عنه - أن رسول الله صلى الله عليه وسلم قال: «بادروا الأعمال سبعاً: هل تنتظرون إلا فقراً منسيا أو غنىً مطغياً أو مرضاً مفسداً أو هرماً مفنِّداً أو موتاً مجهزاً أو الدجال فشر غائب ينتظر أو الساعة والساعة أدهى وأمر»[٢].

٣ - ومن الآثار الدالة على المسارعة في الخيرات:

أ) ما صنعه الصحابيان الجليلان أبو بكر الصديق وعمر بن الخطاب – رضي الله عنهما - كما حكى عمر- رضي الله عنه - قال: أمرنا رسول الله صلى الله عليه وسلم أن نتصدق فوافق ذلك مالاً عندي فقلت اليوم أسبق أبا بكر إن سبقته يوماً، فجئت بنصف مالي. فقال رسول الله صلى الله عليه وسلم : ما أبقيت لأهلك؟ قلت مثله. قال: وأتى أبو بكر بكل ما عنده، فقال له رسول الله صلى الله عليه وسلم : «ما أبقيت لأهلك؟ قال أبقيت لهم الله ورسوله قلت: لا أسابقك إلى شئ أبداً»[٣].

ب) ما صنعه الصحابي الجليل عبد الرحمن بن عوف الذي ضرب أروع

---

(١) رواه مسلم حديث رقم ١١٨ انظر صحيح مسلم بشرح النووي " دار الفجر للتراث الطبعة الأولى سنة ١٤٢٠،١٩٩٩ جـ١ صـ ٣٧٥

(٢) رواه الترمزي حديث رقم ٢٣٠٧ انظر للأمام أبي زكريا يحي بن شرف النووي – رياض الصالحين نشر- دار الكتب القطرية سنة ١٩٨٨م- تحقيق شعيب الأرنؤوط – صـ ٨٥ وقال حديث حسن

(٣) رواه أبو داود في الزكاة ١٩٧٨ انظر د. يوسف القرضاوي – دور القيم والأخلاق في الاقتصاد الإسلامي – مرجع سابق صـ٢٠٣.

الأمثلة للتاجر الذي يسارع إلى رضا ربه وإلى جنة عرضها السموات والأرض، ومما يؤكد ذلك ما أخرجه الإمام أحمد عن أنس - رضي الله عنه - قال: "بينما عائشة رضي الله عنها في بيتها إذ سمعت صوتاً في المدينة. فقالت ما هذا؟ قالوا: عير لعبد الرحمن بن عوف قدمت من الشام تحمل كل شئ. قال: وكانت سبعمائة بعير. قال: فارتجت المدينة من الصوت فقالت عائشة – رضي الله عنها: سمعت رسول الله صلى الله عليه وسلم يقول: قد رأيت عبد الرحمن بن عوف يدخل الجنة حبواً " فبلغ ذلك عبد الرحمن. فقال: لئن استطعت لأدخلنها قائماً فجعلها بأقتابها وأحمالها في سبيل الله عز وجل "[١].

الفرع الثاني

سمات المنافسة الإسلامية

تتميز المنافسة الإسلامية بعدة سمات تنشئ في مجموعها تاجراً يباشرها في رفق، وتحاط بسياج من الأخلاق والسلوك القويم ينأى بها عن الكيد للغير وتعمد إيذائه، لأن محاولة المنافس إخراج منافس أو منافسين آخرين من السوق بشتى الطرق ليستأثر وحده بمغانمها أمر لا يرضاه الإسلام[٢].

---

(١) انظر: العلامة الشيخ الفقيه المحدث الصوفي محمد يوسف الكاندهولي " حياة الصحابة " تقديم السيد ابي الحسن على الحسن الندوي - مكتبة الدعوة - دون سنة طبع -الجزء الثاني صـ ٣٣٣ وكذلك شيخ الإسلام الإمام الحافظ ابن كثير " البداية والنهاية " تحقيق محمد عبد العزيز النجار - الناشر دار الغد العربي الطبعة الأولي - المجلد الرابع - العدد ٣٦ صـ ٢١٥ وما بعدها.

(٢) د. عوف محمود الكفراوي " دراسة في تكاليف الإنتاج والتسعير " مرجع سابق صـ ١٦٠.

ومن هنا حث الإسلام على ضرورة التخلق بأخلاق وسمات إسلامية معينة على التاجر أو المنتج أن يتحلى بها كما ينبغي أن تعم السوق بمجملها حتى تكون سوقاً إسلامية وتتسم المنافسة - في ضوء الشريعة الإسلامية - بالمشروعية وأهم هذه السمات ما يلي:

١) أن المنافسة الإسلامية تنطلق من روح التكافل والمودة والتراحم والتعاون بين أفراد المجتمع الإسلامي [١] وذلك امتثالاً لقوله تعالى:

﴿وَتَعَاوَنُوا عَلَى الْبِرِّ وَالتَّقْوَى وَلَا تَعَاوَنُوا عَلَى الْإِثْمِ وَالْعُدْوَانِ﴾ [٢].

وفي الآية أمر لجميع الخلق بالتعاون على البر والتقوى أي ليحث بعضكم بعضاً على ما أمر الله به وأن ننتهي عما نهى الله عنه وهو موافق لما روي عن النبي صلى الله عليه وسلم أنه قال: «الدَّالُّ عَلَى الخَيْرِ كَفَاعِلِهِ» وقال الماوردي في تفسير هذه الآية إن الله ندب إلى التعاون بالبر وقرنه بالتقوى له لأن في التقوى رضا الله تعالى وفي البر رضا الناس ومن جمع بين رضا الله ورضا الناس فقد تمت سعادته وعمت نعمته [٣] وتصديقاً لذلك روى البخاري عن النبي صلى الله عليه وسلم أنه قال «مثل

---

(١) د. محمد فتحي صقر " تدخل الدولة في النشاط الاقتصادي في إطار الاقتصاد الإسلامي " مرجع سابق صـ ١٥ وأنظر كذلك د. عبد العزيز بن الحجاج حنفي حسين " سياسة تدخل الدولة الإسلامية في النشاط الاقتصادي " رسالة دكتوراه - كلية الشريعة والقانون القاهرة سنة ١٩٨٣ صـ ٩٤

(٢) من الآية رقم ٢ من سورة المائدة

(٣) راجع. أبي عبد الله بن محمد بن أحمد الأنصاري القرطبي - " الجامع لأحكام القرآن " دار الفكر - بيروت- لبنان - طبعة ١٩٩٤ المجلد الثالث صـ ١٧، صـ١٨.

المؤمنين في توادهم وتعاطفهم وتراحمهم كمثل الجسد الواحد إذا اشتكى منه عضو تداعى له سائر الأعضاء بالسهر والحمى»[١] ويقول أيضاً «المؤمن للمؤمن كالبنيان يشد بعضه بعضاً»[٢].

٢) أنها تمارس في إطار من الأخوة والتسامح[٣].

والإخاء يعني رابطة من شأنها أن تثمر الحب والتضامن وتتنافى مع البغضاء والحقد والأنانية فضلاً عن البغي والظلم والعدوان.

ولقد أرسى الإسلام قواعد الأخوة على مرحلتين: الأولى: أخوة المسلم للمسلم والثانية: الأخوة بين الإنسان وأخيه الإنسان، أما عن الأولى فهي روح الإيمان الحي ولباب المشاعر الرقيقة، وهي أخوة الدين التي تعد أوثق من أخوة النسب[٤] يقول تعالى: ﴿ إِنَّمَا الْمُؤْمِنُونَ إِخْوَةٌ﴾[٥] ويقول النبي صلى الله عليه وسلم : «... المسلم أخو المسلم لا يظلمه ولا يخذله ولا

---

(١) البخاري ٣٦٧/١٠ ولمسلم في باب تراحم المؤمنين وتعاطفهم وتعاضدهم - رواية النعمان بن بشير رقم ٢٥٨٦ أنظر صحيح مسلم - المرجع السابق جـ ٨ صـ ٣٥٥.

(٢) رواه البخاري رقم ٦٣٦ انظر للإمام الحافظ أحمد بن حجر العسقلاني - فتحر الباري شرح صحيح البخاري " دار الحديث القاهرة - الطبعة الأولى سنة ١٤١٩ هـ - سنة ١٩٩٨م جـ١٠ صـ ٥٤٢

(٣) د. يوسف قاسم " التعامل التجاري في ميزان الشريعة الإسلامية " - الطبعة الثانية سنة ١٩٩٢ صـ ٣٣.

(٤) الشيخ محمد الغزالي " خلق المسلم " دار التوفيق النموذجية - الطبعة التاسعة سنة ١٩٨٣ صـ ١٦٦.

(٥) من الآية ١٠ من سورة الحجرات.

يحقره بحسب امرئ من الشر أن يحقر أخاه كل المسلم على المسلم حرام ماله ودمه وعرضه ...»[1] أما الثانية فهي الأخوة الإنسانية أي بين الإنسان وأخيه الإنسان، فلقد رد اللـه عز وجل أنساب الناس وأجناسهم إلى أبوين اثنين ليجعل من هذه الرحم العامة ملتقى تتشابك عنده الصلات فقال تعالى: ﴿ يَا أَيُّهَا النَّاسُ إِنَّا خَلَقْنَاكُمْ مِنْ ذَكَرٍ وَأُنْثَى وَجَعَلْنَاكُمْ شُعُوبًا وَقَبَائِلَ لِتَعَارَفُوا إِنَّ أَكْرَمَكُمْ عِنْدَ اللَّهِ أَتْقَاكُمْ إِنَّ اللَّهَ عَلِيمٌ خَبِيرٌ ﴾[2] وهذا المبدأ له أهميته البالغة في مجال المنافسة بين التجار

لأن التاجر عندما يعتقد - أثناء مزاولته لنشاطه التجاري - أنه يتعامل مع أخيه - سواء كان مسلماً أو غير مسلم - فإنه لا يظلمه ولا يحقره وبهذا تسود منافسة بناءة في التعامل التجاري. كذلك من القيم الخلقية المطلوبة مع الأخوة السماحة والتيسير لقوله تعالى " وإن كان ذو عسرة فنظرة إلى ميسرة "[3] وقول النبي صلى اللـه عليه وسلم «رحم اللـه عبداً سمحاً إذا باع سمحاً إذا اشترى سمحاً إذا اقتضى»[4] كما بين النبي صلى اللـه عليه وسلم فضل التيسير على المعسرين وتفريج الكروب عن المكروبين فقال فيما رواه أبو هريرة «من نفس عن مؤمن كربة من كرب الدنيا نفس اللـه عنه كربة من كرب يوم القيامة ومن يسر على معسر يسر اللـه

---

(١) الحديث رواه أبو هريرة – البخاري ٢/٨٥حديث رقم ٦٧٢٤.

(٢) الآية رقم ١٣ من سورة الحجرات.

(٣) الآية ٢٨٠ من سورة البقرة.

(٤) الحديث رواه البخاري عن جابر بن عبد اللـه - أنظر فتح الباري بشرح صحيح البخاري " مرجع سابق جـ ٤صـ ٣٧٥.

عليه في الدنيا والآخرة ومن ستر مسلماً ستره الله في الدنيا والآخرة و الله في عون العبد ما كان العبد في عون أخيه»[١].

٣) ينبغي على التاجر أن يكون صادقاً في قوله أميناً في معاملته، فلقد حض الإسلام على الصدق وبالغ في الوصية به وبين أنه بغير الصدق لا يقوم دين ولا تستقر دنيا فقال تعالى: ﴿ يَا أَيُّهَا الَّذِينَ آمَنُوا اتَّقُوا اللَّهَ وَكُونُوا مَعَ الصَّادِقِينَ﴾[٢].

ولقد حذّر الإسلام من الكذب الذي يعد رأس شعب النفاق وآفة الأسواق التجارية فقال صلى الله عليه وسلم في الحديث: «إن الصدق يهدي إلى البر وإن البر يهدي إلى الجنة وإن الرجل ليصدق حتى يكتب عند الله صديقاً وإن الكذب يهدي إلى الفجور وإن الفجور يهدي إلى النار وإن الرجل ليكذب حتى يكتب عند الله كذاباً»[٣].

ومن القيم المرتبطة بالصدق والمتممة له الأمانة التي وضعت في المكان الأول بالنسبة للمعاملات التجارية وهي خلق من أخلاق الإيمان التي ينبغي على كل تاجر أن يتحلى بها[٤] فقد وصف الله المؤمنين

(١) من حديث رواه مسلم أنظر صحيح مسلم شرح النووي - مرجع سابق جـ٩ صـ٢٢ حديث رقم ٢٦٩٩.

(٢) الآية ١١٩ من سورة التوبة.

(٣) متفق عليه. رواه مسلم أنظر " صحيح مسلم بشرح النووي " مرجع سابق جـ٨ صـ ٣٧٥ حديث رقم ٢٦٠٧.

(٤) د. عبد السميع المصري " نظرية الإسلام الاقتصادية " مكتبة الأنجلو المصرية - دون سنة طبع صـ ٨٩.

المفلحين بقوله: ﴿وَالَّذِينَ هُمْ لِأَمَانَاتِهِمْ وَعَهْدِهِمْ رَاعُونَ﴾[(١)] ومقتضى الأمانة أن يرد التاجر كل حق إلى صاحبه قل أو كثر امتثالاً لقوله تعالى: ﴿إِنَّ اللَّهَ يَأْمُرُكُمْ أَنْ تُؤَدُّوا الْأَمَانَاتِ إِلَى أَهْلِهَا﴾[(٢)].

٤) ينبغي للتاجر أن يمارس نشاطه متسماً بالعدل الذي يعد من أعظم القيم التي قررها الإسلام كما ينبغي أن يتجنب الظلم الذي يلحق الضرر بالآخرين "[(٣)].

والمقصود هنا أن يحرص التاجر على أخذ الحق وإعطاء الحق وأن يبتعد عن أكل أموال الناس بالباطل وأخذها استغلالاً وظلماً لأن الظلم ظلمات لقوله تعالى: ﴿أَلَا لَعْنَةُ اللَّهِ عَلَى الظَّالِمِينَ﴾[(٤)] ويقول النبي صلى الله عليه وسلم في الحديث الذي رواه جابر «اتقوا الظلم فإن الظلم ظلمات يوم القيامة»[(٥)].

ولم يكتف الإسلام بتحريم الظلم والتحذير من عواقبه الوخيمة، بل رغب المسلم بصفة عامة في الورع وترك الشبهات وتحرى الحلال ففي الحديث الذي رواه النعمان بن بشير أنه قال: سمعت رسول الله صلى الله عليه وسلم يقول: «الحلال بَيِّنٌ والحرام بيِّنٌ وبينهما مشتبهات لا يعلمهن كثير من الناس فمن اتقى الشبهات استبرأ لدينه وعرضه ومن وقع في الشبهات وقع في الحرام

---

(١) الآية ٨ من سورة المؤمنون.

(٢) الآية ٥٨ من سورة النساء.

(٣) د. محمد عبد الحفيظ فرغلي " آداب السوق في الإسلام " مرجع سابق صـ ٧٢.

(٤) الآية ١٨ من سورة هود.

(٥) رواه مسلم رقم ٢٥٧٨ - أنظر صحيح مسلم بشرح النووي " مرجع سابق جـ ٨ صـ ٣٤٨.

كالراعي يرعى حول الحمى يوشك أن يرتع فيه، ألا وإن لكل ملك حمى ألا وإن حمى الله محارمه، ألا وإن في الجسد مضغة إذا صلحت صلح الجسد كله وإذا فسدت فسد الجسد كله ألا وهي القلب»[1].

ومن الآثار الدالة على الورع وتجنب أكل الحرام ولو كان قليلاً، ما ورد أن الصديق - رضى الله عنه – شرب لبناً من كسب عبده ثم سأل عبده فقال " تكهنت لقوم فأعطوني، فأدخل أصابعه في فيه وجعل يقيئ حتى أوشكت نفسه أن تخرج، ثم قال: اللهم إني أعتذر إليك مما حملت العروق وخالط الأمعاء " وفي بعض الأخبار أنه صلى الله عليه وسلم ، أُخبِرَ بذلك: فقال: أو علمتم أن الصديق لا يدخل جوفه إلا طيباً[2].

وعلى هذا الأساس يمكن القول بأن المنافسة الإسلامية لا تسمح لمن يعملون في النشاط التجاري أن يكتسبوا دخولهم من ممارسات ظالمة تلحق الضرر بجمهور المستهلكين، ولذلك حرم الإسلام الاحتكار وحرم كل ما يُحدِثُ اضطراباً في الأسعار، وبالجملة فإن كل ربح يعود على التاجر أو المنتج من غشه أو خيانته أو خداعه يعد ظلماً وهو مال حرام منزوع البركة في الدنيا وهو سبب للعذاب المقيم والشقاء الدائم في الآخرة[3].

٦) ينبغي على التاجر أن يمارس نشاطه قاصداً من تجارته رضي الله

---

(١) رواه مسلم رقم ١٥٩٩. أنظر صحيح مسلم بشرح النووي م. مرجع سابق جـ٦ صـ٢٦.
(٢) انظر الإمام أبي حامد الغزالي " احياء علوم الدين " تعليق جمال محمود ومحمد سيد – دار الفجر للتراث جـ٢ طبعة ألوى سنة ١٩٩٩ صـ١٢٣.
(٣) د. يوسف قاسم " التعامل التجاري في ميزان الشريعة الإسلامية " مرجع سابق صـ٦٩.

تعالى[1]. وأن يتقي الـلـه ويراقبه في كل تصرفاته[2] وليعلم أن الـلـه تعالى لا يخفى عليه شيء، يقول تعالى: ﴿ إِنَّ اللَّهَ لَا يَخْفَى عَلَيْهِ شَيْءٌ فِي الْأَرْضِ وَلَا فِي السَّمَاءِ ﴾[3]. لليعلم

كل تاجر أن الدنيا إلى زوال ﴾

(١) ومن أروع الأمثلة التي ضربت في الاتجار مع الـلـه تعالى بقصد الفوز برضاه ما حدث مع التاجر الصحابي الجليل عثمان بن عفان عندما أصيب الناس في خلافة الفاروق بسنة مجدبة أخذت الأخضر واليابس حتى سُمِّي عامها لشدة قحطه بعام الرمادة، ولما ازداد الكرب وبلغت القلوب الحناجر أقبلوا على عمر فقالوا: يا أمير المؤمنين إن السماء لم تمطر وإن الأرض لم تنبت وقد أوشك الناس على الهلاك فما نصنع؟ فنظر إليهم عمر بوجه عصره الَهمّ عصراً وقال اصبروا واحتسبوا فإني أرجو أن لا تمسوا حتى يفرج الـلـه عنكم، فلما كان آخر النهار وردت الأخبار بأن عيراً لعثمان بن عفان جاءت من الشام فهب الناس لاستقبالها وانطلق التجار يتلقفونها فإذا هي ألف بعير محملة بالبر والزيت والزبيب، فدخل التجار على عثمان وقالوا بعنا ما وصل إليك يا أبا عمرو فقال حباً وكرامة ولكن كم تربحوني على شرائي: فقالوا نعطيك بالدرهم درهمين، فقال أعطيت أكثر من هذا، فزادوا له، فقال أعطيت أكثر فزادوه ثم قال أعطيت أكثر من هذا، فقالوا يا أبا عمرو ليس في المدينة تجار غيرنا وما سبقنا إليك أحد فمن الذي أعطاك أكثر؟ فقال إن الـلـه أعطاني بكل درهم عشرة، فهل عندكم زيادة؟ قالوا لا يا أبا عمرو. فقال إني أشهد الـلـه تعالى أني جعلت ما حملت هذه العير صدقة على فقراء المسلمين لا أبتغي من أحد درهماً ولا ديناراً وإنما أبتغي ثواب الـلـه ورضاه " انظر د. مصطفى مراد " الثلاثون المبشرون بالجنة " دار الفجر للتراث الطبعة الأولى سنة ١٩٩٩ صـ٤٣.

(٢) د. عبد الحفيظ فرغلي " آداب السوق في الإسلام " مرجع سابق صـ ٧٤.

(٣) الآية ٥ من سورة آل عمران.

وَالْآخِرَةُ خَيْرٌ وَأَبْقَى﴾[١] يقول تعالى: ﴿ اعْلَمُوا أَنَّمَا الْحَيَاةُ الدُّنْيَا لَعِبٌ وَلَهْوٌ وَزِينَةٌ وَتَفَاخُرٌ بَيْنَكُمْ وَتَكَاثُرٌ فِي الْأَمْوَالِ وَالْأَوْلَادِ كَمَثَلِ غَيْثٍ أَعْجَبَ الْكُفَّارَ نَبَاتُهُ ثُمَّ يَهِيجُ فَتَرَاهُ مُصْفَرًّا ثُمَّ يَكُونُ حُطَامًا وَفِي الْآخِرَةِ عَذَابٌ شَدِيدٌ وَمَغْفِرَةٌ مِنَ اللَّهِ وَرِضْوَانٌ وَمَا الْحَيَاةُ الدُّنْيَا إِلَّا مَتَاعُ الْغُرُورِ﴾[٢].

ولقد حقر النبي صلى الله عليه وسلم من شأن الدنيا: فقال أبو هريرة رضي الله عنه سمعت رسول الله صلى الله عليه وسلم يقول: «الدنيا ملعونة وملعون ما فيها إلا ذكر الله وما والاه وعالماً ومتعلماً»[٣].

ومع أن المال عنصر من عناصر قوة الأمة ومقوم من مقومات نهضتها وتقدمها إلا أنه يصبح خطراً على الأمة وأبنائها إذا انهمكت في طلبه وجمعه والتنافس عليه وصار أكبر همها وغاية سعيها[٤].

فعلى التاجر إذن ألا يجعل من نفسه عبداً للمال ولذلك يقول صلى الله عليه وسلم فيما رواه أبو هريرة: «تعس عبد الدينار وتعس عبد الدرهم والقطيفة والخميصة إن أُعْطِيَ رضي وإن لم يُعْطَ لم يرض»[٥] وهذا أدعى إلى أن يكون التاجر

---

(١) الآية ١٧ من سورة الأعلى

(٢) الآية ٢٠ من سورة الحديد

(٣) ابن ماجة - مرجع سابق حديث رقم ٤١٦٤ صـ ٤٠٩ وقيل عنه بأنه حسن صحيح

(٤) د. يوسف القرضاوي - دور القيم - مرجع سابق صـ ١٠٤

(٥) الحديث رواه البخاري رقم ٦٤٣٥ انظر فتح الباري بشرح صحيح البخاري - =

قنوعاً ولو بالربح اليسير وأن يكون زاهداً في الدنيا حريصاً على ما يـرضى الـلـه تعـالى، فعـن أبي هريرة أن رسول الـلـه صلى الـلـه عليه وسلم قال: – «ليس الغني عـن كـثرة العـرض ولكن الغني غنى النفس»[1].

فإذا ما تمسك التجار بهذه الأخلاق العظيمة وسادت هذه الآداب الإسلامية الأسواق وعملت الدولة على تفعيلها ونشرها بين التجار كانت المنافسة الإسلامية الخيرة التي يـنعم في رحابها كـل الناس أفراداً وجماعات مسلمين وغير مسلمين تجاراً ومنتجين ومستهلكين.

ومن هنا يطيب لي أن أقول بأن هذه الآداب وتلك السمات المتمثلة في الحض عـلى الأخـلاق العظيمة والصفات النبيلة التي يزرعها الإسلام الحنيف في قلب وضمير الإنسان بصفة عامـة والتجار والمنتجين بصفة خاصة إنما تعد بمثابة حماية من الشارع الحكيم للمنافسة في ظل هـذا الدين الحنيف.

الفرع الثالث

شــروط وآثار المنافسة الإسلامية

يتضمن هذا الفرع بيان نقطتين

أولاً: شروط المنافسة الإسلامية:

ثانياً: آثار المنافسة الإسلامية.　　　　　　　ونبينهما فيما يلي:

= مرجع سابق جـ١١ صـ ٢٩٥

(١) رواه مسلم رقم ٥٦٣ انظر للمتدري " مختصر صحيح مسلم " المكتب الإسلامي – الطبعة الخامسة سنة ١٤٠٥ سنة ١٩٨٥ صـ١٥٢.

أولاً: شروط المنافسة الإسلامية:

بينا فيما سبق أهم سمات وآداب المنافسة الإسلامية التي يدعو إليها الإسلام وبينا أن هـذه المبادئ لا تقبل المنافسة الشريرة المدمرة أو تلك التي تقوم عـلى أسـاس مـن الغـش والتضـليل والخداع لأنها إذا سادت قضت على تماسك المجتمع ورفاهيته.

ولكي تعد المنافسة إسلامية وخيرة لابد من توافر عدة شروط أهمها ما يلي:

١) يجب أن يقوم التنافس والتسابق في كافة مجالات النشاط الاقتصادي سعياً وراء الأفضل [١] ففي ظل الاقتصاد الإسلامي يجب أن يتنوع الإنتاج ويتعدد وفق حاجـات الأمـة المتنوعـة ومطالبها المتعددة، فإذا كان المنتجون في الاقتصاد الرأسـمالي الغـربي يبحثـون عـما يحقـق لهم أقصى الأرباح الممكنة – بغض النظر عن حاجة الأمة أو عدم حاجتها – فإن المنـتج في ظل الإسلام يهمه قبل كل شئ ما ينفع الناس وما يحتاجون إليه لأنه – كما سبق- يـعمـل لآخرته كما يعمل لدنياه ويسعى لإرضاء ربه قبل أن يرضى هواه، فمن المقرر لـدى فقهـاء المسلمين أن كل علم أو عمل أو حرفة أو صناعة يحتاج إليها جماعة المسلمين فهي فـرض كفاية لحاجة الناس إليها [٢].

وهذا يجعل الأمة تكتفي اكتفاءً ذاتياً تستغني به عن غيرها ولا تكون

---

(١) د. علي عبد الرسول " المبادئ الاقتصادية في الإسلام " مرجع سابق صـ ١٠٦
(٢) الإمام شمس الدين أبو عبد الله محمد بن قيم الجورية الحنبلي " الطرق الحكمية " مطبعـة المؤيـد سنة ١٣١٧ هـ صـ ٢٢٦

عالة على من سواها، ولقد نبه القرآن الكريم على ضرورة التخصص حين نفر الناس للجهاد متحمسين وغفلوا عن طلب العلم والتفقه في الدين. فقال تعالى: ﴿ وَمَا كَانَ الْمُؤْمِنُونَ لِيَنْفِرُوا كَافَّةً فَلَوْلَا نَفَرَ مِنْ كُلِّ فِرْقَةٍ مِنْهُمْ طَائِفَةٌ لِيَتَفَقَّهُوا فِي الدِّينِ وَلِيُنْذِرُوا قَوْمَهُمْ إِذَا رَجَعُوا إِلَيْهِمْ لَعَلَّهُمْ يَحْذَرُونَ﴾[١].

فكما لا يجوز ترك التفقه في الدين انشغالاً بالجهاد كذلك لا يجوز ترك العلوم والصناعات الأخرى الضرورية لحياة الناس انشغالاً بالفقه[٢].

ولقد حثت الأحاديث النبوية الشريفة على الزراعة والصناعة والتجارة حتى يتكامل الإنتاج في كل هذه النواحي ولا تترك ناحية يظهر فيها ضعف الأمة.

فلقد روى عن ابن عمر – رضي الله عنهما - عن النبي صلى الله عليه وسلم قال: «إذا تبايعتم بالعينة وأخذتم أذناب البقر ورضيتم بالزرع وتركتم الجهاد سلط الله عليكم ذلاً لا ينزعه حتى ترجعوا إلى دينكم»[٣] والمقصود من الحديث أن استكانة كل امرئ إلى شئونه الخاصة وأخذ كل واحد بذنب بقرته والاكتفاء بالزراعة وإهمال الصناعة وباقي طرق الإنتاج يعد نقصاً في الكفاية الإنتاجية يعرض الأمة للخطر.

---

(١) الآية ١٢٢ من سورة التوبة

(٢) د. يوسف القرضاوي " دور القيم " - مرجع سابق صـ ١٨٧

(٣) رواه أبو داود وذكره الألباني في صحيح الجامع الصغير " ٤٢٣ - انظر د. يوسف القرضاوي - دور القيم مرجع سابق صـ١٨٨

لذلك فمن اللازم لكي تكتفي الأمة اكتفاءً ذاتياً أن يتم التنسيق بين جوانب الإنتاج المختلفة فلا يطغي فرع ولا يهمل جانب لحساب جانب آخر، كما يلزم تقديم الضروريات على الحاجيات وتقديم الحاجيات على التحسينات أو ما نسميه بلغة العصر- الكماليات[(١)].

٢) يجب أن تكون المنافسة بناءة فتنصب على التسابق في إتقان العمل وزيادة الإنتاج والارتقاء بمستوى جودة المنتجات أو التحسين المستمر لطرق ووسائل الإنتاج [(٢)].

فمن القيم المهمة في مجال المنافسة الإسلامية إحسان العمل وإتقانه فليس المطلوب في الإسلام مجرد الإنتاج بل أن يحسن العامل أو المنتج عمله بإحكام وإتقان حتى تتوفر السلع أو الخدمات الجيدة للمستهلك لقوله تعالى: ﴿وَقُلِ اعْمَلُوا فَسَيَرَى اللَّهُ عَمَلَكُمْ وَرَسُولُهُ وَالْمُؤْمِنُونَ﴾[(٣)].

وفي الحديث الصحيح «إنَّ اللـه كتب الإحسان على كل شئ فإذا قتلتم فأحسنوا القتلة وإذا ذبحتم فأحسنوا الذبحة وليحد أحدكم شفرته وليرح ذبيحته»[(٤)].

(١) د. يوسف القرضاوي " دور القيم " مرجع سابق صـ ١٩١
(٢) د. عوف محمود الكفراوي - تكاليف الإنتاج والتسعير في الإسلام " مرجع سابق صـ ١٦١
(٣) من الآية ١٠٥ من سورة التوبة
(٤) رواه مسلم من حديث شداد ين أوس رقم ١٩٥٥ أنظر " صحيح مسلم " مرجع سابق جـ٧ صـ ١٠٥

كما حضَّ الإسلام على زيادة الإنتاج ولذلك اتخذ موقفاً إيجابياً لاستغلال الموارد الاقتصادية وزيادة الإنتاج حتى تكثر السلع ويسهل الحصول عليها وفي ذلك راحة للجمهور من الناس وإن تعطيل الموارد وتركها دون استغلال لا يتفق مع الأهداف الإسلامية[(١)].

ومن الوسائل التي فرضها الإسلام لتنمية الأموال وأتساع حركة التداول فرضه للزكاة الذي يدفع عجلة التقدم الاقتصادي ويعد حافزاً على استثمار الطاقات وتصرفاً إيجابياً حيال قضية الإنتاج أو النشاط الاقتصادي النافع، ويظهر ذلك جلياً من الحكمة من فرض الزكاة على النقود فمهمة النقود أن تتحرك وتتداول فيستفيد الناس من تداولها.

أما اكتنازها وحبسها فإنه يؤدي إلى كساد الأعمال وانتشار البطالة وركود الأسواق وانكماش الحركة الاقتصادية بصفة عامة، لذا فقد حرم الإسلام كنز النقود وجاء في ذلك وعيد الله تعالى حيث قال تعالى: ﴿يَا أَيُّهَا الَّذِينَ آمَنُوا إِنَّ كَثِيرًا مِنَ الْأَحْبَارِ وَالرُّهْبَانِ لَيَأْكُلُونَ أَمْوَالَ النَّاسِ بِالْبَاطِلِ وَيَصُدُّونَ عَنْ سَبِيلِ اللَّهِ وَالَّذِينَ يَكْنِزُونَ الذَّهَبَ وَالْفِضَّةَ وَلَا يُنْفِقُونَهَا فِي سَبِيلِ اللَّهِ فَبَشِّرْهُمْ بِعَذَابٍ أَلِيمٍ (٣٤) يَوْمَ يُحْمَى عَلَيْهَا فِي نَارِ جَهَنَّمَ فَتُكْوَى بِهَا جِبَاهُهُمْ وَجُنُوبُهُمْ وَظُهُورُهُمْ هَذَا مَا كَنَزْتُمْ لِأَنْفُسِكُمْ فَذُوقُوا مَا كُنْتُمْ تَكْنِزُونَ﴾[(٢)].

---

(١) د. رمضان السيد الشرنباصي " حماية المستهلك في الفقه الإسلامي " مطبعة الأمانة - الطبعة الأولى سنة ١٤٠٤ هـ صـ٣٣

(٢) الآيتان ٣٤، ٣٥ من سورة التوبة

ولم يكتف الإسلام بهذا الوعيد الشديد بل أعلن حرباً عملية على الكنز ووضع الخطة الحكيمة لإخراج النقود من الشقوق والخزائن وذلك حين فرض ٢,٥% على الثروة النقدية سواء استغلها صاحبها أو لم يستغلها مما يحفز الإنسان حفزاً إلى تنميتها واستغلالها حتى تنمي بالفعل وتدر دخلاً منتظماً وإلا أكلتها الزكاة بمرور الأيام(١).

٣) ويجب - أخيراً - ألا يترتب على المنافسة أضرار بالغير سواءً كان منتجاً أو تاجراً أو مستهلكاً(٢) فأوجب الإسلام أن تكون المنافسة خيرة فلا يكون من وسائلها إعلان الحرب على التاجر أو المنتج المنافس والكيد له في السر والعلن للإضرار به وإخراجه من السوق ليستأثر بها بعض المنافسين دون البعض، والمنافس يسلك في سبيل ذلك سبلاً متعددة أهمها - وهو صميم هذا البحث - محاولة احتكار السوق بشتى السبل أو إغراق السوق بسلعته بقصد فرض احتكار لاحق بعد خروج منافسيه من السوق.

كذلك يجب ألا تقوم المنافسة على حساب الجمهور فيضار بالغش والخداع ودعايات التضليل ونشر بيانات كاذبة لترويج السلع أو الخدمات أو ممارسة كل ما من شأنه أن يلحق الضرر بالجمهور من المستهلكين - وسنبين جانباً من هذه المعاملات غير المشروعة عند كلامنا عن صور المنافسة غير المشروعة.

---

(١) لمزيد من التفصيل راجع د. يوسف القرضاوي " فقه الزكاة " مؤسسة الرسالة الطبعة الرابعة والعشرون سنة ١٤٢٠ هـ سنة ١٩٩٩م - الجزء الأول صـ ٢٤٢ والجزء الثاني صـ ٨٨٤، وكذلك د. رمضان على السيد الشرنباصي " حماية المستهلك - مرجع سابق صـ ٣٠ وما بعدها.

(٢) د. علي عبد الرسول " المبادئ الاقتصادية في الإسلام " مرجع سابق صـ ١٠٦

ثانياً: آثار المنافسة الإسلامية:

إذا ما وجدت المنافسة بشروطها وآدابها التي أوردناها فإنها تحقق - فضلاً عن هذه السمات - آثاراً طيبة تنعكس على سوق المنافسة وعلى المنافسين وكذلك على جمهور المستهلكين ومن أهم هذه الآثار ما يلي:

١) في ظل المنافسة الإسلامية ينعم المنتج والتاجر المنافس بسكينة النفس وطمأنينة القلب وانشراح الصدر وبسمة الأمل ونعمة الرضا والأمن وروح الحب والصفاء،وهذه الحالة النفسية لها أكبر الأثر في الإنتاج واستقرار السوق وعدم تعرضه للتقلبات المستمرة التي تلحق الضرر بالمستهلكين والمنتجين وبخاصة فقراء المستهلكين وصغار المنتجين، وذلك لأن الإنسان المضطرب أو القلق أو الذي يصاب باليأس أو الحقد أو السخط على الناس والحياة قلما يحسن عملاً يوكل إليه أو ينتج إنتاجاً يقنع ويرضى[1].

٢) تؤدي المنافسة الإسلامية إلى التوسعة على المستهلكين للسلع والخدمات وذلك لانخفاض الأثمان وزيادة العرض من المنتجات والخدمات وتنوعها حيث يجد كل مستهلك ما يناسبه من السلع والخدمات وبالثمن الذي يتناسب مع دخله مما يفسح المجال أمامه للاختيار بين السلع والخدمات وفي هذا خير وفير ومصلحة عامة لجمهور المستهلكين.

٣) في ظل المنافسة الإسلامية يتحقق الاكتفاء الذاتي للأمة وذلك لأنها لا تدع باباً من أبواب الإنتاج أو التجارة إلا وتطرقه وهذا ما يعود عليها

(١) د. يوسف القرضاوي " دور القيم " مرجع سابق صـ ١٥٦

بالعزة التي كتبها الله تعالى للمؤمنين حيث يقول تعالى: ﴿وَلِلَّهِ الْعِزَّةُ وَلِرَسُولِهِ وَلِلْمُؤْمِنِينَ﴾[١].

وبغير العزة لن يتحقق للأمة استقلالها وسيادتها الحقيقية لأنه لا استقلال ولا سيادة لأمة تعتمد على خبراء أجانب في أخص أمورها وأدق شئونها وأخطر أسرارها، أو لا تملك قوتها في أرضها ولا تجد الدواء لمرضاها أو لا تقدر على النهوض بصناعة ثقيلة إلا باستيراد الآلة والخبرة من غيرها[٢].

٤) من ثمار المنافسة كذلك أنها تؤدي إلى تماسك أعضاء المجتمع وتكاتفه سواءً كانوا منتجين أو مستهلكين لأنها تورث المحبة والتآلف طالما أن كل منهم يشعر بالرضى وعدم الظلم ويحقق كل احتياجاته ومتطلباته وهذا ما يدعو إليه الإسلام الحنيف إذ يقول الله تعالى: ﴿وَاعْتَصِمُوا بِحَبْلِ اللَّهِ جَمِيعًا وَلَا تَفَرَّقُوا﴾[٣].

المطلب الثالث

مقارنة بين المنافسة الإسلامية والمنافسة في ظل التشريعات الوضعية

على الرغم من أن التشريعات الوضعية تناولت المنافسة المشروعة وصور المنافسة غير المشروعة من خلال شراح القانون التجاري إلا أن ما

(١) الآية ٨ من سورة المنافقون

(٢) د. يوسف القرضاوي " دور القيم " مرجع سابق بتصرف صـ ١٧٨

(٣) من الآية ١٠٣ من سورة آل عمران

ذكروه. وإن كان يندرج في عموم الأحكام الشرعية. إلا أنه يختلف تماماً عما قررته الشريعة الغراء لأن بيان صور المنافسة غير المشروعة عند فقهاء القانون التجاري كان مجرد الحفاظ على مصالح التجار أنفسهم دون النظر إلى مصالح الكافة "(١)

وتختلف المنافسة في ظل التشريعات الوضعية عنها في ظل الشريعة الإسلامية فبالنسبة للمنافسة في ظل التشريعات الوضعية. ويخاصة تلك التي تقوم على الرأسمالية فإنها تقوم على الحرب التنافسية للقضاء على المنافسين وذلك بعدة وسائل منها: السيطرة على مصادر المواد الأولية والتمويل وتقليد منتجاتهم ومحاولة سرقة عمالهم وموظفيهم الأكفاء أو بالكيد للمنافس برفع الدعاوى الكيدية ومحاولة التأثير في السلطات العامة للضغط على المنافس ومحاولة إخراجه من السوق، وبذلك تتسم سوق المنافسة الرأسمالية بأنها سوق يسودها الأنانية وحب الذات والحقد والحسد على الآخرين لأن هدف التاجر أو المنافس الأساسي هو الربح ولا ينظر إلى المصلحة العامة للمجتمع(٢).

كما أن هذه المنافسة تتجاهل الدافع الإنساني والرابطة الإنسانية وحق الإخاء بين بني البشر وتبني نظامها على الاستغلال لكل الفرص المتاحة للكسب سواء كانت هذه الفرصة هي حاجة الإنسان أو مرضه أو غفلته.

---

(١) د. يوسف قاسم " التعامل التجاري في ميزان الشريعة الإسلامية، مرجع سابق صـ ٦٨

(٢) د. محمد متولي محمد عبد الجواد " المنافسة والاحتكار بين الشريعة والاقتصاد " رسالة دكتوراه مرجع سابق صـ ٩١ وما بعدها.

وفي ظل المنافسة الرأسمالية يحد المنتج من إنتاجه ليرفع الأسعار وقد يصل به الأمر إلى حد حرق أو إتلاف محصوله حفاظاً على أسعاره بالإضافة إلى امتصاص دماء الطبقة الكادحة من العاملين وطردهم للحد من الإنتاج فيصابوا باليأس وتشل طاقاتهم مما يدفعهم إلى الحقد والكراهية والتفكير في التخلص من سيطرة رأس المال فتشتعل الحروب بين الطبقات ويشيع التفكك في المجتمع وتسود الفوضى والاضطراب بل وتنتشر الجريمة ويفقد المجتمع الأمن والأمان[1].

وعلى هذه المبادئ نشأت الرأسمالية الطاغية التي مزقت الإنسانية وجعلت أفرادها أشبه بحيوان الغابة الغني يطمع فيفترس الفقير أو الفقير يحقد فيضمر الشر والحسد للغني ولكل سلاحه الذي يحارب به خصمه وغريمه[2].

أما بالنسبة للمنافسة الإسلامية، فإن الإسلام قد أجمل صنعاً عندما قضى على منابع الشر وأخذ بمبادئه الحكيمة يزيل الحواجز التي قطعت ما بين الناس من علاقات وأخذ يبني المجتمع بناءً واحداً متماسك اللبنات[3].

فجاءت المنافسة الإسلامية تحقق التوازن والعدالة الاجتماعية بما تفرضه من شروط لإجادة العمل وإجادة المنتجات وبما توجب من عدم

---

(١) راجع د. عبد السميع المصري " نظرية الإسلام الاقتصادية " مرجع سابق صـ ١٨٥ وكذلك د. عبد الحفيظ فرغلي - آداب السوق في الإسلام " مرجع سابق صـ ٢١.

(٢) الإمام محمود شلتوت " الإسلام عقيدة وشريعة - مرجع سابق صـ ٢٧٣

(٣) الإمام محمود شلتوت " الإسلام عقيدة وشريعة - مرجع سابق صـ ٢٧٣

الإضرار بالغير سواءً كان منتجاً أو مستهلكاً كما أنها تحقق التراحم والتعاطف بين الجميع وتؤدي إلى تماسك المجتمع.

وكل هذه الأحكام جاءت من العموم بحيث تصدق على كل أنواع التعامل في أي عصر ـ وفي أي مكان بل سواء كان المتعامل تاجراً أو غير تاجر وإن كانت إلى التجارة أقرب [1]

والشريعة الإسلامية في سبيل ذلك سدت كل ثغرة من ثغرات التعامل التي قد يحاول أصحاب النفوس الضعيفة أن يتسللوا عن طريقها إلى الإضرار بالغير.

والحق الذي لا مراء فيه وكما ذكر أستاذنا الدكتور/ يوسف قاسم [2] أنه لا مجال للمقارنة بين أحكام الشريعة الإسلامية وغيرها من الشرائع الوضعية ـ في هذا الشأن وغيره.

(١) د. يوسف قاسم " التعامل التجاري في ميزان الشريعة الإسلامية " ـ مرجع سابق صـ ٦٧
(٢) التعامل التجاري في ميزان الشريعة الإسلامية ـ مرجع سابق صـ ٦٨

المبحث الثاني

حماية المنافسة في القانون الوضعي وفي الشريعة الإسلامية

تمهيـــد:

سبق أن أوضحنا أن المنافسة أمر مرغوب فيه لما تحققه من ازدهار وتقدم ولما لها من قدرة على الابتكار والإبداع لذا فمن حق التاجر أن يمارسها في إطار من الحرية شريطة أن يتبع في ذلك الأساليب السليمة التي استقر عليها العمل في المحيط التجاري، أمـا إذا أخـل التـاجر بحقه في المنافسة ولجأ إلى طرق غير شريفة تتنافى والنزاهة وأصول التعامـل التجـاري وتـؤدي إلى إلحاق الضرر بمنافسيه فإن هذا العمل لا يكون مباحاً ويعد منافسة غير مشروعة. لذلك يكون للمضار إجبار المعتدي على الكف عن هذا العمل فضلاً عن تعويض الضرـر الـذي تسبب لـه منه عـن طريق دعوى المنافسة غير المشروعة في القانون الوضعي[1].

ويبدو موقف الإسلام من حماية المنافسة المشروعة واضحاً من خلال مبادئه وقيمه المثمـرة التي يبثها في نفس وضمير كل مسلم بصفة عامة وكل تاجر بصفة خاصة وهي بمثابـة ترغيـب في المنافسة المشروعة الخيرة, وكذلك من خلال ترهيبه من المنافسة غير المشروعة وتحريمـه كـل مـا من شأنه أن يؤدي إلى الضرر والضرار.

لذلك رأينا تقسيم هذا المبحث إلى المطلبين التاليين:

المطلب الأول: حماية المنافسة في القانون الوضعي.

المطلب الثاني: حماية المنافسة في الشريعة الإسلامية.

---

(١) د. علي حسن يونس " المحل التجاري " دار الفكر العربي صـ ١٣١

المطلب الأول

حماية المنافسة في القانون الوضعي

تمهيـد:

إذا كانت المنافسة التجارية- كما رأينا- هي من الحالات التي يجيز فيها القانون إلحاق الضرر بالغير طالما أن المنافس يعمل على النهوض بتجارته أو صناعته دونما ارتكاب سلوك مناف للقوانين أو اللوائح أو مبادئ الشرف والأمانة- إلا أن هذه المنافسة لا يمكن أن تمارس دون ضابط أو تقييد بل يجب أن تبنى على أسس وطيدة من الشرف والصدق والأمانة وأن تمارس في حدودها المشروعة دون إسراف في استعمال الحق في ممارستها وذلك ضماناً لمصلحة التجار والمستهلكين[(١)].

ولقد لاقت المنافسة اهتماماً واسع المدى في مجال التجارة المحلية والدولية، ولذا عنيت الحكومة المصرية – بصفة خاصة – والمجتمع الدولي بصفة عامة – بحماية المنافسة من خلال تفعيل حرية المنافسة وانسياب التجارة والعمل على عدم تعويقها أو الحد منها بمحاربة ظاهرتي الاحتكار والإغراق محلياً ودولياً، وهذا ما نتعرض له عند البحث في مكافحة الإغراق في موضعه من هذا البحث.

بيد أن القانون المصري قرر حماية جنائية خاصة للمنافسة المشروعة تتمثل في حماية حقوق الملكية الصناعية من براءات اختراع ورسوم ونماذج صناعية وعلامات وأسماء تجارية لعدم تضليل العملاء وتأكيداً للثقة

---

(١) د. مصطفى كمال طه- القانون التجاري – مرجع سابق صـ ٦١٩.

في التعامل وسلامة الأداء التنافسي[1].

ولقد قرر المشرع المصري حماية خاصة للمحل التجاري من أعمال المنافسة غير المشروعة تتمثل في دعوى المنافسة غير المشروعة أو غير الشريفة.

وسنتناول دعوى المنافسة غير المشروعة في ثلاثة أفرع على النحو التالي:

الفرع الأول: طبيعة دعوى المنافسة غير المشروعة ومصادرها.

الفرع الثاني: شروط دعوى المنافسة غير المشروعة.

الفرع الثالث: آثار دعوى المنافسة غير المشروعة.

---

(١) لمزيد من التفصيل راجع نصوص القوانين التالية – المادة ٤٨ من قانون براءات الاختراع رقم ١٣٢ لسنة ١٩٤٩ وعدل بمقتضى القانون رقم ٦٥٠ لسنة ١٩٥٥: النشرة التشريعية ديسمبر سنة ١٩٥٥ الجريدة الرسمية ٢٥ أغسطس سنة ١٩٤٩ العدد ١١٣، المادة ٩ من القانون ٥٥ لسنة ١٩٥١ الخاص بالأسماء التجارية – الجريدة الرسمية عدد ٢٨،٢٩ مارس سنة ١٩٥١ والذي عدل بالقانون ٦٧ لسنة ١٩٥٤ الجريدة الرسمية عدد ١٠ مكرر أ ٤ فبراير سنة ١٩٥٤، المواد من ٣٦:٣٢ من القانون ٥٧ لسنة ٣٩ المعدل بالقانون ٢٠٥ لسنة ١٩٥٦ والقانون ٦٩ لسنة ١٩٥٩ للعلامات والبيانات التجارية – الجريدة الرسمية ٢١ مارس سنة ١٩٥٩، القانون ٤٨ لسنة ٤١ وتعديلاته الخاصة بقمع التدليس والغش – د أحمد محرز – القانون التجاري المرجع السابق صـ٣٥١ وما بعدها، المادة ١/٦٧ من قانون التجارة الجديد- د أحمد محرز – السابق صـ ٣٥٥.

الفرع الأول

طبيعة دعوى المنافسة غير المشروعة ومصادرها

دأب الفقه والقضاء في فرنسا - قديما - عـلى تأسيس دعوى المنافسـة غـير المشروعـة عـلى قواعد المسئولية التقصيرية طبقاً لأحكام المادة١٣٨٢ من القانون المدني الفرنسي التي تقضيـ بـأن كل من إرتكب خطأ سبب ضررا للغير يلزم مرتكبة بالتعويض، وهذا هو نفس الاتجاه الـذي سـار عليه الفقه والقضاء المصري استنادا إلى نص المادة ١٦٣ من القـانون المـدني المصري وذلـك قبـل إصدار قانون التجارة الجديد رقم ١٧ لسنة ١٩٩٩[١].

وبصدور هذا القانون تجاوز المشرع المصري أحكام المسئولية التقصيرية في تأسيسـه لـدعوى المنافسة غير المشروعة طبقاً لأحكام المادة ٦٦ من هذا القانون والتي تنص في فقرتها الثانية عـلى ما يلي " كل منافسة غير مشروعة تلزم فاعلها بتعويض الضرر الناجم عنها وللمحكمة أن تقضى – فضلا عن التعويض - بإزالة الضرر وبنشرـ ملخـص الحكـم عـلى نفقـة المحكـوم عليـه في إحـدى الصحف اليومية ".

وعلى الرغم من أن تأسيس دعوى المنافسة غير المشروعة على قواعد المسئولية التقصيرية – طبقاً لما ذهب إليه الفقه والقضاء قديماً - يتميز

---

(١) انظر حكم محكمة النقض المدني – نقض ٢٥ يونيه لسنة ١٩٥٩ – سابق الإشارة إليه. فقد جاء بـه " تعـد المنافسة التجارية غير المشروعة فعلا تقصيريا يستوجب مسئولية فاعله عن تعويض الضرر المترتـب عليـه عملا بالمادة ١٦٣ من القانون المدني المصري، وراجع كذلك د. محمد حسني عبـاس – الملكيـة الصـناعية – مرجع سابق ص٤٨٦، د. رضا عبيد – القانون التجاري – مرجع سابق ص٢٤٢.

بالبساطة والمرونة التي تمكن القضاء من مواجهة كافة صور المنافسة غير المشروعة مواجهة سليمة وكافية دون تعقيد إلا أنه قد أخذ على هذا التكييف أنه يضيق من النطاق الحقيقي لتلك الدعوى، حيث يملك القاضي أكثر من مجرد الحكم بالتعويض للمضرور إذ يتجاوز ذلك حماية المحل التجاري بكافة عناصره من أي مساس ينجم عنه تأثر عنصر العملاء ليس فقط بالنسبة للحال بل بالنسبة للمستقبل من خلال سلطته في إصدار الأوامر باتخاذ إجراءات تحول دون استمرار تأثر عنصر العملاء للمحل التجاري المضرور، كالأمر بوقف الحملة الإعلامية أو نشر الحكم الصادر على نفقة المدعى عليه، أو إزالة الإعلانات، فهي أيضاً دعوى واقعية تهدف إلى منع وقوع الضرر في المستقبل، ولذلك قيل بأن دعوى المنافسة غير المشروعة تتجاوز نطاق المسئولية المدنية وهي أقرب إلى دعوى الملكية شأنها في ذلك شأن دعاوى رفع اليد أو الاسترداد[1] ".

كما ذهب البعض[2] إلى القول بأن المسئولية عن أعمال المنافسة غير المشروعة من قبيل الجزاء عن التعسف في استعمال الحق على اعتبار أن التاجر له الحق في القيام بأعمال المنافسة مادام أنه لا يخرج بها عن الحدود المشروعة، وإذا تجاوز ذلك فأنه يكون قد اساء استعمال حقه.

ولكن هذا الرأي لم يسلم من النقد بحجة أن التاجر الذي يقوم بأعمال المنافسة غير المشروعة يقصد في الغالب الأضرار بمنافسيه وأن هذا القصد

---

(١) د. حسين فتحي عثمان - حدود مشروعية الإعلانات التجارية - مرجع سابق صـ١٥٣.

(٢) د. نادية محمد معوض - القانون التجاري - مرجع سابق صـ٢٢٩.

قد يوجد في أحوال المنافسة المشروعة في حين أنه لا محل له في حالة إساءة استعمال الحق[1].

ومهما يكن من أمر هذا الخلاف فأنه يمكن القول بأن المشرع المصري طبقاً لقانون التجارة الجديد رقم ١٧ لسنة ١٩٩٩ قد أتى بالقول الفصل عندما تخطى – في تحديده لـدعوى المنافسة غير المشروعة – أحكام المسئولية التقصيرية حينما أجاز للقاضي أن يحكم – فضلا عن التعويض – بإزالة الضرر وبنشر ملخص الحكم على نفقة المحكوم عليه في إحدى الصحف اليومية، مما يؤكد القول بأنها دعوى تتجاوز نطاق المسئولية المدنية التي كانت مقررة في القواعد العامـة – قديماً ـ ويؤكد تحفظ البعض[2] باعتبارها دعوى مسئولية من نوع خاص وهذا هو الأرجح والأحدث.

الفرع الثاني

شروط دعوى المنافسة غير المشروعة

رأينا فيما سبق أن الرأي السـائد في الفقه والقضاء خلص إلى اسـتناد دعوى المنافسة غـير المشروعة إلى ذات الأساس الذي تقوم عليه دعوى المسئولية التقصيرية وخلصنا إلى إعتبارها دعوى مسؤلية من نوع خاص, وطبقاً للقواعد العامة فقد اشترط القضاء لقبول الدعوى أن يكون هناك عمل

---

(١) د. نادية محمد معوض – المرجع السابق ص٢٢٩.
(٢) د. اكثم الخولي – الموجز في القانون التجاري – مرجع سابق بند ٣٥٣ صـ٣٨٤، د. أحمد محرز – الحق في المنافسة المشروعة – مرجع سابق ص٣٠٩.

من أعمال المنافسة غير المشروعة, وأن يترتب على هذا العمل ضرر للغير, وأن توجد علاقة سببيه بين الضرر والعمل غير المشروع الذي يسلكه المنافس. وفيما يلي نبين هذه الشروط الثلاثة:

أولاً: أن يوجد عمل من أعمال المنافسة غير المشروعة:

يستوجب هذا الشرط أن تقوم حالة منافسة وأن تحصل هذه المنافسة بأعمال غير مشروعة.

أ- قيام حالة المنافسة:

يجب لإقامة دعوى المنافسة غير المشروعة أن تكون هناك منافسة بين مرتكب العمل غير المشروع والمضرور ويقصد بالمنافسة قيام نشاطين من نفس النوع في ذات المجال وفي وقت واحد بقصد الاتصال بالعملاء للعمل على زيادة التعامل على المنتج.

أي يشترط أن يكون الفاعل والمضرور يزاولان التجارة أو الصناعة وقت القيام بالعمل وأن تكون التجارة من نفس النوع أو مماثلة وإن كان لا يشترط التماثل التام بين النشاطين بل يكفي أن يكون النشاطان متقاربين بحيث يكون لأحدهما تأثير في عملاء الآخر كما إذا كان أحد المحلين مصنعاً لإنتاج وبيع سلعة معينة وكان الآخر محلاً للاتجار في هذه السلعة[1].

وعلى ذلك إذا كان العمل الضار لا يتصل بالتجارة أو الصناعة وإنما يتصل بالحياة الخاصة لكل من الفاعل والمضرور فإنه لا يعد منافسة غير

---

(١) د. علي حسن يونس " المحل التجاري " مرجع سابق صـ ١٣٨

مشروعة[1] كما إذا انتفى التعاصر بين النشاطين فلا توجد منافسة، كذلك يلزم أن تقوم المنافسة بين شخصين بقصد الربح ومن ثم لا يمكن أن تقوم منافسة بين تاجر وهيئة لا تبتغي الربح بل خدمة مصالح أعضائها فقط[2].

ب- أعمال غير مشروعة:

يشترط أن تكون المنافسة منطوية على عدم المشروعية، ولقد استقر الرأي على أن المنافسة غير المشروعة هي التي تنطوي على وسائل غير مشروعة.

وقد أوردت محكمة النقض المصرية في حكم لها عدة معايير لاعتبار الفعل منافسة غير مشروعة, وهي ارتكاب أعمال مخالفة للقانون أو العادات أو استخدام وسائل منافية لمبادئ الشرف والأمانة في المعاملات[3] وقد سبق أن أوضحنا بأنه لا يمكن حصر الأعمال غير المشروعة ولذلك فيترك أمر تقديرها إلى القاضي[4].

ثانياً: أن يترتب على العمل غير المشروع ضرر:

جرى الفقه والقضاء على أنه يشترط لرفع دعوى المنافسة غير المشروعة توافر عنصر الضرر، واستثناءً من القواعد العامة في دعوى المسئولية غير التعاقدية فإنه لا يشترط أن يكون الضرر قد تحقق بالفعل بل يكتفي في دعوى المنافسة غير المشروعة بالضرر

(١) د. محمد حسني عباس " الملكية الصناعية " مرجع سابق صـ ٤٨٧
(٢) د. أكثم الخولي " الوسيط في القانون التجاري " مرجع سابق صـ ٣٨٣
(٣) انظر حكم محكمة النقض في ١٩٥٩/٦/٢٥ - سابق الإشارة إليه
(٤) د. رضا عبيد " القانون التجاري " مرجع سابق صـ ٢٤٥

الاحتمالي Apprehended harm[1], ويذهب البعض[2] إلى أن الضرر شرط لطلب التعويض ولكنه لا يلزم لتأسيس دعوى المنافسة غير المشروعة - ولعل الرأي الأصوب - ما ذهب إليه أستاذنا الدكتور/ رضا عبيد[3]: أن دعوى المنافسة غير المشروعة ترفع - ولو لم يحدث ضرر محقق - لوقف العمل غير المشروع ورفع آثاره، أما طلب التعويض فمناطه حدوث الضرر الفعلي ولا يشترط أن يكون الضرر كبيراً أو صغيراً بل تتقرر المسئولية ولو كان الضرر بسيطاً، وقد يكون الضرر مادياً أو أدبياً, ويكتفي في هاتين الحالتين بنشر الحكم في الصحف على سبيل التعويض الأدبي وقد تحكم المحكمة بتعويض رمزي وبمصاريف الدعوى[4].

أما بالنسبة لإثبات الضرر من جانب المضرور فإنه يكون من الصعوبة بمكان لذا فإن المحاكم دأبت على أنَّ إثبات الضرر الفعلي يستخلص وقوعه من قيام وقائع يكون من شأنها عادة إلحاق الضرر بالمتجر وقد أقرت محكمة النقض مشروعية هذا المسلك[5]

(١) د. أكثم الخولي " الوسيط في القانون التجاري " مرجع سابق بند ٢٧١ صـ ٣٩٤، وحكم محكمة استئناف القاهرة في ٢٩/ فبراير سنة ١٩٦٠، المحاماه- ٤١ صـ٦٨٥ المشار إليه في د. علي حسن يونس - المحل التجاري - مرجع سابق هامش صـ ١٤٧

(٢) د. محمود سمير الشرقاوي " القانون التجاري " مرجع سابق صـ ٦٥

(٣) " القانون التجاري - المرجع السابق صأ ٢٤٧

(٤) د. محمد حسني عباس " الملكية الصناعية " مرجع سابق صـ ١٥٦

(٥) د. أكثم الخولي " الوسيط في القانون التجاري " مرجع سابق هامش صـ ٣٩٤

ثالثاً: قيام رابطة السببية بين أفعال المنافسة غير المشروعة والضرر الـذي أصـاب المدعي:

طبقاً للقواعد العامة في دعوى المسئولية المدنية يجب أن تقـوم رابطـة السـببية بـين الخطأ الواقع من المدعي عليه والضرر الذي لحق بالمدعي، وهذا بالطبع يكون ميسـوراً إذا كـان الضـرر الذي لحق بالمدعي نتيجة مباشرة لخطأ المدعي عليه[1].

وهذا ما ينطبق على دعوى المنافسة غير المشروعة، ولكن هناك حالات لا يترتب فيهـا علـى أعمال المنافسة غير المشروعة أي ضرر للمدعي بحيث يكون المقصود من الـدعوى الحكـم بإزالـة الوضع غير المشروع بالنسبة للمستقبل[2]، كما أن هناك حالات يستحيل فيها إثبات صلة السببية بين أعمال المدعي عليه والضرر الذي يمس تاجراً بعينه كما هو الحـال في حالـة أعـمال المنافسـة الموجهة ضد مجموع التجار الممارسين لتجارة معينة[3] كـما في صـورة إثـارة الاضطراب في سـوق السلعة محل المنافسة إذ أن الضرر - وإن كان يلحق مجموع التجار الذين يمارسون ذات الحرفـة- إلا أنه من العسير على تاجر بعينه إثبات رابطة السببية بين خطأ المدعي عليه والضرر الذي وقـع لهذا التاجر المدعي[4].

(١) د. رضا عبيد " القانون التجاري " مرجع سابق صـ ٢٤٨.
(٢) د. علي حسن يونس " المحل التجاري " مرجع سابق صـ ١٤٨.
(٣) د. حسين فتحي عثمان " حدود مشروعية الإعلانات التجارية " مرجع سابق صـ ١٥٧.
(٤) د. محمود سمير الشرقاوي " القانون التجاري " مرجع سابق صـ ٩٥.

لذا يمكن القول بأن أهم ما يميز دعوى المنافسة غير المشروعة عن دعوى المسئولية المدنية أن القاضي في دعوى المنافسة غير المشروعة يمكن له الحكم فقط بالتدابير التي تكفل منع وقوع ضرر محتمل في المستقبل دون الحاجة لإثبات رابطة السببية[١], والأمر قريب الشبه بما سار عليه القضاء بشأن عنصر الضرر[٢].

الفرع الثالث

آثار دعوى المنافسة غير المشروعة

لبيان آثار دعوى المنافسة غير المشروعة نبين فيما يلي أطراف الدعوى والمحكمة المختصة والجزاءات التي يمكن توقيعها على المدعي عليه صاحب العمل غير المشروع.

أولاً: أطراف الدعوى:

يجوز رفع دعوى المنافسة غير المشروعة من كل شخص لحقه ضرر من أعمال المنافسة غير المشروعة سواءً كان شخصاً طبيعياً أو معنوياً، وإذا تعدد المضرورون جاز لكل منهم رفع الدعوى منفرداً -كما في حالة أعمال المنافسة التي تقوم على إثارة الاضطراب في السوق من أجل وقف الأعمال غير المشروعة[٣]، ولكن لا يحصل المضرور على تعويض إلا إذا لحقه ضرر شخصي- كما يجوز رفع الدعوى بواسطة الغرف التجارية

(١) د. حسين فتحي عثمان " المرجع السابق " صـ ١٥٧.

(٢) د. أكثم الخولي " الوسيط في القانون التجاري " مرجع سابق صـ ٣٩٧.

(٣) د. محمود سمير الشرقاوي " القانون التجاري " مرجع سابق صـ ٩٦

والصناعية إذا نتج عن أعمال المنافسة غير المشروعة ضرر أدبي بمجموع الحرفة[1].

ويجوز أن ترفع الدعوى على كل من ارتكب خطأ في المنافسة غير المشروعة وعلى كل شريك له في هذه الأعمال ويسألون جميعاً بالتضامن فيما بينهم[2] طبقاً للقواعد العامة، ومن أمثلة الشركاء صاحب المطبعة الذي يقوم بطبع بطاقات تحمل علامة تجارية مقلدة وصاحب الجريدة التي نشرت حملات التشهير والادعاءات الكاذبة، والعمال الذين كانوا يعملون لدى المدعي وتركوا خدمته باتفاق غير مشروع مع المنافس بقصد الإضرار بالمدعي[3].

ثانياً: المحكمة المختصة:

طبقاً لنظرية الأعمال التجارية بالتبعية تختص المحكمة التجارية بنظر الدعوى إذا كان المدعي عليه تاجراً وطالما أن الأفعال قد صدرت منه بمناسبة مزاولته للنشاط التجاري، أما إذا كان المدعي عليه غير تاجر فتختص المحكمة المدنية بنظر الدعوى وتسرى في جميع الأحوال قواعد الاختصاص القضائي الواردة في قانون المرافعات[4].

---

(١) د. احمد محرز " القانون التجاري " مرجع سابق صـ ٣٠٨ وما بعدها

(٢) د. أكثم الخولي " الموجز في القانون التجاري "مرجع سابق صـ ٣٨١

(٣) د. حمد الله محمد حمد الله " الوجيز في الملكية الصناعية والتجارية " مرجع سابق صـ ١٩٤

(٤) د. أكثم الخولي " الموجز في القانون التجاري " مرجع سابق صـ ٣٨٢

ثالثاً: الجـــزاءات:

متى تحققت المحكمة من توافر عناصر دعوى المنافسة غير المشروعة " الخطأ - الضرر - علاقة السببية" فلها أن تقضي بإلزام مرتكب العمل غير المشروع بالتعويض عن الأضرار الثابت وقوعها حتى تاريخ صدور الحكم يقدر وفقاً للقواعد العامة[١] فضلاً عن الأمر بالنشر في الصحف على سبيل التعويض الأدبي على نفقة المحكوم عليه إذا وجدت المحكمة محلاً لذلك[٢]، أما إذا استمرت أعمال المنافسة غير المشروعة بعد النطق بالحكم فيكون هذا خطأ جديداً يجيز للمضرور رفع دعوى جديدة يطلب فيها الحكم بتعويض آخر عن هذه الأعمال[٣].

كما يجوز أن تأمر المحكمة بالإجراءات الوقائية اللازمة لمنع وقوع الضرر في المستقبل كأن تأمر بإدخال بعض التعديلات على الاسم بحيث يمتنع اللبس مستقبلاً، وإذا تعلق الأمر بعلامة تجارية تأمر المحكمة من قام بالمنافسة غير المشروعة بالامتناع عن استعمال العلامة كما لها أن تحكم بغرامة تهديدية عن كل يوم يتأخر فيه تنفيذ الحكم[٤] كما يجوز للمحكمة أن تأمر بمصادرة أو إتلاف السلع التي تحمل العلامات المقلدة أو تغيير الاسم التجاري أو إغلاق المحل[٥]، ويكون للمضار من أعمال المنافسة غير المشروعة إثبات وقوع هذه الأعمال بكافة طرق الإثبات كالبينة وغيرها[٦].

---

(١) د. رضا عبيد " القانون التجاري " مرجع سابق صـ ٢٤٨
(٢) د. علي حسن يونس " المحل التجاري " مرجع سابق صـ ١٤٨
(٣) د. أكثم الخولي " الموجز في القانون التجاري " مرجع سابق صـ ٣٨٢
(٤) د. محمد حسني عباس " الملكية الصناعية والمحل التجاري " مرجع سابق صـ ٤٩١
(٥) د. محمود سمير الشرقاوي " القانون التجاري " مرجع سابق صـ ٩٦
(٦) د. علي حسن يونس - المرجع السابق صـ ١٥١

المطلب الثاني

حماية المنافسة في الشريعة الإسلامية

تمهيد:

تتمثل حماية الإسلام للمنافسة في أنه أحاطها بسياج من القيم والأخلاق العالية - كما أوضحنا عند كلامنا في سمات المنافسة الإسلامية - وكذلك أن الإسلام قد نهى عن المنافسة غير المشروعة والتي تجلب الضرر على الفرد سواءً كان منتجاً أو تاجراً أو مستهلكاً وكذلك على المجتمع بصفة عامة.

ومما يدل على النهي عن المنافسة غير المشروعة ما روى عن أبي هريرة - رضي الله عنه - أن رسول الله صلى الله عليه وسلم قال: «إياكم والظن فإن الظن أكذب الحديث ولا تحسسوا ولا تجسسوا ولا تنافسوا ولا تحاسدوا ولا تباغضوا ولا تدابروا وكونوا عباد الله إخواناً كما أمركم ......»[1]

وفي الحديث نهى صريح عن المنافسة غير المشروعة في قوله صلى الله عليه وسلم : «ولا تنافسوا» والمقصود هنا النهي عن التنافس على عرض الدنيا ومكاسبها بالوسائل غير المشروعة وهذا هو التنافس المذموم الذي يترتب عليه الإضرار بالأفراد والجماعات، وهذا لا ينفي أن هناك تنافساً محموداً وهو ما كان في أفعال الخير والبر والمسارعة إلى التقرب إلى الله تعالى

(١) رواه مسلم ٢٥٦٣. راجع للنووي " صحيح مسلم بشرح النووي " مرجع سابق جـ٨ صـ ٢٣٥

بفعل الخيرات[1].

ومن الأدلة التي تبين النهي عن المنافسة غير المشروعة أيضاً أن النبي صلى الله عليه وسلم قال لأصحابه في أحد المواقف: «و الله ما الفقر أخشى عليكم ولكن أخشى أن تُبْسَطَ عليكم الدنيا كما بُسِطَتْ على من كان قبلكم فتنافسوها كما تنافسوها فتهلكَكم كما أهلكتهم»[2].

وفي الحديث دلالة قاطعة على أن التنافس من أجل الدنيا يؤدي إلى التهلكة كما حدث للأمم السابقة وهذا سبب نصيحة الرسول ووصيته لأمته وتحذيره من هذا التنافس المهلك.

وحتى تكتمل حماية المنافسة المشروعة في الإسلام نجد أنه قد نهى عن صور متعددة من صور المنافسة غير المشروعة نكتفي ببيان ما يتصل بدراستنا في فرعين على النحو التالي:

الفرع الأول: النهي عن كل ما يحدث الاستغلال والغش والخداع.

الفرع الثاني: النهي عن كل ما يحدث اضطراباً وتلاعباً في الأسواق.

الفرع الأول

النهي عن كل ما يحدث الاستغلال والغش والخداع

حرَّم الإسلام استغلال حاجة المحتاج تحريماً قاطعاً وأن يتخذ الغني هذه الحاجة فرصة لاكتساب الأموال وتكديسها من دماء المحتاجين فتتقطع ما

(١) د. يوسف قاسم " التعامل التجاري في ميزان الشريعة " مرجع سابق صـ ٦٨

(٢) رواه مسلم ٢٩٦١ أنظر صحيح مسلم بشرح النووي " مرجع سابق جـ٩، صـ٢٨٥

بين الناس من صلات التراحم والتعاون والبر والإحسان[1] ولذلك حرم الإسلام كثيراً من صور التعامل التي تنم عن الاستغلال والجشع والظلم ومن هذه الصور ما يلي:

١ - تحريم الربا والاحتكار:

يعد الربا والاحتكار من أوضح وأخطر صور الاستغلال والظلم المتمثل في أكل أموال الناس بالباطل،فالنظام الربوي بلاء على الإنسانية وخاصة في حياتها الاقتصادية والعملية ويعتبر أبشع نظام يمحق سعادة البشرية محقاً ويعطل نموها الإنساني المتوازن على الرغم من الطلاء الظاهري الخداع وذلك لمصلحة حفنة من المرابين وينتهي إلى تركيز السلطة الحقيقة والنفوذ العملي على البشرية كلها في أيدي زمرة من أحط خلق الله وأشدهم شراً وهم شرذمة من البشر لا يرعون في البشرية إلاً ولا ذمَّة ولا يرقبون فيها عهداً ولا حرمة[2].

ومع أن الإسلام قد أباح استثمار المال عن طريق التجارة وحرم اكتنازه ومنع تداوله إلا أنه سد الطريق على كل من يحاول استثمار ماله عن طريق الربا فحرم قليله وكثيره[3] ولقد أعلن القرآن الكريم الحرب على المرابين

---

(١) الإمام الأكبر " محمد شلتوت. الإسلام عقيدة وشريعة " مرجع سابق صـ ٢٧٠ وما بعدها

(٢) الشيخ سيد قطب " في ظلال القرآن الكريم " مرجع سابق صـ ٣٢٠ وما بعدها ويلاحظ أن أثر الربا على المجتمعات يشبه إلى حد كبير ما للاحتكار والمحتكرين من مخاطر وآثار هدامة على الإنسانية كلها.

(٣) د. محمد فتحي صقر -تدخل الدولة في النشاط الاقتصادي - مرجع سابق صـ٢٨، د. يوسف القرضاوي - الحلال والحرام في الإسلام - مرجع سابق صـ ٢٤١

فقال تعالى: ﴿يَا أَيُّهَا الَّذِينَ آمَنُوا اتَّقُوا اللَّهَ وَذَرُوا مَا بَقِيَ مِنَ الرِّبَا إِنْ كُنْتُمْ مُؤْمِنِينَ (٢٧٨)فَإِنْ لَمْ تَفْعَلُوا فَأْذَنُوا بِحَرْبٍ مِنَ اللَّهِ وَرَسُولِهِ وَإِنْ تُبْتُمْ فَلَكُمْ رُءُوسُ أَمْوَالِكُمْ لَا تَظْلِمُونَ وَلَا﴾[٤].

كما ورد التغليظ في الربا والوعيد لآكله في أحاديث كثيرة منها ما روى عن أبي هريرة – رضي الله عنه – أنه قال: قال رسول الله صلى الله عليه وسلم : «أتيت ليلة أُسْرِيَ بي على قوم بطونهم كالبيوت فيها الحيات تُرَى من خارج بطونهم. فقلت من هؤلاء يا جبريل؟ قال: هؤلاء أكلة الربا»[١].

أما عن الاحتكار فقد اعتبره الإسلام جريمة ضد الإنسانية ولذا حاربه حرباً لا هوادة فيها. وتجدر الإشارة إلى أن الاحتكار لا يقل خطورة عن الربا، ولقد ضرب القرآن الكريم مثلاً في ذكر تاريخ الأولين لما ارتكبوا هذه المظالم لتكون منه عظة للآخرين[٢] فقال تعالى: ﴿فَبِظُلْمٍ مِنَ الَّذِينَ هَادُوا حَرَّمْنَا عَلَيْهِمْ طَيِّبَاتٍ أُحِلَّتْ لَهُمْ وَبِصَدِّهِمْ عَنْ سَبِيلِ اللَّهِ كَثِيرًا (١٦٠) وَأَخْذِهِمُ الرِّبَا وَقَدْ نُهُوا عَنْهُ وَأَكْلِهِمْ أَمْوَالَ النَّاسِ بِالْبَاطِلِ وَأَعْتَدْنَا

(١) الآيتان ٢٧٨، ٢٧٩ من سورة البقرة

(٢) رواه ابن ماجة جـ٢ رقم ٢٢٩٣ صـ ٣١ ولمزيد من التفصيل عن أنواع الربا والحكمة من تحريمه وأحكامه راجع كتب الفقه الإسلامي فعلى سبيل المثال. لابن رشد بداية المجتهد ونهاية المقتصد- دار الفكر للطباعة - دون سنة طبع جـ٢ صـ٩٦ وما بعدها ومن الفقه الحديث للدكتور محمد بكر إسماعيل " الفقه الواضح " الطبعة الثانية – دار المنار سنة ١٩٩٧ جـ٣ صـ ٤٢ وما بعدها

(٣) الشيخ محمد الغزالي " الإسلام والمناهج الاشتراكية " مرجع سابق صـ ١٧٤

﴿لِلْكَافِرِينَ مِنْهُمْ عَذَابًا أَلِيمًا﴾[1] وهذه الآية الكريمة جمعت في طياتها هذين النظامين

الآثمين " الربا والاحتكار " وإن كانت الآية قد صرحت بالربا أما الاحتكار فقد ورد تحت مسمى أكل أموال الناس بالباطل، وهذه دلالة على مدى خطورتهما ولذلك حث الإسلام في غير موضع على تفاديهما والعمل على اجتنابها رحمة بالأفراد والجماعات.

٢ - النهي عن الغش والخداع.

الإسلام يحرم الغش والخداع بكل صوره في كل بيع وشراء وفي سائر أنواع المعاملات الإنسانية والمسلم مطالب بالتزام الصدق في كل شئونه والنصيحة في الدين أغلى من كل كسب دنيوي كما يجب عليه أن يظهر جميع عيوب المبيع خفيها وجليها ولا يكتم منها شيئاً يعلمه وإلا يعد ظالماً غاشاً والغش حرام حرمه الله ورسوله تحريماً أبدياً خالداً[2].

فلقد روى عن النبي صلى الله عليه وسلم أنه قال: «المسلم أخو المسلم ولا يحل لمسلم إذا باع من أخيه بيعاً فيه عيب أن لا يبينه» رواه أحمد وابن ماجه[3]

ويدل على تحريم الغش كذلك ما روى أنه صلى الله عليه وسلم مر برجل يبيع طعاماً فأعجبه فأدخل يده فيه فرأى بللاً فقال: ما هذا؟ قال: أصابته السماء. فقال:

(١) الآيتان ١٦٠، ١٦١ من سورة النساء

(٢) د. يوسف قاسم " التعامل التجاري " ميزان الشريعة الإسلامية - مرجع سابق صـ٦٩

(٣) المنذري - الترغيب والترهيب - جـ٣ حديث رقم ٢٦٥٦ صـ ٣٣ قال المنذري بأنه صحيح الإسناد

«فهلا جعلته فوق الطعام حتى يراه الناس. من غشنا فليس منا»[1]

ومن ألوان الغش والخداع تطفيف المكيال والميزان[2] وقد اهتم القرآن الكريم بهذا الجانب من المعاملة في كثير من آياته فقال تعالى: ﴿ وَأَوْفُوا الْكَيْلَ وَالْمِيزَانَ بِالْقِسْطِ لَا نُكَلِّفُ نَفْسًا إِلَّا وُسْعَهَا﴾[3] وقال تعالى:

﴿ وَأَوْفُوا الْكَيْلَ إِذَا كِلْتُمْ وَزِنُوا بِالْقِسْطَاسِ الْمُسْتَقِيمِ ذَلِكَ خَيْرٌ وَأَحْسَنُ تَأْوِيلًا﴾[4]

وقال تعالى: ﴿ وَيْلٌ لِلْمُطَفِّفِينَ (١) الَّذِينَ إِذَا اكْتَالُوا عَلَى النَّاسِ يَسْتَوْفُونَ (٢) وَإِذَا كَالُوهُمْ أَوْ وَزَنُوهُمْ يُخْسِرُونَ (٣) أَلَا يَظُنُّ أُولَئِكَ أَنَّهُمْ مَبْعُوثُونَ (٤) لِيَوْمٍ عَظِيمٍ(٥) يَوْمَ يَقُومُ النَّاسُ لِرَبِّ الْعَالَمِينَ﴾[5].

وقد قص القرآن الكريم نبأ قوم ظلموا في معاملاتهم وانحرفوا عن القسط في الكيل والميزان وبخسوا الناس أشياءهم فأرسل الله إليهم رسولاً يردهم إلى العدل والإصلاح كما يردهم إلى التوحيد[6] أولئك هم قوم شعيب الذين صاح فيهم رسولهم داعياً فقال تعالى:

﴿أَوْفُوا الْكَيْلَ وَلَا تَكُونُوا مِنَ

---

(١) ابن ماجة - مرجع سابق رقم ٢٢٤٤، مسلم حديث رقم ١٢٣٥ انظر للمنذري " مختصر صحيح مسلم مرجع سابق صـ ٣٣٤

(٢) انظر أبي حامد الغزالي " إحياء علوم الدين " مرجع سابق جـ٢ صـ١٠٥ وما بعدها

(٣) من الآية ١٥٢ من سورة الأنعام

(٤) الآية ٣٥ من سورة الإسراء

(٥) الآيات من ١: ٦ من سورة المطففين

(٦) د. يوسف القرضاوي - الحلال والحرام - مرجع سابق صـ ٢٤٠

الْمُخْسِرِينَ (١٨١) وَزِنُوا بِالْقِسْطَاسِ الْمُسْتَقِيمِ (١٨٢) وَلَا تَبْخَسُوا النَّاسَ أَشْيَاءَهُمْ وَلَا تَعْثَوْا فِي الْأَرْضِ مُفْسِدِينَ ﴾[١].

٣ - النهي عن بيع الغرر:

- لم يكتف الإسلام بالنهي عن المعاملات التي يظهر فيها جلياً الظلم أو الغش والخداع ولكنه – وسداً للذريعة - نهى كذلك عن المعاملات التي يُحْتَمَلُ أن تؤدي إلى الظلم أو الغش فنهى عن بيع الغرر وهو كل عقد للبيع فيه ثغرة للتنازع بسبب جهالة في المبيع أو غرر يؤدي إلى الخصومة بين الطرفين أو غبن أحدهما للآخر[٢] وعرفه البعض[٣] بأنه بيع مالا يقدر الإنسان على تسليمه فوراً موجوداً كان أو معدوماً. فعن أبي هريرة - رضي الله عنه – قال: " نهى رسول الله صلى الله عليه وسلم عن الغرر وعن بيع الحصاة " وفي رواية أخرى عن ابن عباس أن رسول الله صلى الله عليه وسلم : " نهى عن بيع الغرر"[٤] وبيع الغرر له صور متعددة في الفقه الإسلامي[٥] منها النهي عن بيع ما في صلب الفحل أو بطن الناقة أو الطير في الهواء أو السمك في

(١) الآيات من ١٨١: ١٨٣ من سورة الشعراء
(٢) د. يوسف القرضاوي- الحلال والحرام - مرجع سابق صـ ٢٣٣
(٣) د. محمد فتحي صقر " تدخل الدولة في النشاط الاقتصادي " مرجع سابق صـ ٣٢
(٤) ابن ماجة – السابق رقم ٢٢١٣ جـ٢ صـ ١٤ قال ابن ماجة بأن في اسناده أيوب بن عتبة وهو ضعيف
(٥) لمزيد من التفصيل راجع لابن رشد - بداية المجتهد ونهاية المقتصد - مرجع سابق صـ ١١١

الماء أو بيع المنابذة أو الملامسة[١] وبالجملة نهى الإسلام عن كل عقد ينطوي على جهالة وعدم تحديد للمعقود عليه، ومن ذلك أن النبي صلى الله عليه وسلم وجد الناس في زمانه يبيعون الثمار في الحقول قبل بدو صلاحها وبعد تعاقدهم يحدث أن يصيبها آفة سماوية فتهلك الثمار ويختصم البائع والمشتري فنهى عن ذلك فقال: "لا تبيعوا الثمر حتى يبدو صلاحه"[٢].

الفرع الثاني

النهي عن كل ما يحدث اضطراباً وتلاعباً في الأسواق

يهتم الإسلام اهتماماً بالغاً بأحوال الناس وأسعار أقواتهم، لدرجة أنه حرم أدنى الملابسات التي قد يتسلل فيها أصحاب النفوس الضعيفة الذين يريدون الثراء على حساب أرزاق العباد[٣]، ولذلك نهى عن صور كثيرة من التصرفات أو المعاملات التي تثير الاضطرابات والتلاعب بالأسعار في الأسواق وتعد من المنافسات غير المشروعة ومن هذه الصور ما يلي:

---

(١) المنابذة معناها أن يأتي رجل بثوب مطوى فيطرحه في يد رجل آخر ويلزمه بشرائه دون أن يقلبه أو ينظر فيه بل يأخذه على حسب حظه فأن كان جيدا فمن حسن حظه وإن كان ردئيا فمن سوء حظه.
والملامسة: أن يأتي الرجل بثوب مطوي فيقول لرجل آخر إن لمسته فهو لك بيعا وشراء وأنت وحظك فيه - راجع د. محمد بكر إسماعيل - الفقه الواضح - دار المنار - جـ٣ طبعة ١٩٩٧ صـ٢٥.

(٢) ابن ماجة مرجع سابق رقم ٢٢٣٤ صـ ١٨.

(٣) د. يوسف قاسم " التعامل التجاري في ميزان الشريعة الإسلامية - مرجع سابق صـ ٦٥

١ - النهى عن المنافسة على صفقة لم يتم إبرامها [(١)]:

- هذه الصورة من صور المنافسة غير المشروعة وردت صراحة في أحاديث كثيرة منها ما رواه أبو هريرة – رضي الله عنه- عن النبي صلى الله عليه وسلم أنه قال: " لا يبيع أحدكم على بيع أخيه ولا يسوم على سوم أخيه "[(٢)]

وقوله لا يبع أحدكم على بيع أخيه معناه أن الرجلين إذا تبايعا فجاء آخر إلى المشتري في مدة الخيار فقال أنا أبيعك مثل هذه السلعة بدون هذا الثمن أو أبيعك خيراً منها بثمنها أو دونه، فهذا غير جائز لنهي النبي صلى الله عليه وسلم عنه ولما فيه من الإضرار بالمسلم والإفساد عليه، وكذلك إن اشترى على شراء أخيه وهو أن يجيء إلى البائع قبل لزوم العقد فيدفع في المبيع أكثر من الثمن الذي اشترى به فهو محرم أيضاً لأنه في معنى النهي عنه[(٣)].

وأما السوم على سوم أخيه فهو أن يكون قد اتفق مالك السلعة والراغب فيها على البيع ولم يعقداه فيقول الآخر للبائع أنا اشتريه وهذا حرام بعد استقرار الثمن[(٤)] .

وقد ساق ابن قدامه أربعة أقسام للسوم أولها أن يوجد من البائع تصريح

(١) د. يوسف قاسم المرجع السابق صـ ٥٥

(٢) رواه بن ماجة رقم ٢١٩٠ صـ ١١ وفي رواية للبخاري عن ابن عمر ٥٨/٣٤ حديث رقم ٢١٣٩ انظر فتح الباري بشرح صحيح البخاري " مرجع سابق جـ ٤ صـ ٤٣٢

(٣) ابن قدامة " المعنى - دار الكتاب العربي للنشر طبعة ١٤٠٣ هـ سنة ١٩٨٣م جـ٤ صـ ٢٧٨

(٤) راجع الإمام النووي " صحيح مسلم بشرح النووي - مرجع سابق جـ٥ صـ ٣٧٦

بالرضا بالبيع فهذا يحرم السوم على غير ذلك المشتري وهو ما تناوله النهي " الثاني " أن يظهر منه ما يدل على عدم الرضا فلا يحرم السوم لأن النبي باع فيمن يزيد فروى أنس أن رجلاً من الأنصار شكى إلى النبي صلى الله عليه وسلم الشدة والجهد فقال له: " أما بقى لك شئ؟ فقال: بلى قدح وحلس قال: فائتني بهما. فأتاه بهما فقال: " من يبتاعهما؟ " فقال رجل: أخذتهما بدرهم فقال النبي صلى الله عليه وسلم : من يزيد على درهم؟ فأعطاه الرجل درهمين فباعهما منه" رواه الترمذي.

" الثالث " أن لا يوجد منه ما يدل على الرضا ولا على عدمه فلا يجوز له السوم أيضاً "الرابع" أن يظهر منه ما يدل على الرضا من غير تصريح فقال البعض: أن المساومة لا تحرم وقال البعض الآخر: أن السوم محرم أيضاً لأن النهي جاء عاماً.

ونحن نؤيد ما ذهب إليه أستاذنا الدكتور/ يوسف قاسم[1] وهو التحريم في هذه الحالة لأن حديث النهي يصدق على كل الصور ما عدا الحالة التي يرفض فيها البائع الصفقة من تلقاء نفسه.

٢ - النهي عن التناجش.

النجش أن يزيد في السلعة من لا يريد شراءها ليقتدي به غيره فيظن أنه لم يزد فيها هذا القدر إلا وهي تساويه فيغتر بذلك فهذا حرام وخداع[2]

قال البخاري: الناجش آكل ربا خائن وهو خداع باطل لا يحل، وروى

(١) د. يوسف قاسم التعامل التجاري في ميزان الشر الإسلامية - مرجع سابق صـ٥٨

(٢) ابن حزم " المحلي " تحقيق أحمد محمد شاكر - دار التراث جـ٨ صـ٤٤٨ المسألة رقم ٥١٤٦٦

ابن عمر أن رسول الله صلى الله عليه وسلم نهى عن النجش، وعن أبي هريرة – رضى الله عنه أن رسول الله صلى الله عليه وسلم قال: " لا تلقوا الركبان ولا يبيع بعضكم على بيع بعض ولا تناجشوا ولا يبيع حاضرُ لبادٍ" متفق عليه[1]، ورُوِىَ أن عمر بن عبد العزيز بعث عبيد بن مسلم يبيع السبى فلما فرغ أتى عمر فقال له: إن البيع كان كاسداً لولا أني كنت أزيد عليهم وأنفقه فقال له عمر: كنت تزيد عليهم ولا تريد أن تشتري قال: نعم، فقال عمر: هذا نجش والنجش لا يحل ابعث منادياً ينادي أن البيع مردود وأن النجش لا يحل[2]. ولا خلاف بين الفقهاء في تحريم هذا الفعل المنهى عنه من كل الوجوه ولكن هل لهذا الفعل المحرم أثر في عقد البيع الذي تم صحيحاً بأركانه وشروطه؟ذهب الشافعية وجمهور الحنابلة إلى أن البيع صحيح لأن النهي عاد إلى الناجش لا إلى العاقد فلم يؤثر في البيع [3] فقال ابن قدامة: [4] "ولنا أن النهي عاد إلى الناجش لا إلى العاقد فلم يؤثر في البيع ولأن النهي لحق الآدمي فلم يفسد العقد كتلقي الركبان وبيع المعيب والمدلس، وفارق ما كان لحق الله تعالى لأن حق الآدمي يمكن جبره بالخيار أو زيادة في الثمن. لكن في البيع غبن لم تجر العادة بمثله فللمشتري الخيار بين الفسخ والإمضاء وسواء كان النجش بمواطأة من البائع أو لم يكن.

ويذهب ابن حزم الظاهري[5] إلى أن البيع إذا وقع بزيادة على القيمة

(١) ابن قدامة " المغنى " - مرجع سابق صـ ٢٧٨
(٢) ابن حزم- المحلى " مرجع السابق" صـ٤٤٨
(٣) د. يوسف قاسم " المرجع السابق صـ ٦٠
(٤) " المغني " المرجع السابق صـ ٢٧٨
(٥) المحلي " مرجع سابق صـ٤٤٨.

فللمشتري الخيار وأن العاصي والمنهي هو الناجش، وعن مالك رواية أن البيع باطل وجعل النهي منه مقتضياً للفساد[١] كما أن له رواية أخرى بأنه كالعيب والمشتري بالخيار إن شاء أن يرد وإن شاء أن يمسك أمسك"[٢].

ونحن نرى أن هذا العقد الذي ينشأ عن النجش يعد باطلاً في حالة الغبن الفاحش للمشتري مع مواطأة البائع وذلك للضرر الذي يلحق بالمشتري مع الخداع الذي وقع من البائع , وللمشتري الخيار بين الفسخ والإمضاء في حالتين:

الأولى: إذا كان الغبن فاحشاً دون مواطأة من البائع لأن العقد صحيح الأركان والشروط.

الثانية: إذا كان الغبن يسيراً سواءً كان مع مواطأة من البائع أو لم يكن وذلك لكثرة توقعه في المعاملات التجارية ولقلة ضرره.

٣ - النهى عن التلاعب بالأسعار.

يترك الإسلام تحديد الأسعار لقوى العرض والطلب بناءً على حرية الأسواق ولذلك حين غلا السعر في عهد النبي صلى الله عليه وسلم فقالوا يا رسول الله سَعِّر لنا قال: إن الله هو المسعر القابض الباسط الرازق وإني لأرجو أن ألقي الله وليس أحد منكم يطالبني بمظلمة في دم ولا مال " رواه أبو داود والترمزي[٣].

(١) الإمام النووي صحيح مسلم بشرح النووي - مرجع سابق جـ٥ صـ٣٧٦.
(٢) ابن رشد " بداية المجتهد ونهاية المقتصد " مرجع سابق صـ١٢٦.
(٣) ابن القيم - الطرق الحكمية - مرجع سابق صـ ٢٢٣

وبهذا بين الرسول صلى الله عليه وسلم أن التدخل في حرية الأفراد بدون مظلمة يجب أن يلقى الله بريئاً من تبعتها، ولكن إذا تدخلت في السوق عوامل غير طبيعية كاحتكار بعض التجار وتلاعبهم بالأسعار فمصلحة المجموع هنا مقدمة على حرية الأفراد فيباح التسعير استجابة لضرورة المجتمع أو حاجته ومحاربة للمستغلين ومعاملتهم بنقيض مقصودهم[1] وهناك صور عديدة من صور البيع التي حرمها الإسلام والتي تتضمن تلاعباً أو تأثيراً في الأسعار يضر بالمستهلكين أو التجار أنفسهم منها تلقي الركبان وبيع الحاضر للبادي وتخفيض الأسعار تخفيضاً يضر المنافسين من التجار... وغيرها مما يمكن الرجوع إليه في كتب الفقه الغنية بهذه الصور.

---

(١) د. يوسف القرضاوي " الحلال والحرام في الإسلام " مرجع سابق صـ ٢٣٤

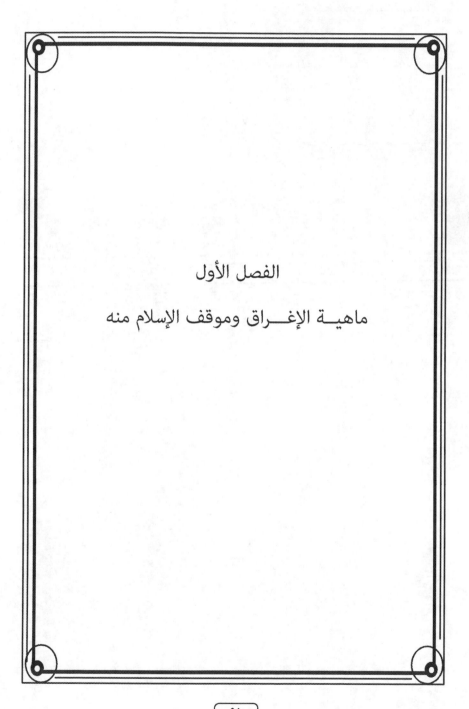

الفصل الأول

ماهيـة الإغــراق وموقف الإسلام منه

الفصل الأول

ماهيــة الإغــراق وموقف الإسلام منه

تمهيــد:

الإغراق يعد من أهم ممارسات المنافسة غير المشروعة والضارة بالتجارة الدولية والذي يوقع أكبر الأضرار بالصناعة المحلية للدول التي يمارس فيها الإغراق ـ كما سنبين ذلك في موضعه من هذه الدراسة ـ ولذا فتتزايد أهمية الإغراق في التجارة الدولية ويبذل المجتمع الدولي جهوداً لا بأس بها من أجل مكافحة هذه الظاهرة والتصدى لها.

بيد أنه لكي تتخذ الدولة التي يمارس فيها الإغراق إجراءات مكافحة الإغراق فلابد من التثبت من أن الواردات المغرقة قد أحدثت ضرراً بالفعل بالصناعة المحلية، وأن تتوافر رابطة السببية بين هذه الواردات وبين الضرر الذي أصاب الصناعة، ومن ثم فلا بد أن تتأكد سلطة التحقق من الأدلة والبيانات اللازمة لإثبات الإغراق من الجهة المغرقة قبل البدء في إجراءات التحقق, وإذا ما ثبت لدى سلطة التحقيق انتفاء الممارسات الضارة أو عدم وجود الدليل الكافي على ممارسة الإغراق، أو انتفاء الضرر, أو انقطاع علاقة السببية بين الممارسات الضارة والضرر تعين على سلطة التحقق إنهاء إجراءات التحقق على الفور لما قد تسببه هذه الإجراءات من تأثيرات بالغة على الجهة المدعى عليها بالإغراق.

ولبيان ماهية الإغراق الضار بالتجارة الدولية والذي يعد من أهم ممارسات المنافسة غير المشروعة، ولبيان موقف الاسلام من الاغراق، نتناول هذا الفصل في مبحثين على النحو التالي:

المبحث الأول: ماهية الإغراق.

المبحث الثاني: موقف الاسلام من الاغراق.

المبحث الأول

ماهيــــة الاغــراق

تمهيـــد:

يمثل الإغراق أهمية بالغة في التجارة الدولية نظراً لتأثيراته المتباينة على اقتصاديات الدول سواءً في الدول التي يحدث فيها الإغراق أو تلك التي تقوم بممارسة الإغراق[1], وحتى تتمكن الدولة التي يمارس فيها الإغراق من اتخاذ إجراءات مكافحة الإغراق على الواردات فلا بد من توافر شروط معينة يجب التأكد منها قبل البدء في إجراءات التحقيق في شأن الإغراق لأن إنخفاض السعر لا يعني بالضرورة وجود حالة إغراق.

ولبيان ذلك نتناول هذا المبحث في مطلبين على النحو التالي:

المطلب الأول: مفهوم الإغراق في القانون الوضعي وشروط تحققه.

المطلب الثاني: أنواع الإغراق.

المطلب الأول

مفهوم الإغراق في القانون الوضعي وشروط تحققه

ينظر إلى الإغراق[2] في أدبيات التجارة الخارجية على أنه إحدى

---

(١) راجع د. عمر صقر " العولمة وقضايا اقتصادية معاصرة – الإغراق – الدارالجامعية سنة ٢٠٠٢، سنة ٢٠٠٣ صـ ١٥٤

(٢) الإغراق في اللغة من أغرق في الشئ أي جاوز الحد وبالغ والاستغراق الاستيعاب – لسان العرب – مرجع سابق صـ ٣٢٤٤، المعجم الوجيز- مجمع اللغة العربية - مرجع سابق صـ ٤٤٩

سياسات التمييز السعري في التجارة بين الدول[١]، وهو ظاهرة معروفة في الأسواق العالمية تتضمن بيع أية سلعة في دولة أجنبية بسعر يقل عن تكاليف إنتاجها وعادة ما يصحبها تمييز سعري بين السوق المحلية للسلعة والسوق العالمية لها[٢] وفيما يلي نعرض لمفهوم الإغراق فى القانون الوضعى ثم لشروط تحققه فى فرعين على النحو التالى.

الفرع الاول

مفهوم الاغراق فى القانون الوضعى

أولاً: مفهوم الإغراق لدى بعض الفقهاء:

وللفقه في تعريفات الإغراق عبارات فنية تحدد المقصود من الإغراق, من هذه التعريفات: يعرفه البعض[٣] بأنه " بيع السلعة في سوق أجنبية بسعر أكثر انخفاضاً من السعر الذي يفرضه المحتكر في السوق المحلية أو بسعر يقل عن تكلفة إنتاج السلعة المماثلة في الدولة التي يوجه إليها المحتكر سلعته للبيع "

ويعرفه البعض[٤] بأنه " انتهاج دولة معينة أو تنظيم احتكاري معين لسياسة تعمل على التمييز بين الأسعار السائدة في الداخل أو السائدة في

(١) د. عمر صقر- المرجع السابق صـ ١٥٤
(٢) د. حسين عمر " الموسوعة الاقتصادية " المرجع السابق صـ ٥٨
(٣) د. حسين عمر " اقتصاد السوق طابع الاقتصاد الحر " مرجع سابق صـ ١٧٩
(٤) د. عادل أحمد حشيش " العلاقات الاقتصادية الدولية " دار الجامعة الجديدة للنشر سنة ٢٠٠٠ صـ ٢٤٧

الخارج وذلك بخفض أسعار السلعة المصدرة في الأسواق الخارجية عن المستوى الذي تحدده قيمة السلعة في الداخل مضافاً إليها نفقات النقل"

ويعرفه البعض [1] بأنه" قيام دولة بتصدير منتج معين وبيعه بسعر أقل من قيمته المعتادة أو أقل عن السعر العادي لناتج مماثل يباع في دولة التصدير بهدف فتح منفذ في سوق ما أو عدة أسواق أجنبية لهذا المنتج أو بهدف إبعاد المنافسين في هذه السوق أو هذه الأسواق وبعد ذلك إعادة رفع الأسعار وتحقيق أرباح بطريقة مريحة بعد تحييد أو طرد المنافسين.

كما عرفه البعض الآخر [3] بأنه " قيام دولة بتصدير سلعة معينة بسعر يقل عن سعر بيعها في سوق الدولة المصدرة أو في سوق دولة أخرى أو يقل عن السعر المقابل لسلعة مماثلة تباع في دولة التصدير أو بسعر يقل عن سعر تكلفة الإنتاج سواء تم الاستيراد من المنتج مباشرة أو من خلال طرف وسيط".

ويرى البعض [3] بأن التعريف التقليدي للإغراق يبدو وكأنه واضح لدرجة توحي بأن حساب هامش الإغراق هو أمر بدهي. فإذا كانت القيمة العادية تتجاوز سعر التصدير يكون هناك إغراق وعلى العكس من ذلك إذا كانت القيمة العادية مساوية لسعر التصدير أو أقل منه لا يكون هناك إغراق"

---

(١) د. علي إبراهيم " منظمة التجارة العالمية – جولة أورجواي وتقنين نهب العالم " دار النهضة العربية سنة ١٩٩٧ ص– ٢٢٣

(٢) د. عاطف السيد " الجات والعالم الثالث " طبعة ١٩٩٩ ص٧٧

(٣) أ. نعمان الزياتي " مكافحة الإغراق في اتفاقات منظمة التجارة العالمية – كراسات استراتيجية السنة الثانية ١٩٩٨ ص ١٤

ويذهب البعض[1] إلى تعريف الإغراق بأنه الاتجاه لطرح منتجات معينة سواء كانت سلعاً أو خدمات في الأسواق بسعر يقل عن سعر بيع السلعة في الدولة المنتجة أو في الدول الأجنبية الأخرى ويؤدي تصدير هذه السلعة إلى السوق المحلي إلى الإضرار بالمنتجات المحلية وبهذا تؤدي المنافسة الضارة إلى توقف المصانع عن الإنتاج في الدولة المشترية لهذه السلعة ".

ويذهب البعض الآخر[2] إلى تعريف الإغراق بأنه " تصدير السلع بأسعار تقل عن أسعار بيعها بالجملة في السوق المحلية لبلد المنشأ أو تصديرها بأسعار تقل عن تكلفة الإنتاج".

ولعل هذا التعريف- وإن كان الأكثر شيوعاً – يثير الكثير من التساؤلات حول مفهوم الأسعار المحلية وأسعار التصدير وعناصر تكاليف الإنتاج المستخدمة في إثبات وتحديد حجم الإغراق وآثاره وبالتالي فلابد - للمقارنة بين الأسعار المحلية وأسعار التصدير- أن يتم التحديد الدقيق لفترة إجراء المقارنة بين السعرين وأن يتم اعتماد تاريخ المتعاقدين المصدر والمستورد فلربما تتغير الأسعار المحلية ما بين فترة التعاقد وفترة وصول السلع إلى الدولة المستوردة وكذلك يجب أن يراعى كل ما يمكن أن يؤثر علي الأسعار وبخاصة تكاليف النقل والتعبئة وشروط الدفع وغيرها.

ولدرء هذه الصعوبات وتوقي احتمالات تغيير الأسعار أو التأثير عليها

(١) د. عبد الرحمن الشاذلي – وزير التموين الأسبق – الإفلات من قبضة الإغراق – الأهرام الاقتصادي العدد ١٥٧١ في ١٩٩٩/٢/١٥ صـ٣٠

(٢) د. إبراهيم محمد الفار " اتفاقات منظمة التجارة العالمية " مرجع سابق صـ٢٤٨

لجأ البعض[1] إلى تعريف شامل ودقيق للإغراق بقولهم: بأنه " بيع السلعة في الأسواق الأجنبية بثمن يقل عن الثمن الذي تباع به نفس السلعة في نفس الوقت وبنفس الشروط في السوق الداخلية " وهذا التعريف نؤيده حيث تظهر أهميته من أنه يشترط أن تكون السلعة محل التعامل واحدة، وكذلك لابد أن تكون مقارنة الأثمان في وقت واحد فمن المحتمل - كما أوضحنا - أن تتغير الأثمان في الفترة المنقضية بين تصدير السلعة ووصولها كذلك يجب التأكد من أن سعر البيع في السوق المحلي والعالمي يتضمن نفس الشروط، فكثيراً ما يتساوى السعر إلا أن الشروط قد تختلف كأن يكون البيع بالنقد في أحد السوقين وبالأجل في السوق الأخرى.

من خلال التعريفات السابقة تبين لنا اختلاف الآراء بشأن تحديد مفهوم ظاهرة الإغراق، حيث يرى البعض أن البيع بأي سعر يقل عن سعر دولة المنشأ يعتبر إغراقاً وهو ما أخذت به الهيئة الجمركية بالولايات المتحدة الأمريكية "The USA Tariff commission" حيث اعتبرت أن بيع السلعة في السوق الخارجي بسعر يقل عن سعر الجملة السائد في بلد المنشأ يعد إغراقاً[2].

ويرى البعض الأخر أن الإغراق يتحقق في حالة بيع المنتج في سوق خارجية بسعر يقل عن التكلفة المتوسطة للإنتاج.

كما يرى اخرون أن الإغراق يتحقق في حالة وجود التمييز السعري

(١) د. محمد عبد العزيز عجمية " الاقتصاد الدولي " دار الجامعات المصرية سنة ١٩٧٨ صـ ١٥٦
(٢) د. إبراهيم محمد الفار " مرجع سابق صـ٢٤٨

"Price descrimination" أي عند قيام منتج في دولة ما ببيع سلعة معينة في أسواق دولة خارجية بأسعار تقل عن أسعار بيع نفس السلعة في أسواق دولة ثانية بحيث يكون كل من السعرين أقل من أسعار البيع المحلية في دولة المنشأ[1].

(١) ويجدر بنا أن نشير إلى أن هناك بعض المصطلحات التي تشارك الإغراق في مفهومه، هذه المصلطلحات هي التسعير الضاري وحرق الأسعار التي تدور مع الإغراق في إطار بيع السلع بأسعار تقل عن تكلفتها، ولكن في إطار التطبيق نجد لكل منها مفهومه الخاص، فإذا كان الإغراق يعني ببساطة بيع السلعة المصدرة إلى بلد آخر بسعر أقل من السعر الذي تباع به عادة في بلد المصدر، فإن مفهوم التسعير الضاري يعني بيع السلعة بأقل من تكلفتها بغرض إجبار المنافسين الآخرين على الخروج من سوق السلعة ثم العودة إلى بيعها بأسعار احتكارية، أما مفهوم حرق الأسعار فهو اصطلاح جماهيري شاع استخدامه في مصر ويعني بيع السلعة بسعر يقل كثيراً عن الأسعار العادية، فملامح الاتفاق بين المصطلحات الثلاثة تتلخص في أنه في ظل كل منها يتم بيع السلعة بأقل من تكلفتها أو بسعر يقل عن الأسعار العادية في السوق أما بالنسبة لملامح الاختلاف فتتحدد فيما يلي:

أ) الإغراق يكون في حالة التجارة الدولية لتصدير سلعة من بلد إلى آخر بأسعار تقل عن الأسعار التي تباع به في بلد المصدر بينما التسعير الضاري يكون في السوق المحلية وأحياناً في السوق الخارجية وأما حرق الأسعار فيكون في السوق المحلية.

ب) يرتبط كل من الإغراق والتسعير الضاري بقصد الإضرار بالمنافسين الآخرين أما حرق الأسعار فقد لا يقصد به الإضرار بالآخرين وإنما يرجع لظروف أخرى تجبر التاجر على بيع السلعة بالسعر الأقل.

ج) الإغراق يكون ببيع السلعة إما بأقل من أسعارها في بلد المصدر أو بأقل من تكلفتها والتسعير الضاري في كل الأحوال يكون ببيعها بأسعار أقل من التكلفة أما حرق الأسعار فهو البيع بأقل من الأسعار العادية.

=

ثانياً: مفهوم الإغراق طبقاً للاتفاقية العامة للتعريفات والتجارة الجات:

في مفهوم الاتفاقية العامة للتعريفات والتجارة - الجات، وطبقاً للمادة ٢ من الاتفاق بشأن تطبيق المادة السادسة من الاتفاقية والمعروف بالاتفاق المعنى بممارسة مكافحة الإغراق - يعتبر منتج ما منتجاً مغرقاً أي أنه ادخل في تجارة بلد ما بأقل من قيمته العادية إذا كان سعر تصدير المنتج المصدر من بلد إلى آخر أقل من السعر المماثل في مجرى التجارة العادية

= د) مكافحة الإغراق تتم من خلال آلية نظمتها اتفاقية الجات والتشريعات الوطنية أما التسعير الضاري فقد يتم على مستوى التجارة الخارجية وحينئذ يدخل في نطاق الإغراق وقد يتم على المستوى المحلي عن طريق التشريعات الوطنية المناهضة للاحتكارات وكذا الحال بالنسبة لحرق الأسعار. راجع د. محمد عبد الحليم عمر- مرجع سابق صـ٣٠٤ كما يجدر بنا أن نشير إلى أن هناك ما يسمى بالإغراق العكسى Reveres Damping وهو مغاير تماماً للإغراق المتعارف عليه ويقصد به قيام منشآت معينة تتقاضى سعر أغلى من المستهلكين الأجانب مقارنه بالمستهلكين المحليين وقد ظهر مثال ملحوظ للإغراق المعاكس في تجارة السيارات الأوربية الفخمة عامي ١٩٨٥،١٩٨٤ عندما ارتفع الدولار بشدة مقابلاً للعملات الأوربية على الرغم من أن أسعار سياراتهم المقومة بالدولار في أوربا انخفضت بشدة ومن ثم كان من الممكن شراء سيارات مرسيدس من ألمانيا بسعر أقل بمقدار ٤٠% من سعرها في الولايات المتحدة الأمريكية ولكن تم تسوية هذه الحالة آخر الأمر عن طريق انخفاض الدولار وليس عن طريق تغيير سياسة التصدير - راجع PoulR- Kragman Maurice obstfeld الاقتصاد الدولي- النظرية السياسية - الجزء الأول - ترجمة د. عبد الله الجراح ومحمد بن سليمان البازعي دار الزهراء للنشر - الرياض - السعودية - الطبعة الأولى سنة ١٩٩٨ صـ٢٧١، د. عادل أحمد حشيش - مرجع سابق هامش صـ٢٤٧

للمنتج المشابه حين يوجه للاستهلاك في البلد المصدر[1].

وطبقاً لهذا التعريف يعتبر المنتج إغراقياً إذا كان سعر تصديره يقل عن سعر بيع المنتج المماثل لأغراض الاستهلاك في البلد المصدر.

ويقر الاتفاق بأن تحديد الإغراق على هذا الأساس قد لا يكون مناسباً في الحالات التالية[2]:

١) إذا كانت المبيعات في السوق المحلي للبلد المصدر لا تتم بصورة تجارية طبيعية كما في حالة البيع بأقل من سعر التكلفة.

٢) إذا كان حجم المبيعات في الأسواق المحلية منخفضاً.

وفي هذه الحالات يسمح الاتفاق بتحديد الإغراق بأسلوب آخر هو مقارنة سعر التصدير بالسعر المقابل للمنتج المماثل عند تصديره إلى بلد ثالث أو بالقيمة المحسوبة على أساس تكاليف الإنتاج مضافاً إليها التكاليف العامة وتكاليف البيع والتكاليف الإدارية والأرباح.

---

(١) الوثيقة الختامية " جولة أورجواي " - مراكش - الترجمة العربي - ١٥ أبريل سنة ١٩٩٤ - صـ١٩١ ونص المادة باللغة الإنجليزية كما يلي "٢" For The Purpose pf This Agreement aproduct is To be considered as being dumped i.e introduced into The commerce of another country at Less Than its normal value of The exported From one Country To anther is Less Than The comparable Price in The ordinary course of Trade For The Like Product When distend For consumption in The exporting country" راجع النظام المصري لمكافحة الإغراق والدعم والرسوم التعويضية والوقاية في إطار اتفاقية منظمة التجارة العالمية - وزارة الاقتصاد والتجارة الخارجية- جهاز مكافحة الدعم والإغراق يونيو سنة ٢٠٠٠ صـ١٥٢

(٢) د. عادل محمد خليل - تبسيط الجات " منظمة التجارة " الأهرام الاقتصادي العدد ١٥٨٠ في ١٩ أبريل سنة ١٩٩٩ صـ٤٨

ثالثاً: مفهوم الإغراق طبقاً للقانون المصري:

صدر قرار وزارة التجارة والتموين رقم ٥٤٩ لسنة ١٩٩٨ بإصدار اللائحة التنفيذية للقانون رقم ١٦١ لسنة ١٩٩٨ بشأن حماية الاقتصاد القومي من الآثار الناجمة عن الممارسات الضارة في التجارة الدولية[1] وقد جاء في الباب الأول الخاص بالتعارف والأحكام العامة وفي المادة الأولى منه بأن المقصود باتفاق مكافحة الإغراق " الاتفاق الذي تضمنه الملحق رقم "١" ألف بالوثيقة الختامية لنتائج جولة أورجواي بشأن تطبيق المادة السادسة من اتفاقية جات ١٩٩٤م والذي يتضمن قواعد فرض رسوم مكافحة الإغراق ضد الواردات المغرقة التي تدخل في تجارة بلد ما بأقل من قيمتها العادية والتي يترتب عليها حدوث ضرر مادي بالصناعة المحلية أو التهديد بحدوثه وقد عرفت المادة "٣٢" من اللائحة الإغراق بأنه "تصدير منتج ما إلى مصر بسعر تصدير أقل من قيمته العادية في مجرى التجارة العادي.

ويقصد بسعر التصدير السعر المدفوع أو الواجب دفعه ثمناً لهذا المنتج من قبل المستورد ودون تحميله بأي تكاليف أو رسوم أو نفقات تزيد على ما يتحمله عند البيع للاستهلاك المحلي في دولة المنشأ أو التصدير ولا يدخل في تحديد سعر التصدير أي رسوم أخرى يقتضيها تصدير المنتج أو شحنه ويقصد بالقيمة العادية سعر بيع المنتج في مجرى التجارة العادي في السوق المحلية لدولة المنشأ أو التصدير أو تكلفة الإنتاج مضافاً إليها المصروفات البيعية والإدارية والعمومية وهامش الربح المعتاد تحققه أو سعر تقدير المنتج المثيل إلى دولة ثالثة، ومع ذلك يجوز لسلطة التحقيق تقدير القيمة

(١) الوقائع المصرية العدد ٢٤١ " تابع" في ٢٤ أكتوبر سنة ١٩٩٨

العادية لمنتجات ذات منشأ أو مصدرة من دولة ذات اقتصاد موجه باستخدام بيانات دولة أخرى ذات ظروف مشابهة من دول الاقتصاد الحر أو على أساس آخر تراه مناسباً[١].

ولا شك أن اختلاف المفاهيم لظاهرة الإغراق يبرر الصعوبات التي تواجهها الدول لإثبات وجود هذه الظاهرة حيث يصعب التوصل لأسس ثابتة وواضحة لحالات الإغراق بالإضافة إلى صعوبة توفير المعلومات والبيانات التي يمكن الاعتماد عليها بشأن مستويات الأسعار وتكاليف الإنتاج والدعم والتي يمكن من خلالها التعرف على ظاهرة الإغراق والتصدي لها.

ويجدر بنا أن نشير إلى أن الأصل أن يتم التبادل التجاري بين الدول وفقاً لتفاعلات العرض والطلب الطبيعي للسلعة، ولما كان ثمن السلعة هو التعبير النقدي عن جانب العرض فإن الدولة أو الشركة قد تتدخل لتغييره بصورة تحكمية باستخدام إجراء غير طبيعي يؤثر إيجاباً على القدرة التنافسية للسلعة في مواجهة مثيلاتها[٢].

ولا شك أن هناك دوافع معينة لممارسة سياسة الإغراق تدفع المغرق إلى ممارسة سياسته الإغراقية وتختلف هذه الدوافع وتتنوع كما يلي:

١) قد يهتم المصدر الأجنبي بتحقيق الإغراق الضاري Predatory

(١) الأستاذ إبراهيم المنجي " دعوى مكافحة الإغراق " منشأة المعارف بالإسكندرية - الطبعة الأولى سنة ٢٠٠٠ ص١٨٣
(٢) د. أحمد رالجي أبو الوفا - " إغراق ادعاءات ومواجهات مطلوبة " - الأهرام الاقتصادي - مرجع سابق ص٣١

Dumping [(١)] حيث يبيع سلعته في سوق التصدير بسعر يقل عن السوق المحلي وأحياناً يقل عن نفقة التكلفة لفترة ما يتمكن خلالها من الخلاص من المنافسة المحلية، وقد يكون الإغراق - في هذه الحالة - وسيلة انتقامية للرد على منتج منافس سواءً في السوق المحلية أو الخارجية ليحقق مركزاً احتكارياً يجبر من خلاله منافسيه على الإذعان لشروط المنتج الأجنبي أو على الأقل يجبرهم على عقد اتفاق احتكاري معه كاقتسام الأسواق أو الاتفاق على أوضاع معينة للأسعار يتم الالتزام بها، وهذا النوع من الإغراق هو أكثر الأشكال خطورة وقد يؤدي إلى اشتعال حروب تجارية على نطاق واسع[(٢)].

٢) قد يلجأ المنتج إلى تخفيض أسعار منتجاته المخصصة للتصدير بهدف فتح أسواق جديدة لتصريف الزيادة في الإنتاج في حالة زيادة حجم الإنتاج إلى الحد الأقصى للطاقة الإنتاجية للتوصل إلى إنتاج بتكلفة اقتصادية مثلى، أو للتخلص من الفائض في المخزون السلعي أو محاولة المحافظة على أسواق خارجية معينة يتطلع المنتج إلى التوسع فيها مستقبلاً، أو قد يلجأ إلى ذلك لضعف القدرة التسويقية في السوق المحلية.[(٣)].

٣) قد تكون الرغبة في الحصول على نقد أجنبي هي الدافع من الإغراق

---

(١) جون هدسون ومارك هرندر - العلاقات الاقتصادية الدولية - مرجع سابق صـ٤٥٦

(٢) د. سامي عفيفي ود. محمود حسن حسني - مدخل إلى سياسات التجارة الخارجية - مكتبة عين شمس طبعة ٩١/٩٠ صـ١٢١

(٣) د. إبراهيم محمد الفار - اتفاقات منظمة التجارة العالمية - مرجع سابق صـ٢٤٩

وذلك بقصد تمويل عملات أجنبية ضرورية عمليات التوسع في الإنتاج أو لتحقيق التوازن في ميزان المدفوعات أو الحد من الزيادة في نسبة البطالة أو لأغراض داخلية أخرى[(١)].

ومن أمثلة هذا النوع من الإغراق ما يسمى بالإغراق الروسي حيث كانت روسيا في عامي ١٩٣٠، ١٩٣١ تبيع كميات كبيرة من السلع في الخارج بثمن منخفض حتى تحصل على لتمويل مشروعاتها الإنتاجية، فكلما احتاجت الدولة إلى أموال قامت بعرض سلعها بسعر منخفض بغرض الحصول على عملات أجنبية لتمويل مشروعاتها الإنتاجية وليس بغرض المنافسة الغير مشروعة [(٢)].

هذه بعض دوافع سياسة الإغراق التي تدفع المؤسسات أو الشركات في دول العالم المختلفة إلى ممارسة هذه السياسة، وقد تتبنى الدولة بنفسها ممارسة الإغراق لتحقق هذه المآرب أو بعضها، ولكن كيف يمكن للدولة القيام بتمويل عمليات الإغراق؟ في الغالب يتم تمويل عمليات الإغراق التي تمارسها الدولة باستخدام أحد سبيلين أو كليهما[(٣)]:

أ) قد تقوم الدولة بتقديم إعانات إلى منتجيها لتعويضهم عن الخسائر التي تلحق بهم من جراء بيع منتجاتهم في الأسواق الخارجية بسعر أقل منه في الأسواق المحلية للاستفادة من وفورات الإنتاج الكبير أو بقصد

(١) د. إبراهيم محمد الفار - اتفاقات منظمة التجارة العالمية - مرجع سابق صـ٢٤٩

(٢) د. محمد عبد العزيز عجمية - الاقتصاد الدولي - مرجع سابق صـ١٥٦

(٣) د. سامي عفيفي حاتم وزميله - مدخل إلى سياسات التجارة الخارجية - مرجع سابق صـ١٢٨، ١٢٩

الحصول على عملات أجنبية- كما سبق أن أوضحنا.

ب) تحميل المستهلك الوطني تكاليف الإغراق وهي وسيلة مغايرة لوسيلة الإعانات وذلك برفع سعر بيع السلعة محلياً ولا يتحقق ذلك إلا باحتكار السوق وعدم وجود البديل وكذلك باستخدام جزء من الإيرادات الناتجة عن البيع المحلي في تعويض انخفاض السعر في السوق العالمي، وقد يؤدي هذا إلى انخفاض مستوى الرفاهية الاقتصادية بالنسبة للمستهلك الوطني بانتزاع جزء من فائضه وتحويله إلى المستهلك الأجنبي.

الفرع الثاني

شروط تحقق الإغراق

لكي يمكن القول بوجود إغراق وحتى يمكن للبلد المستورد أن يتخذ إجراءات لمكافحة الإغراق على الواردات المغرقة لابد من التثبت من وقوع الإغراق بمفهومه الذي عرضناه، وإن يتحقق ضرر مادي للصناعة المحلية المنتجة لمنتجات مماثلة للواردات المغرقة أو تهديد بوجوده أو تأخير مادي لإقامة مثل هذه الصناعة، كما يجب أن تتسبب الواردات المغرقة في وجود هذا الضرر المادي أو التهديد بوجوده أو التأخير المادي لإقامة الصناعة، وهو ما يمثل ثلاثة شروط نبينها فيما يلي[1]:

---

(١) راجع د. عادل عبد العزيز على السن " سياسة التجارة الخارجية في إطار منظمة التجارة العالمية والاقتصاد المصري" رسالة دكتوراه كلية الحقوق – جامعة عين شمس سنة ٢٠٠١ ص٣٨٩ وما بعدها

الشرط الأول: التثبت من وقوع الإغراق:

أوضحت المادة " ٢ " من اتفاق مكافحة الإغراق لعام ١٩٩٤ حول تفسير المادة ٦ من اتفاقية جات ١٩٩٤ بأنه في مفهوم هذا الاتفاق – يعتبر منتج ما منتجاً مغرقاً - أي أنه أدخل في تجارة بلد ما بأقل من قيمته العادية - إذا كان سعر تصدير المنتج المصدر من بلد إلى آخر أقل من السعر المماثل في مجرى التجارة العادية للمنتج المشابه حين يوجه للاستهلاك في البلد المصدر[1] وفي حالة عدم وجود مبيعات لمنتج مشابه[2] في مجرى التجارة العادي في السوق المحلي للبلد المصدر أو عندما لا تسمح هذه المبيعات بمقارنة صحيحة بسبب وضع السوق الخاص أو انخفاض حجم المبيعات في السوق المحلي للبلد المصدر يتحدد هامش الإغراق[3] بالمقارنة بسعر مقابل لمنتج مشابه عند تصديره لبلد ثالث مناسب شريطة أن يكون هذا السعر معبراً للواقع ومقارنة بتكلفة الإنتاج في بلد المنشأ مضافاً إليها مبلغ معقول مقابل تكاليف الإدارة والبيع والتكاليف العامة وكذلك

(١) الوثيقة الختامية – جولة أورجواي – مرجع سابق صـ١٩١

(٢) يعني " تعبير منتج مشابه " – Produit Similaire- في هذا الأتفاق – اتفاق مكافحة الإغراق كله منتجاً مطابقاً أي مماثلاً في كل النواحي للمنتج موضع النظر أو – عند عدم وجود مثل هذا المنتج – لمنتج آخر وإن لم يكن في كل النواحي إلا أن مواصفاته وثيقه الشبه بمواصفات المنتج موضع النظر- راجع الفقرة ٦ من المادة ٢ من الاتفاق- الوثيقة الختامية – مرجع سابق صـ١٩٤

(٣) المقصود بهامش الإغراق هو الفرق بين القيمة العادية وسعر التصدير – م ٣٦ من اللائحة التنفيذية للقانون ١٦١ لسنة ١٩٩٨م

الأرباح[1] وتحسب التكاليف عادة على أساس السجلات التي يحتفظ بها المصدر أو المنتج موضوع التحقيق بشرط أن تتفق هذه السجلات مع أصول المحاسبة المقبولة عموماً في البلد المصدر وأن تعكس بشكل مقبول ومعقول التكاليف المرتبطة بإنتاج وبيع المنتج محل النظر أي المتهم بالإغراق وتدرس السلطات كل الأدلة المتاحة عن التخصيص السليم للتكاليف بما فيها الأدلة التي يقدمها المصدر أو المنتج بشرط أن تكون هذه التخصيصات مستخدمة تاريخياً من جانب المصدر أو المنتج، وتستند مقادير تكاليف الإدارة والبيع والتكاليف العامة والأرباح إلى البيانات الفعلية المتعلقة بالإنتاج والمبيعات في مجرى التجارة العادية للمنتج المشابه من جانب المصدر أو المنتج موضوع التحقيق وعندما يتعذر تحديد هذه المبالغ وفقاً لهذا الأساس فهناك أسس أخرى أوردها الاتفاق منها[2]:

أ) المقادير الفعلية التي تحملها أو حصل عليها المصدر أو المنتج المعنى بالنسبة للإنتاج والبيع في السوق المحلي لبلد المنشأ في نفس الفئة العامة من المنتجات.

ب) المتوسط المرجح للمبالغ الفعلية التي يتحملها عادة المصدرون أو المنتجون الآخرون الخاضعون للتحقيق بالنسبة لإنتاج وبيع سلعة مشابهة في السوق المحلي لبلد المنشأ.

ج) أي أسلوب معقول آخر بشرط ألا يتجاوز مبلغ الربح المتحقق بهذه

(١) راجع الفقرة "٣" من المادة ٢ من اتفاق مكافحة الإغراق - الوثيقة الختامية مرجع سابق صـ ١٩١
(٢) الوثيقة الختامية - مرجع سابق صـ ١٩٢

الطريقة الأرباح التي يحققها عادة المصدرون أو المنتجون الآخرون من بيع سلعة من نفس الفئة العامة في السوق المحلي لبلد المنشأ.

أما إذا كانت السلع غير مستوردة مباشرة من بلد المنشأ وإنما صدرها بلد وسيط إلى العضو المستورد تجرى عادة مقارنة السعر الذي تباع المنتجات في بلد المصدر إلى العضو المستورد بالسعر المقابل في بلد المصدر، غير أنه يمكن المقارنة بالسعر في بلد المنشأ إذا كانت المنتجات مثلاً قد نقلت نقلاً عابراً فحسب عبر البلد المصدر، أولم تكن مثل هذه المنتجات تنتج في البلد المصدر أو لم يكن لها سعر مقابل في البلد المصدر.

التثبت من وقوع الإغراق طبقاً للقانون المصري:

أما عن المشرع المصري فقد تصدى لتحديد الإغراق في القانون رقم ١٦١ لسنة ١٩٩٨ الصادر بشأن حماية الاقتصاد القومي من الآثار الناجمة عن الممارسات الضارة في التجارة الدولية حيث نصت المادة ٣٢ من لائحته التنفيذية لتحديد الإغراق بأنه " تصدير منتج ما إلى مصر بسعر تصدير أقل من قيمته العادية في مجرى التجارة العادي".ويقصد بسعر التصدير السعر المدفوع أو الواجب دفعه ثمناً لهذا المنتج من قبل المستورد ودون تحميله بأي تكاليف أو رسوم أو نفقات تزيد على ما يتحمله عند البيع للاستهلاك المحلي في دولة المنشأ أو التصدير،ويقصد بالقيمة العادية سعر بيع المنتج في مجرى التجارة العادي في السوق المحلية لدولة المنشأ أو التصدير أو تكلفة الإنتاج مضافاً إليها المصروفات البيعية والإدارية والعمومية وهامش الربح المعتاد تحقيقه أو سعر تصدير المنتج المثيل إلى دولة ثالثة ويجوز لسلطة التحقيق تقدير القيمة العادية لمنتجات ذات منشأ أو

مصدرة من دولة ذات اقتصاد موجه باستخدام بيانات دولة أخرى ذات ظروف مشابهة من دولة الاقتصاد الحر أو على أي أساس آخر تراه مناسباً.

وفي حالة عدم توافر سعر لتصدير المنتج الخاضع للتحقيق إلى مصر أو عدم الوثوق في هذا السعر لوجود ارتباط أو اتفاق تعويضي بين المصدر والمستورد أو طرف ثالث يجوز حساب سعر التصدير على أساس سعر بيع المنتج لأول مشتر مستقل في السوق المحلية، أو على أي أساس آخر تراه سلطة التحقيق مناسباً[1].

ويتم تقدير القيمة العادية وفقاً لتكلفة الإنتاج في دولة المنشأ مضافاً إليها مبلغ مناسب من المصروفات البيعية والعمومية والإدارية وهامش ربح مناسب أو وفقاً لسعر تصدير المنتج إلى دولة ثالثة وذلك في الأحوال الآتية[2]:

١)   عدم وجود مبيعات من المنتج محل التحقيق في السوق المحلية لدولة التصدير أو وجود مبيعات محلية ولكنها تتم بخسارة.

٢)   إذا كان حجم المبيعات المحلية من المنتج محل التحقيق أقل من ٥% خمسة في المائة من مبيعات التصدير إلى مصر.

وعلى سلطة التحقيق عند تقدير هامش الإغراق أن تجري حساباتها على نفس المستوى التجاري لنفس الفترة الزمنية قدر الإمكان مع مراعاة الاختلافات المؤثرة على قابلية الأسعار للمقارنة طبقاً لأحكام المادة ٤/٢ من

---

(١) راجع المادة" ٣٣ " من اللائحة التنفيذية للقانون المشار إليه
(٢) راجع المادة ٣٤ من اللائحة التنفيذية

اتفاق مكافحة الإغراق[1].

واشترطت المادة ٣٨ من اللائحة التنفيذية ألا يقل هامش الإغراق عن ٢٠% من سعر التصدير حتى يعد السعر الذي تباع به السلعة في السوق المحلي سعراً إغراقياً.

الشرط الثاني: أن يتحقق ضرر للصناعة المحلية.

تناولت المادة "٣" من الاتفاق بشأن تطبيق المادة السادسة من الاتفاقية العامة للتعريفات والتجارة ١٩٩٤ " اتفاق مكافحة الإغراق – توضيح الشرط الثاني من شروط الإغراق تحت عنوان تحديد الضرر Determination of injury وتهدف المادة المشار إليها إلى ضبط وإحكام المتطلبات اللازم توافرها حتى يحدد البلد المستورد أو ينتهي إلى أن ضرراً قد حدث أو وجد لصناعة محلية[2].

---

(١) راجع المادة ٣٦ من اللائحة التنفيذية

(٢) نجد أنه من المناسب هنا أن نعرض لتعريف الصناعة المحلية كما ورد في المادة٤ من الاتفاق وعنوانها تعريف الصناعة المحلية Definition of The Domestic Industry وطبقاً للفقرة ١ من المادة فإن تعبير الصناعة المحلية يفسر على أنه يشير إلى المنتجين المحليين للمنتجات المماثلة في مجموعهم أو الذين يشكل مجموع ناتجهم من المنتجات من سلعة كبيرة في إجمالي الإنتاج المحلي من هذه المنتجات – راجع د. أحمد جامع – اتفاقات التجارة العالمية الجزء الأول – دار النهضة العربية سنة ٢٠٠١ هامش صـ ٦٣٣. وقد ورد في قرار وزير التجارة والتموين رقم ٥٤٩ لسنة ١٩٩٨ بإصدار اللائحة التنفيذية للقانون رقم ١٦١ لسنة ١٩٩٨ بشأن حماية الاقتصاد القومي من الآثار الناجمة عن الممارسات الضارة في التجارة الدولية أن المقصود بالصناعة المحلية، المنتجون المصريون للمنتجات الزراعية أو الصناعية المثيلة =

ووفقاً لهذا الاتفاق فإن الضرر يعني الخسائر المادية التي تصيب الصناعة المحلية أو التهديد الجدي بوقوع هذه الخسائر المادية للصناعة المحلية أو حتى مجرد التأخير المادي في إعاقة هذه الصناعة من جراء سياسة الإغراق التي تمارسها الشركات الأجنبية في سوق أو أسواق دولة العضو[1].

والضرر المقصود هنا هو الضرر الجسيم الذي يلحق بأحد فروع الإنتاج الوطني للدولة المدعية بالإغراق دون ذلك الضرر الذي يقتصر على أحد مشروعات الإنتاج فيها، أو الضرر غير الجسيم الذي قد ينتج عن الانخفاض البسيط لسعر السلعة المستوردة عن مثليتها الوطنية والناشئ عن كفاءة المنتج الأجنبي عن الوطني[2]

فالضرر هنا يؤخذ بالمعنى الواسع ولا يقتصر على منافسة المنتجات الموجودة بالفعل وإنما يغطي الخسائر الاجتماعية في صورة التهديد الجدي للصناعة الوطنية أو إعاقة انطلاقها ونشأتها من الأساس، وهذا المفهوم الواسع سيؤدي إلى قيام منازعات بين الدول الأعضاء حيث إنه يمكّن أية دولة من الزعم والإدعاء بأن الإغراق قد أعاق نشأة صناعتها أو يهدد هذه

= للمنتج المستورد الذين يمثل مجموع إنتاجهم النسبة الغالبة من إجمالي الإنتاج المحلي من هذا المنتج " الوقائع المصرية - العدد ٢٤١ تابع في ٢٤ أكتوبر سنة ١٩٩٨ صـ٥.

(١) د. علي إبراهيم " منظمة التجارة العالمية " جولة أورجواي وتقنين نهب العالم صـ٢٣٠

(٢) د. عطية عبد الحليم صقر- الإغراق بين الاتفاقية العامة للتعريفة والتجارة والسياسات التجارية في مصر- دار النهضة طبعة ١٩٩٨ صـ٢٣

الصناعة.ويستند تحديد الضرر في مفهوم الاتفاقية إلى دليل إيجابي ويشمل تحقيقاً موضوعياً

لكل من "أ "حجم واردات الإغراق وأثرها على الأسعار في السوق المحلي للمنتجات المماثلة " ب" والأثر اللاحق لهذه الواردات على المنتجين المحليين لمثل هذه المنتجات[1].

وفيما يتعلق بحجم الواردات المغرقة تبحث سلطات التحقيق ما إذا كانت هناك زيادة كبيرة في الواردات المغرقة سواء بحجمها المطلق أو بالنسبة للإنتاج أو للاستهلاك في العضو المستورد، وبالنسبة لأثر الواردات المغرقة على الأسعار تبحث سلطات التحقيق ما إذا كان قد حدث تخفيض كبير في سعر الواردات المغرقة بالمقارنة بسعر المنتج المشابه المماثل في العضو المستورد أو ما إذا كان من شأن هذه الواردات أن تؤدي بأي شكل آخر إلى تقليص الأسعار إلى حد كبير أو منع الأسعار من زيادات كانت ستحدث لولاها، غير أن أي واحد من هذه العوامل أو أي عدد منها لا يعتبر بالضرورة مؤشراً حاسماً.

وفيما يتعلق بأثر الواردات المغرقة على الصناعة المحلية فإن على سلطات التحقيق أن تجرى تقييماً شاملاً لكل العوامل والمؤشرات الاقتصادية ذات الصلة التي تؤثر على حالة الصناعة بما فيها الانخفاض الفعلي والمحتمل في المبيعات أو الأرباح أو الناتج أو النصيب من السوق أو الإنتاجية أو عائد الاستثمار أو الاستغلال الأمثل للطاقات أو العوامل التي

(١) راجع الفقرة ١ من المادة ٣ من الاتفاقية - الوثيقة الختامية - مرجع سابق صـ ١٩٤

تؤثر على الأسعار المحلية أو حجم هامش الإغراق والآثار السلبية الفعلية أو المحتملة على التدفق النقدي والمخزون والعمالة والأجور والنمو والقدرة على تجميع رؤوس الأموال أو الاستثمارات وليست هذه قائمة شاملة ولا يمكن لواحد أو أكثر من هذه العوامل أن يمثل بالضرورة مؤشراً حاسماً[١].

١) في حالة التهديد بوقوع ضرر مادي على الصناعة المحلية من جراء الإغراق فإنه يجب أن يؤسس هذا التهديد على وقائع وأسانيد قوية وليس على مجرد مزاعم وتكهنات أو احتمالات بعيدة عن الحقيقة، كما يجب أن يكون تحديد الظروف التي قد تخلق وضعاً قد يسبب فيه الإغراق ضرراً متوقعاً ووشيكاً وينبغي على السلطات عند بحث وجود خطر الضرر المادي أن تبحث عدة عوامل منها[٢].

٢) معدل زيادة كبيرة في الواردات المغرقة إلى السوق المحلي مما يكشف عن احتمال حدوث زيادة كبيرة في الاستيراد.

٣) وجود كميات كبيرة متوافرة بحرية أو زيادة كبيرة وشيكة في قدرة المصدر مما يكشف عن احتمال حدوث زيادة كبيرة في الصادرات المغرقة سوق العضو المستورد مع مراعاة مدى توافر أسواق تصدير أخرى لامتصاص الصادرات الإضافية.

٣) ما إذا كانت الواردات تدخل بأسعار سيكون لها أثر انكماش أو كبتي كبير على الأسعار المحلية ومن شأنها أن تزيد الطلب على مزيد من الواردات.

---

(١) راجع الفقرة ٣،٤ من المادة ٣ الوثيقة الختامية – مرجع سابق صـ ١٩٤، صـ ١٩٥

(٢) راجع الفقرة ٧ من المادة ٣ الوثيقة الختامية – مرجع سابق صـ ١٩٥

٤)   مخزون المنتج الذي يجرى التحقيق بشأنه.

لكن لا يمثل أي من العوامل السابقة مؤشراً حاسماً بذاته إلا أن مجموع العوامل موضع النظر يجب أن يؤدى إلى استنتاج أن مزيداً من صادرات الإغراق وشيكة وأن ضرراً مادياً سيحدث لو لم تتخذ إجراءات الحماية ضد الإغراق.

وقد يثار الجدل بشأن مسألة تزامن عدة تحقيقات بوقوع إغراق من منتج معين مستورد من عدة بلاد بهدف تحديد الضرر الموجود للصناعة المحلية المعنية، وهذا ما تناولته الفقرة ٣ من المادة ٣ من الاتفاق التي أقرت مبدأ تقييم تأثير الواردات الكلية من هذا المنتج من كل هذه البلاد بطريقة تجميعية – أي من كل البلاد المصدرة – على الأسعار في السوق المحلية للبلد المستورد والقائم بالتحقيقات.

وكانت بعض البلاد المستوردة في فترة العمل بتقنين مكافحة الإغراق لجولة طوكيو قد جرت على ممارسة هذه الطريقة التجميعية بالرغم من عدم تناولها لأحكامه، مما آثار انتقاد البلاد المصدرة لمثل هذه الممارسات لما يترتب عليها من تسهيل توصل البلاد المستوردة إلى تحديد إيجابي للضرر وبخاصة إذا كان البلد المصدر ذا نصيب ضئيل في سوق البلد المستورد، لكن البلاد المستوردة ردت على هذه الانتقادات بأنه لا يوجد فرق في تحديد أو تقرير وجود الضرر للصناعة المحلية المعنية نتيجة للواردات المغرقة من المنتج محل البحث بين ما إذا كانت هذه الواردات من بلد مصدر واحد أو من عدة بلاد ولم يجد اتفاق مكافحة الإغراق لجولة أورجواي حلاً لهذه المسألة أفضل من السماح بها ولكن بقيود تتعلق بهامش الإغراق المقدر لكل

بلد مصدر مفرداً وعلى حده من ناحية وبقيود تتعلق بحجم الواردات من هذه البلد من ناحية أخرى، وقد أحسن الاتفاق صنعاً عندما حرصت الفقرة " ٤ " من المادة المشار إليها فيما جاءت به من أحكام على بيان العوامل والمؤشرات التي يتعين أخذها في الاعتبار عند بحث آثار الواردات المغرقة على الصناعة المحلية وذلك في معرض إثبات وجود ضرر مادي لهذه الصناعة بهدف تجنب محاولات الصناعات المتعثرة والتي تعاني من صعوبات هيكلية للتمسح بتأثير الواردات المماثلة لمنتجاتها على أسعار هذه المنتجات كوسيلة مريحة وسريعة لإفلاتها من عثرتها الذاتية، وهذا ما يحقق مصلحة البلاد المصدرة والمنتجة لهذه الواردات[١].

شرط تحديد الضرر في القانون المصري:

- أما عن تحديد الضرر في القانون المصري رقم ١٦١ لسنة ١٩٩٨

فقد ورد في المادة " ٣٩" من الفصل الثاني من اللائحة التنفيذية للقانون المذكور ما يلي " تحدد سلطة التحقيق الضرر المادي الواقع على الصناعة المحلية ولها في سبيل ذلك فحص كافة الأدلة الإيجابية ومنها:

١) زيادة حجم الواردات المغرقة سواء بشكل مطلق أو بالنسبة للإنتاج أو الإستهلاك في مصر- ومدى تأثيرها على ما يلي:

أ) انخفاض أسعار بيع المنتجات المغرقة المستوردة عن أسعار بيع المنتج المحلي المثيل.

ب) خفض أسعار المنتج المحلي المثيل.

(١) راجع د. أحمد جامع " اتفاقات التجارة العالمية " مرجع سابق صـ٦٧٠، صـ٦٧١

ج) منع الأسعار المحلية من الزيادة التي كان من الممكن حدوثها.

٢) مدى تأثير الواردات المغرقة على اقتصاديات الصناعة المحلية ويستدل عليها من خلال تقييم العوامل الآتية:

أ) الانخفاض الفعلي أو المحتمل في المبيعات أو الأرباح أو الإنتاج أو الحصة السوقية أو الإنتاجية العائد على الاستثمار أو الطاقة المستغلة.

ب) العوامل المؤثرة على الأسعار المحلية.

ج) حجم هامش الإغراق.

د) التأثيرات السلبية الفعلية والمحتملة على التدفق النقدي والمخزون والعمالة والاستثمار والأجور والنمو والقدرة على زيادة رأس المال.

هـ) أي عوامل أخرى مؤثرة تراها سلطة التحقيق ذات دلالة كافية.

كما نصت المادة " ٤٠ " من اللائحة التنفيذية للقانون المذكور على أن سلطة التحقيق عند تحديد التهديد بحدوث ضرر مادي للصناعة المحلية التحقيق من أنه واضح ووشيك الوقوع مع الأخذ في الاعتبار ما يلي:

١) معدل الزيادة الكبيرة في الواردات المغرقة.

٢) وجود احتمال لحدوث زيادة كبيرة في الصادرات المغرقة إلى مصر على ضوء وجود تعاقدات.

٣) ما إذا كانت الواردات تدخل بأسعار تؤثر على الأسعار المحلية سواءً بالانخفاض أو بعدم القدرة على زيادتها على نحو يؤدي إلى زيادة الطلب على الواردات.

٤) وجود طاقة تصديرية كبيرة أو مخزون كبير من المنتجات الخاضعة للتحقيق لدى الشركات المصدرة.

٥) أي عوامل أخرى مؤثرة تراها سلطة التحقيق ذات دلالة كافية.

الشرط الثالث: إثبات رابطة السببية بين الواردات المغرقة والضرر الذي يلحق الصناعة المحلية:

وقد تكفلت ببيان أحكام هذه الرابطة الفقرة "٥" من المادة "٣" من الاتفاق المذكور وبمقتضاها فإنه لابد من أن يثبت أن الواردات المغرقة من خلال تأثيرها على أسعار المنتجات المماثلة للعضو المستورد إنما تسبب ضرراً بالمعنى الوارد في الاتفاق – والذي سبق أن أوضحناه – ويؤسس إثبات رابطة السببية .Causal relation ship بين الواردات المغرقة والضرر للصناعة المحلية المعنية على أساس بحث كافة الأدلة ذات الصلة الموجودة لدى السلطات، وتبحث هذه السلطات أية عوامل معروفة أخرى - بخلاف الواردات المغرقة – والتي يمكنها أن تكون مضرة بهذه الصناعة.

ويجب ألا تنسب الأضرار الناجمة عن هذه العوامل الأخرى للواردات المغرقة، وتشمل العوامل التي قد تكون ذات صلة في هذا الشأن حجم وأسعار الواردات التي لا تباع بأسعار الإغراق وانكماش الطلب والتغيرات في أنماط الاستهلاك، وأساليب التجارة التقليدية والمنافسة بين المنتجين الأجانب والمحليين والتطورات في التكنولوجيا وأداء التصدير وإنتاجية الصناعة المحلية.

أما عن رابطة السببية طبقاً للقانون المصري رقم ١٦١ لسنة ١٩٩٨:

فقد ورد في المادة ٤١ من اللائحة التنفيذية لهذا القانون أنه " على سلطة التحقيق التحقق من أن الأضرار الواقعة على الصناعة المحلية ناتجة عن الواردات المغرقة وأنها لا ترجع إلى أسباب أخرى".

ومما سبق يتضح لنا أنه يجب أن يثبت بالدليل القاطع أن الواردات المغرقة - بمفردها قد أحدثت ضرراً بالفعل بالصناعة المحلية وأن تتوافر رابطة السببية بين هذه الواردات وبين الضرر الذي أصاب الصناعة المحلية على وجه اليقين، أما إذا كان الضرر قد نجم عن أسباب أخرى مثل تغير أذواق المستهلكين أو منافسات - مشروعة - بين منتجات ومنتجين أجانب ومحليين أو التطورات التكنولوجية أو إنتاجية الصناعة المحلية فلا ينسب الضرر في مثل هذه الحالات إلى الواردات المغرقة، وعلية فتنفى رابطة السببية بين الضرر والواردات المغرقة.

المطلب الثاني

أنوع الإغراق

يتنوع الإغراق بحسب أغراض المغرق وقدرته على الاستمرار في ممارسته إلى عدة أنواع، فقد يكون الإغراق أمراً طارئاً لمجابهة ظروف معينة لا يقصد من ممارسته المغرق الإضرار بمنافسيه، وقد يكون الإغراق لتحقيق هدف تنافسي يتمثل في محاولة إقصاء المنافسين للمغرق وينتهي بمجرد تحقيق هذا الهدف وفى هذه الحالة قد يكون قصير الأجل أو طويل الأجل ويتوقف ذلك على قدرة المغرق ومركزه الاحتكاري في السوق، ومن هنا يمكن القول بأن الإغراق كظاهرة دولية وكسياسة للتمييز السعري على المستوى العالمي، وبوصفه أحد أساليب الهيمنة الاحتكارية للمنتجين في السوق الدولية يتنوع إلى ثلاثة أنواع رئيسية[1] هي:

(١) وتجدر الإشارة إلى أن هناك أنواعاً أخرى للإغراق باعتبار المقصود منه نذكر =

أولاً: الإغراق العارض أو الطارئ **"Sporatic or occasional dumping".**

يعد الإغراق العارض نوعاً من أنواع الإغراق الدولي وظاهرة طارئة يلجأ إليها المغرق لظروف استثنائية خاصة، ويقصد به طرح فائض عارض أو مخزون متراكم لدي المنشأة في السوق الأجنبي[1] ويهدف المنتج من وراءه إلى التخلص من فائض في سلعة معينة وغالباً ما يكون في أخر

= منها ما يلي:

أ- الإغراق الاجتماعي: ويقصد به انخفاض تكلفة العمالة في الدول النامية بدرجة كبيرة عنها في الدول المتقدمة يتمتع المنافس الأجنبي بأيدٍ عاملة بخسة الأجر تمكنه من التغلب على منتجين يعملون في بيئات اجتماعية أكثر تقدماً مما ينجم عنه إنتاج سلع بتكلفة تقل كثيراً عن نظائرها في الدول المتقدمة، ومن العبارات المترادفة في هذا الشأن وصف الإغراق الشرقي نسبة إلى اليابان والصين حيث الأجور الزهيدة التي تقل كثيراً عن المستويات الأوربية. د. عاطف السيد - الجات والعالم الثالث - مرجع سابق صـ٢٣.

ب- الإغراق الرأسمالي ويتضمن تمييز الخارج عن الداخل فى شروط الائتمان لأسباب تتعلق بالتفاوت فى درجة المخاطرة، فإقراض الخارج بسعر فائدة أقل من السعر الذى تحدده ظروف السوق الخارجية يعتبر ضرباً من الإغراق يهدف إلى القضاء على منافسة الغير أو توجيه الطلب إلى السلع الوطنية. راجع د. عادل أحمد حشيش " العلاقات الاقتصادية الدولية " - مرجع سابق صـ٢٤٨.

جـ - إغراق الصرف بمعني تخفيض سعر العملة دون مبرر من حيث مركز الحسابات الخارجية أو القوة الشرائية بغرض زيادة قدرة المنتجات الوطنية على المنافسة فى الأسواق الدولية. راجع أ. إبراهيم المنجي المحامي - دعوى مكافحة الإغراق - مرجع سابق صـ١٨٨.

(١) د. سامي عفيفي حاتم وزميله " مدخل إلى سياسات التجارة الخارجية - مرجع سابق صـ ١٢١

الموسم فتطرح في الأسواق الخارجية بأسعار منخفضة للتخلص من الفائض وليس العمل على اكتساب أسواق أجنبية أو الإضرار بالمنافسين وقد يحدث ذلك لخطأ المنتجين الوطنيين في تقديرهم لنطاق السوق الداخلية واضطرارهم إلى التخلص من الفائض الإنتاجي حتى لا يضطرون إلى خفض أسعارهم في الداخل ثم العمل بعد ذلك على رفعها.

ويذكر أن العديد من المصانع في الفترة بين الحربين العالميتين الأخيرتين كان لديها فائض في بعض السلع وعجزت هذه المصانع عن تصريفه في الأسواق المحلية مما اضطرها إلى تصديره وبيعه بأي ثمن في الأسواق الخارجية[١]، ومن أمثلته أيضاً ما واجه دول جنوب شرق آسيا من ظروف اقتصادية أدت إلى كساد أسواقها والتي اضطرتهم إلى تصدير منتجاتهم بأسعار أقل من تكلفتها حتى يتم إصلاح هياكلها الاقتصادية[٢]".

والإغراق الطارئ هو في أصله ذو طبيعة مؤقتة وينتج غالباً عن تراكم المخزون السلعي من منتج معين، لأن تصريف تأخير هذا الفائض إلى مواسم قادمة قد يحمل المؤسسة بعض الخسائر نتيجة لاحتمال انخفاض الطلب المستقبلي على هذه السلع موضوع الإغراق، أو لعدم توافر إمكانية لدي المؤسسة لتخزينها أو لأن عدم تصريف هذه السلع قد يشكل عبئاً على المشروعات الإنتاجية ويحد بالتالي من مواصلة إنتاجها[٣]. وعندئذ يلجأ

---

(١) د. محمد عبد العزيز عجمية " الاقتصاد الدولي " - مرجع سابق صـ ١٥٧.
(٢) الأهرام الاقتصادي " العدد ١٥٧١" - مرجع سابق صـ ٣١.
(٣) د. إبراهيم محمد الفار " اتفاقيات منظمة التجارة العالمية " - مرجع سابق صـ٢٥٣.

المنتج إلى تصدير منتجه بسعر منخفض حفظاً على سوقه المحلية الرئيسية والدائمة على أن يتعادل السعر مرة أخرى بعد التخلص من هذا المخزون وهو ما يشبه تصفية المبيعات التى تجريها المحلات التجارية فى نهاية فصول السنة ونظراً للطبيعة المؤقتة لهذا النوع من الإغراق فإنه ينتهي قبل أن يثير الانتباه إليه كما أن أثره غالباً ما يكون محدداً ولذا فإن آثار هذا النوع يمكن إهمالها لضآلتها.

ثانيا: الإغراق المؤقت «قصير الأجل » Predatory dumping:

على الرغم من أن الإغراق المؤقت ذو طبيعة مؤقتة وهو ما يشبه الإغراق العارض أو الطارئ إلا أنهما يختلفان فالإغراق الطارئ – كما أوضحنا – يهدف إلى المحافظة على سعر المنتج المحلي بالتخلص من فائض فى المخزون السلعي دون قصد التخلص من المنافسين بينما الإغراق المؤقت عادة ما يقترن بتحقيق هدف تنافسي معين فهو يهدف إلى تحقيق غرض معين وينتهي بتحقيقه، مثال ذلك خفض الأسعار بصفة مؤقتة بقصد فتح أسواق أجنبية جديدة وتثبيت أقدام المغرق فيها.

كذلك تخفيض الأسعار في سوق الدفاع ضد منافسة أجنبية طارئة لسلعة ما بقصد طرد المنتجين المنافسين إلى خارج مجال إنتاج السلعة مجال التنافس، أو لمنع إقامة مشروعات جديدة منافسة تشكل خطراً على المنتج، أو الإغراق بقصد القضاء على منافس وإقصائه من السوق أو تهديده حتى يضطر إلى الاستسلام لأمر المغرق وشروطه، ويلحق بذلك أيضاً الإغراق الدفاعي أو المضاد وهو الناشئ عن رغبة في الثأر من مغرق أجنبي.

ويتميز الإغراق قصير الأجل بأنه يكون على نطاق يحمل المغرق

خسائر كبيرة من جراء خفض الأسعار، ولكنه يقبل تحملها حتى يتحقق غرضه ثم يعود إلى رفع الأسعار مرة أخرى محاولاً تعويض ما أصابه من خسائر أو ما فاته من كسب خلال فترة الإغراق[1] وهذا النوع من الإغراق يعد نوعاً من الحروب التجارية أو الاقتصادية غير المشروعة سواء مارسها المغرق في عملياته التجارية الداخلية أو في عملياته الخارجية لما يترتب عليه من تدمير وهدم للصناعات الوطنية الأقل كفاءة والحد من درجة المنافسة الحرة والبناءة بين المنتجين للسلعة المغرقة أو للسلع المماثلة كما أنه يثير العداء بين الدول ذات العلاقة[2].

ثالثا: الإغراق المستمر أو طويل الأجل Continuous dumping.

يعد الإغراق المستمر أو الدائم نوعاً من أنواع الإغراق الدولي يتعلق بسياسة دائمة لا يمكن بطبيعة الحال أن تقوم على أساس تحمل الخسائر[3].

ويشترط لقيامه ثلاثة شروط هي:

١) أن يتمتع المنتج باحتكار فعلي قوي في السوق المحلي غير أنه يواجه منافسة شديدة في سوق أجنبي معين سواء من المنتجين المحليين في ذلك السوق أو منتجي الدول الأخرى ويرغب ذلك المنتج المحتكر في تعظيم أرباحه الكلية، ولكي يحقق هذا الهدف يلجأ إلى سياسة التمييز

(١) د. عادل أحمد حشيش " العلاقات الاقتصادية الدولية " – دار الجامعة الجديدة للنشر- طبعة ٢٠٠٠ صـ ٢٤٨.
(٢) الأستاذ إبراهيم المنجي – المحامي – دعوى مكافحة الإغراق – مرجع سابق صـ١٩٢.
(٣) د. عادل أحمد حشيش – المرجع السبق صـ ٢٤٩.

السعري حيث يبيع بسعر احتكاري مرتفع في السوق المحلي بينما يتحتم عليه مواجهة المنافسة الحادة في السوق الأجنبي ببيع السلعة ذاتها بسعر منخفض[1] ولا يستطيع المنتج الاستمرار في هذه السياسة إلا من خلال الإعانات الحكومية أو الدعم المقدم للصادرات المنخفضة الأسعار أو من خلال قدرته على تحقيق زيادة في الإنتاج المخصص للتصدير بتكاليف متناقصة[2].

٢   أن يخضع الإنتاج المخصص للتصدير لمبادئ تزايد الغلة وتناقص التكلفة لأن زيادة الإنتاج تؤدي إلى تخفيض في نفقة الإنتاج وبذلك يستطيع المنتج البيع في الخارج بأثمان منخفضة[3].

٣   أن تكون مرونة الطلب على السلعة في السوق المحلي أقل منها في الأسواق الخارجية فتخفيض ثمن السلعة في السوق الخارجية بنسبة معينة يؤدي إلى زيادة بنسبة أكبر في الطلب الخارجي لأن الثمن الجديد للسلعة يمكنها من منافسة سلع الدول الأخرى. ومع ذلك يبقى السعر مرتفعاً في السوق المحلي ولا يتأتى ذلك إلا إذا كانت هناك ضرائب جمركية عالية على استيراد نفس السلعة من الخارج إلى السوق المحلي وإلا كان من الممكن استيراد نفس السلعة المصدرة لبيعها مرة أخرى في السوق المحلي[4]، وهذا يعني أنه يشترط لنجاح

(١) د. سامي عفيفي حاتم وزميله " مدخل إلى سياسات التجارة الخارجية " - مرجع سابق ص ١٢٢.
(٢) د. إبراهيم محمد الفار " اتفاقيات منظمة التجارة العالمية " مرجع سابق ص٢٥٤.
(٣) د. محمد عبد العزيز عجمية " الاقتصاد الدولي " - مرجع سابق ص ١٥٧.
(٤) د. محمد عبد العزيز عجمية - المرجع السابق ص١٥٧، ص ١٥٨.

هذا النوع من الإغراق ضمان عدم عودة السلعة المباعة في الخارج إلى السوق المحلي، لأن المشتري المحلي إذا استطاع شراء تلك السلعة من السوق الخارجي الذي تباع فيه بسعر منخفض فإن ذلك يعني استحالة بيعها في السوق المحلي بسعر مرتفع، وقد يشكل ارتفاع نفقات النقل والشحن وكذلك فرض الضرائب على الواردات - عوائق كافية لمنع عودة السلعة المغرقة إلى السوق المحلي مرة أخرى [1].

---

(١) لمزيد من التفصيل راجع د. عمر صقر " العولمة وقضايا اقتصادية معاصرة " - مرجع سابق صـ ١٥٧.

المبحث الثانى

موقف الإســلام من الإغراق

تمهيــد:

يقرر الإسلام حرية الأفراد في مزاولة نشاطهم الاقتصادي، ومن ثم يعترف لهم بالملكية الخاصة بكافة صورها الاستهلاكية والإنتاجية، بيد أن هذه الحرية مقيدة بقواعد لضبطها وعوامل لعلاج الانحراف فيها، ولذا أجاز الإسلام للدولة أن تتدخل لمراقبة سلامة المعاملات وشرعية النشاط الاقتصادي كلما اقتضى الأمر ذلك وحسبما تقتضيه المصلحة العامة[1], والإسلام يتصف بالعدالة والوسطية في شتى أموره، ولذا فإن له موقفاً عادلاً من أثمان السلع يهدف إلى منع الضرر والضرار ويجلب المصلحة لجميع أطراف المعاملة التجارية

ولمّا كان رخص الأسعار هو أبرز ما يميز ظاهرة الإغراق فإنه من الضروري أن نتعرف على موقف الإسلام منه, وكذلك بيان الحكم الشرعى للإغراق فى الشريعة الاسلامية.

ولذلك رأينا أن نتناول هذا المبحث في ثلاثة مطالب على النحو التالي:

المطلب الأول: الثمن العادل في الإسلام.

المطلب الثاني: موقف الإسلام من رخص الأسعار.

المطلب الثالث: حكم الاغراق فى الشريعة الاسلامية.

---

(١) د. محمد شوقي الفنجري "الحرية الاقتصادية وتدخل الدولة في النشاط الاقتصادي في الإسلام " مرجع سابق صـ ١١٥

المطلب الأول

الثمن العادل في الإسلام

الأصل أن السوق الإسلامية تقوم على المنافسة التعاونية، وتتحقق من خلاله كفاءة تخصيص الموارد وعدالة المبادلات، واتفاقاً ومفهوم المنافسة يترك تحديد السعر لقوى العرض والطلب لتتفاعل بحرية تامة دون تدخل مباشر من قبل الدولة، أي دون اللجوء إلى فرض التسعير الجبري أو الإداري، وعلى الدولة أن تضع الضمانات الكافية لمنع انحراف الأسعار بمنع الغش والاحتكار وتحريم النجش وكذلك تحريم كل ما من شأنه أن يؤثر على عدالة الأسعار[1].

فإذا كان السعر يعبر عن التفاعل الحر لقوى العرض والطلب دون تواطؤ من قبل البائعين أو المشترين وفي ظل الضمانات الشرعية التي تكفل توفير هذه الحرية يجب على الحاكم ألا يتدخل لتحديد الأسعار بالرفع أو الخفض، وهذا ما يظهر من نصوص التشريع التي تمنع التسعير في الأحوال العادية حين اشتكى الناس الغلاء وارتفاع الأسعار، فعن أنس – رضي الله عنه – قال: " غلا السعر على عهد رسول الله صلى الله عليه وسلم فقالوا: يا رسول الله لو سَعَّرت؟ فقال «إن الله هو القابض الباسط الرازق المسعر وإني لأرجو أن ألقى الله عز وجل ولا يطلبني أحد بمظلمة ظلمتها إياه في دم ولا مال»[2].

---

(١) د. محمد فتحي " تدخل الدولة في النشاط الاقتصادي في إطار الاقتصاد الإسلامي" مرجع سابق ص٣٤
(٢) رواه الخمسة إلا النسائي وصححه الترمزي- انظر نبيل الاوطار للشوكاني مرجع=

أما إذا لم تعبر الأسعار عن التفاعل الحر لقوى العرض والطلب لحدوث تواطؤ من قبل البائعين أو المشترين ففي هذه الحالة يجب على الدولة أن تتدخل لتوفير حرية التفاعل هذه وضمان الحقوق العادلة لكل من البائعين والمشترين بتوفير الأسعار التي لا تجحف بأي منهم ويمكن في هذه الحالة الوصول إلى هذه الأسعار بعقد اجتماعات مع طائفتي التعامل للوصول إلى ما يناسبهم جميعاً[(١)].

ونظرة الإسلام إلى الثمن العادل تتضح من المبادئ التي يرسيها في هذا المجال وأهمها ما يلي:[(٢)]

١) الأصل الإسلامي في المعاملات السوقية هو الرضا الذي يعبر عن حرية المتعاقدين في اتخاذ قراراتهم وذلك استناداً إلى قوله تعالى:

﴿يَا أَيُّهَا الَّذِينَ آمَنُوا لَا تَأْكُلُوا أَمْوَالَكُمْ بَيْنَكُمْ بِالْبَاطِلِ إِلَّا أَنْ تَكُونَ تِجَارَةً عَنْ تَرَاضٍ مِنْكُمْ﴾[(٣)] وكذلك إلى قوله صلى الله عليه وسلم : «إنما البيع عن تراضٍ»[(٤)].

= سابق جـ٥ صـ ٢٥٩

(١) د. محمد عبد المنعم عفر " النظرية الاقتصادية بين الإسلام والفكر الاقتصادي المعاصر " المجلد الثاني " الاثمان والأسواق والتوزيع" - الناشر بنك فيصل الإسلامي بقبرص الطبعة الأولى سنة ١٤٠٨ هـ - سنة ١٩٨٨م صـ ٢٥

(٢) د. محمد عبد الحليم عمر " مشكلة الإغراق وحرق الأسواق " مرجع سابق صـ١٨

(٣) من الآية ٢٩ من سورة النساء

(٤) رواه ابن ماجة عن أبي سعيد الخدري برقم ٢٢٠٣ وقيل بأن إسناده صحيح - مرجع سابق صـ١٣.

٢) يحرص الإسلام على منع الضرر لكل من المتعاقدين لقوله صلى الله عليه وسلم : «لا ضرر ولا ضرار»[1].

ولذا فإن حرية المتعاقدين مقيدة بتحقيق النفع وعدم حدوث ضرر وهذا ما يوضحه عدم مشروعية البيوع المنهي عنها شرعاً والتي تحمل في طياتها أضراراً معينة إما على طرفي المعاملة أو أحدهما أو على نظام السوق أو على المجتمع.

٣) يقرر الإسلام المنافسة القائمة على وجود المنتج وتخفيض السعر وحسن المعاملة ولذلك حرم الغش في المواصفات أو الكميات أو التدليس في السعر إلى غير ذلك من الصور وندب إلى السماحة في البيع والشراء واقتضاء الديون وقضاءها.

٤) يحدد الإسلام السعر في ضوء ظروف العرض والطلب وهو ما يطلق عليه سعر المثل أو التوازن الذي يعرفه الفقهاء بأنه نهاية رغبات المشترين ويكون هذا السعر أكثر من التكلفة لوقاية رأس المال وتحصيل الربح وهذا مقصود التجارة.

ومن هذه المبادئ والأصول الإسلامية يتضح أن الثمن العادل يجب أن يكون غير مجحف بأي من طرفي المعاملة أي المنتجين والمستهلكين أو بصفة عامة البائعين والمشترين، فلا يضار المنتج أو البائع بانخفاض الثمن إلى الحد الذي يتحمل معه خسائر ولا يضار المستهلك أو المشتري بارتفاع الثمن إلى الحد الذي يؤدي إلى ظلمه، فالثمن العادل في الإسلام هو الثمن

(١) رواه ابن ماجة في سننه عن عبادة بن الصامت رقم ٢٣٦٢ وقال عنه بأن رجاله ثقات إلا أنه منقطع- مرجع سابق صـ٤٤.

الذي لا يظلم أياً من المتعاملين.

ولقد حذر الإسلام من الإضرار بطرفي المعاملة التجارية وهما البائع والمشتري بوجه عام فقال تعالى: ﴿وَيَا قَوْمِ أَوْفُوا الْمِكْيَالَ وَالْمِيزَانَ بِالْقِسْطِ وَلَا تَبْخَسُوا النَّاسَ أَشْيَاءَهُمْ وَلَا تَعْثَوْا فِي الْأَرْضِ مُفْسِدِينَ﴾[١].

ففي الآية أمر للتجار بوفاء الكيل والوزن بالقسط آخذين ومعطين[٢].

كما أن في الآية أمراً بحسن تقويم أشياء الناس من كل نوع، تقويمها كيلاً أو وزناً أو سعراً أو تقديراً وتقويمها مادياً ومعنوياً، وبخس الناس أشياءهم فوق أنه ظلم يشيع في نفوس الناس مشاعر سيئة من الألم والحقد أو اليأس من العدل والخير[٣].

وفيما يلي نحاول بحث فكرة الثمن العادل الإسلامي بشقيها أي بالنسبة للبائع والمشتري.

أولاً: الثمن العادل بالنسبة للبائع:

إن نظرة الإسلام إلى مصالح الناس هي نظرة تتصف بالشمولية والعمومية، فكما أن الإسلام يرعى مصلحة المستهلك فإنه أيضاً يرعى مصلحة المنتج والبائع فيمنع الإضرار بأي منهما عن طريق بخس الثمن الذي تستحقه سلعته سواءً كان ذلك بفعل المستهلك أو المشتري الفرد أو

(١) الآية ٨٥ من سورة هود
(٢) انظر ابن كثير " تفسير القرآن العظيم " مرجع سابق جـ٢ صـ٤٧٢
(٣) راجع الشيخ سيد قطب " في ظلال القرآن " مرجع سابق جـ٤ صـ١٩١٨

بفعل الدولة[1].

ففيما يختص بالإجحاف والضرر الصادر من المستهلك أو المشتري فإنه لا يجوز أن يستغل أي منهما عدم مرونة عرض السلعة مع علمه بحاجة المنتج أو البائع الماسة لتصريف سلعته فيمتنع عن طلبها عمداً حتى يضطر البائع إلى خفض ثمنها إلى الحد الذي يتحمل معه خسائر[2].

كما أن الإسلام حرم التغرير بالبائع فاعتبر أن تلقى السلع قبل أن تجيء إلى السوق من المنكرات ونهى النبي صلى الله عليه وسلم عن ذلك وعلل ابن القيم هذا النهي بقوله[3] " نهى النبي عن ذلك لما فيه من تغرير البائع فإنه لا يعرف السعر فيشتري منه المشتري بدون القيمة لذلك أثبت له النبي صلى الله عليه وسلم الخيار إذا دخل إلى السوق ولا نزاع في ثبوت الخيار له مع الغبن".ويضيف ابن القيم قائلاً:[4] " ومن هذا - أي من المنكرات - تلقى سوقة الحجيج الجلب من الطريق وسبقهم إلى المنازل يشترون الطعام والعلف ثم يبيعونه كما يريدون فيمنعهم والي الحسبة من التقدم لذلك حتى يقدم الركب لما في ذلك من مصلحة الركب ومصلحة الجالب".

أما فيما يختص بالإجحاف والضرر الصادر من الدولة إلى البائع فإن الإسلام يمنع الإضرار به أيضاً بيد الدولة عندما تتدخل في السوق لتحديد الأسعار إذا كان ذلك مضراً بمصلحة البائع أو المنتج قياساً على مصلحة

(١) د. علي عبد الرسول " المبادئ الاقتصادية في الإسلام " مرجع سابق صـ١٠٩
(٢) د. علي عبد الرسول " المبادئ الاقتصادية في الإسلام " مرجع سابق صـ١٠٩
(٣) الطرق الحكمية مرجع سابق صـ٢٢١
(٤) الطرق الحكمية المرجع السابق صـ٢٢٢

المستهلك. بيد أنه يجوز للبائع شرعاً أن يبيع سلعته طواعية بثمن منخفض وفي ذلك يقول القرطبي[1]: " والجمهور على جواز الغبن في التجارة مثل أن يبيع الرجل يا قوتة بدرهم وهي تساوى مائة فذلك جائز وأن المالك الصحيح الملك جائز له أن يبيع ماله الكثير بالتافه اليسير إذا كان رشيداً حراً بالغاً وهذا مالا اختلاف فيه بين العلماء".

ولا شك أن هذا يعد جائزاً إذا لم يترتب عليه ضرر بالآخرين من أمثاله أما إذا قصد من ذلك إلحاق الضرر بأمثاله فهذا لا يجوز ويعد من قبيل المنافسة غير المشروعة كما سنبين فيما بعد.

ثانياً: الثمن العادل بالنسبة للمشتري:

ينهي الإسلام عن الإضرار بالمستهلك أو المشتري سواءً كان مستهلكاً عادياً أو منتجاً يشتري مستلزمات إنتاجه أو تاجراً يشتري ليبيع وذلك عن طريق رفع الثمن إلى الحد الذي يمثل استغلالاً وإرهاقاً له سواءً كان ذلك الإجحاف صادراً عن المنتج أو البائع أو الدولة ذاتها

فقد يحدث الضرر للمشتري إذا استغل المنتج أو البائع حاجته إلى السلعة فيفرض سعراً فيه إضرار وإجحاف به بقصد زيادة أرباحه[2].

---

(١) تفسير القرطبي " الجامع لأحكام القرآن " مرجع سابق جـ٣ صـ ١٣٣ والكلام منقول بتصرف.
(٢) وجدير بالذكرهنا أنه لا يوجد في نصوص القرآن الكريم ولا في السنة ما يجعل للربح حداً معيناً أو نسبة معلومة وأن هذه النسبة تترك لضمير الفرد المسلم وعرف المجتمع من حوله مع مراعاة قواعد العدل والإحسان ومنع الضرر والضرار دون تلاعب أو تدليس أو تدخل مفتعل لإغلاء الأسعار على عموم الناس، فقد يربح =

وهذه النزعة بطبيعة الحال تصاحب ظروف الإنتاج أو البيع في ظل الاحتكار واضطرار المستهلك أو المشتري لقبول السعر مهما كان تحكمياً وبخاصة عند مرونة السلعة وقابليتها للتخزين أو إذا كانت سلعة ضرورية أو ليس لها بديل مما يتيح للمحتكر أن يتحكم في المستهلك[1]

كما أن الإسلام نهى عن بيوع عدة لما فيها من الغرر والجهالة أو الظلم الواقع على المشتري فنهى عن بيع النجش وبيع الحصاة وبيع الغرر وغيرها من البيوع التي تقوم على المنافسة غير المشروعة[2].

وكما نهى الإسلام المنتج أو البائع الفرد عن الإحجاف بالمستهلك عن طريق البيع بثمن يظلمه فإنه ينهي الدولة أيضاً عن فرض سعر فيه إحجاف بالمستهلك سواءً كانت الدولة تنتج أو تبيع بنفسها سلعة ضرورية أو كانت حكماً فيصلاً بين البائعين والمشترين، فإذا كان السعر مرهقاً للمستهلك

= التاجر في الأحوال العادية ٥٠% أو ١٠٠% ولا يعد ذلك غبناً للمشتري لأن السلعة في السوق تساوي ذلك أو أكثر بل قد يكون البائع مع الربح الكبير متساهلاً مع المشتري، وقد يبيع للمشتري بربح قليل أو بغير ربح وربما مع خسارة وهو مع هذا قد غبن المشتري، وقد ثبت في سنة رسول الله - صلى الله عليه وسلم - ما يدل على مشروعية الربح إلى مائة في المائة أو أكثر - لمزيد من التفصيل راجع د. يوسف القرضاوي - من هدى الإسلام - فتاوى معاصرة - دار الوفاء للطباعة والنشر - الطبعة الثالثة سنة 1415 هـ - سنة ١٩٩٤م جـ٢ صـ ٤٢٤ وما بعدها.

(١) د. علي عبد الرسول " المبادئ الاقتصادية في الإسلام" - مرجع سابق صـ١١٠

(٢) د. عبد الهادي السعيد عرفه " الضوابط الشرعية للمنافسة التجارية دراسة مقارنة "- مرجع سابق - صـ١٩٦

وبخاصة في السلع الضرورية ذات التكلفة العالية والتي لا يستغني عنها فعلى الدولة أن تتحمل فروق الأسعار حتى ترفع الضرر عن كاهل المستهلك وذلك في صورة إعانة للمنتجين أو البائعين.

ومما تجدر الإشارة إليه أن فكرة الثمن العادل في الإسلام تختلف عنها في الفكر الاقتصادي والذي يمثله نظريتان في هذا الشأن هما نظرية المذهب الحر ونظرية رجال الكنيسة في العصور الوسطى[1].

فبالنسبة لنظرية المذهب الحر والتي يرى أنصارها أن الثمن العادل هو ثمن السوق الذي تحدده قوى العرض والطلب دون تدخل من الدولة لتحديد الأسعار لأن نظام المنافسة الحرة يكفل تحقيق العدالة.

وهذه النظرية – وإن كانت صحيحة من الناحية النظرية – إلا أن أسواق المنافسة الحرة نادرة في الحياة الواقعية فالاقتصاد الرأسمالي لا يعرف إلا أسواق احتكار أو شبه احتكار دائمة أو مؤقتة ومعظم الأثمان فيها لا تكون نتيجة المنافسة الحرة لوجود فرق غالباً بين ثمن السلعة ونفقة الإنتاج المعتبرة أساساً للثمن العادل.

أما بالنسبة لنظرية رجال الكنيسة في العصور الوسطى فيرى أنصارها أن الثمن يجب أن يتحدد بنفقات الإنتاج بصرف النظر عن حاجة المشتري على ألا يُتْرَك للبائع ربح وإنما مكافأة على عمله تسمح له أن يعيش في مستوى يتفق مع الحالة الاجتماعية للطبقة التي ينتمي إليها.

وهذا المبدأ - كما يذهب أنصار المذهب الحر – يغفل رغبات المشتري كعامل في تحديد الثمن مما يؤدي إلى اختلاف الثمن العادل للسلعة الواحدة

(١) د. علي عبد الرسول " المبادئ الاقتصادية في الإسلام " مرجع سابق صـ١١٢

نتيجة لاعتبارات شخصية.

وواضح أن الثمن العادل في الإسلام يختلف عما يـراه أنصار المـذهب الحـر وأنصـار نظريـة رجال الكنيسة فليس هو بالثمن الذي تحدده قوى العرض والطلب في السوق في جميع الأحـوال، ولا هو بالثمن الذي يساوي نفقة الإنتاج زائدة مكافأة للمنتج أو البائع تختلف بـاختلاف مركـزه الاجتماعي، وإنما هو ذلك الثمن الذي لا يظلم البائع ولا المشتري، والذي يعد صالحاً للتطبيـق في كل نظام وهو عادل بالضرورة لأن العدالة لجميع الأطراف هي كل شروطه.

المطلب الثاني

موقف الإســلام من رخص الأسـعار

إن أهم ما يميز ظاهرة الإغراق هو خفض الأسعار والبيع بثمن أقل مما عليه جمهور التجار، فماذا لو قام التاجر أو مجموعة من التجار بخفض السعر إلى ما دون سـعر السـوق وبـاع بـثمن منخفض؟ هل يعد ذلك عملاً مشروعاً فَيُترَك ليبيع كيف شاء؟ أم يعد عمـلاً غـير مشرـوعاً فيمنـع من ذلك؟، ومن المعروف أن الشريعة الاسلامية تحض على التوسعة على الناس والتيسير عليهم فى معاشهم, ولقد دعت السنة النبوية التجار والمنتجين على الجلب وبيّنت أن الجالب مـرزوق وأن المحتكر ملعون، ومن هنا فإن ظاهر الامرأن من يقوم بإغراق السوق بسلعة ما فإنما يقوم بعمـل مشروع وقد يثاب عليه، ولكن بالبحث فى اصول الشرـيعة فـإن هـذا العمـل ـ الاغـراق ـ يكـون محرما اذا تم بقصد الاضرار بالغير أو بقصد إفساد السوق وأيضا إذا

ما كان بقصد التخطيط بفرض الهيمنة والاحتكار،... و للتعرف على موقف الإسلام من رخص الأسعار لابد أن نعرض لأراء بعض الفقهاء في هذا الشأن على النحو التالي:

١) يذهب الحنفية بداية إلى عدم جواز التسعير بوجه عام إلا في حالة دفع ضرر العامة ولذلك يقول صاحب الهداية: " ولا ينبغي للسلطان أن يسعر على الناس لقوله صلى الله عليه وسلم : لا تسعروا فإن الله هو المسعر القابض الباسط الرازق " ولأن الثمن حق العاقد فإليه تقديره فلا ينبغي للإمام أن يتعرض لحقه إلا إذا تعلق به دفع ضرر العامة"[١].

وبالتأمل فيما ذهب إليه الحنفية نجد أنهم يمنعون رخص الأسعار لأنه يؤدي إلى إلحاق الضرر بالعامة، ولذلك فهم يتفقون على عدم جواز خروج البائع عن سعر أهل السوق وهو سعر الجماعة أو السعر المعروف أو المتفق عليه وهو ما يعبر عنه بالتزام البائع بسعر الناس[٢].

٢) يرى الإمام مالك - رضي الله عنه – أنه إذا كان للناس سعر غالب فأراد بعضهم أن يبيع بأنقص منه فإنه يمنع من ذلك واحتج – رحمه الله – بما رواه في موطئه[٣] عن يونس بن سيف عن سعيد بن المسيب أن عمر بن الخطاب مر بحاطب بن أبي بلتعه وهو يبيع

(١) الميرغتياني " الهداية شرح بداية المبتدي " - مرجع سابق جـ٤ صـ٦٩

(٢) د. موسى عز الدين عبد الهادي " أحكام التسعير في الشريعة الإسلامية - رسالة دكتوراه - كلية الحقوق - جامعة القاهرة سنة ١٩٨٩ صـ٢٥

(٣) موطأ الأمام مالك – دار الحديث – مرجع سابق بند ٥٧ صـ٥٠٥

زبيباً له بالسوق فقال لـه عمر: إما أن تزيد في السعر وإما أن ترفع من سوقنا، وعلق الإمام مالك على هذا الخبر بقوله: " لو أن رجلاً أراد فساد السوق فحط عن سعر الناس لرأيـت أن يقـال لـه: إما لحقت بسعر الناس وإما رفعت وإما أن يقول للنـاس كلهـم يعنـي: لا تبيعـوا إلا بسـعر كـذا فليس ذلك بالصواب "[1].

وفي بيان ذلك يقول القاضي أبو الوليد الباجي: إن السعر الذي يؤمر به مـن حـط عنـه أن يلحق به هو الذي عليه جمهور الناس فإذا انفـرد عـنهم الواحـد أو العـدد اليسـير بحـط السعر أمر من حطه باللحاق بسعر الناس أو ترك البيع"[2].

وفي تبيين ما يختص به ذلك من البائعين يقول: " لا خلاف في أن ذلك حكـم أهـل السـوق والباعة فيه وأما الجالب ففي كتاب محمد "لا يُمنَع الجالب أن يبيع في السـوق دون بيـع الناس" وقال ابن حبيب: لا يبيعون ما عداً القمح والشعير إلا بمثل الناس وإلا رفعوا كأهل السوق وجه ما في كتاب محمد أن الجالب يسامح ويستدام أمره ليكثر ما يجلبه مع أن ما يجلبه ليس من أقوات البلد وهو يدخل الرفق عليهم بما يجلبه فربمـا أدى التحجير عليـه إلى قطع الميره والبائع في البلد إنما يبيع أقواتهم المختصة ولا يقدر على العدول بهـا عـنهم في الأغلب.

ووجه ما قاله ابن حبيب أن هذا بائع في السوق فلم يكـن لـه أن يحـط عـن سـعره لأن ذلك مفسدة لسعر الناس كأهل البلد قال: فأما جالب

(١) الطرق الحكمية لأبن قيم الجوزية مرجع سابق صـ٢٣٣

(٢) المنتقى شرح موطأ الإمام مالك مرجع سابق جـ٥ صـ١٧

القمح والشعير فقال ابن حبيب: يبيع كيف شاء إلا أن لهم في أنفسهم حكم أهل السوق وإن أرخص بعضهم تركوا إن قل من حط السعر وإن كثر المرخصون قيل لمن بقى: إما أن تبيع كبيعهم وإما أن ترفع.

أما ما يختص به ذلك من المبيعات فيقول ابن حبيب: إن ذلك في المكيل والموزون ووجه ذلك أن المكيل والموزون مما يرجع إلى المثل فلذلك وجب أن يحمل الناس فيه على سعر واحد وغير الكيل والموزون لا يرجع فيه إلى المثل وإنما يرجع فيه إلى القيمة[١] وقال ابن القصاب المالكي: اختلف أصحابنا في قول مالك: " ولكن من حط سعراً " فقال البغداديون: أراد من باع خمسة بدرهم والناس يبيعون ثمانية وقال قوم من البصريين أراد من باع ثمانية والناس يبيعون خمسة فيفسد على أهل السوق بيعهم وربما أدى إلى الشغب والخصومة، قال وعندي أن الأمرين جميعاً ممنوعان لأن من باع ثمانية والناس يبيعون خمسة أفسد على أهل السوق بيعهم وربما أدى إلى الشغب والخصومة فمنع الجميع مصلحة"[٢].

٣) أما الشافعي- رضي الله عنه – فإنه عارض في ذلك بما رواه عن الدراوردي عن داود بن صالح التمار عن القاسم بن محمد عن عمر - رضي الله عنه " أنه مر بحاطب بن أبي بلعتة بسوق المصلى وبين يديه غرارتان فيهما زبيب فسأله عن سعرهما فسعر له مدين بدرهم، فقال عمر: لقد حُدِّثتُ بعيرٍ مقبلة من الطائف تحمل زبيباً وهم يعتبرون

(١) المرجع السابق صـ١٨

(٢) ابن القيم " الطرق الحكمية " - مرجع سابق جـ٧ صـ٨٠

سعرك فإما أن ترفع في السعر وإما أن تدخل زبيبك البيت فتبيعه كيف شئت، فلـما رجـع عمـر حاسب نفسه ثم أتى حاطباً في داره فقال: إن الذي قلت لك ليس بعزيمة مني ولا قضاء وإنما هـو شيء أردت به الخير لأهل البلد فحيث شئت فبع وكيف شئت فبع"، قال الشافعي: وهذا الحديث مستقصى وليس بخلاف ما رواه الإمام مالك ولكنه روى بعض الحديث أو رواه عنه مـن رواه وهذا أتى بأول الحديث وآخره وبه أقول لأن الناس مسـلطون عـلى أمـوالهم لـيس لأحـد أن يأخذها أو شيئاً منها بغير طيب أنفسهم إلا في المواضع التي تلزمهم وهذا ليس منها"[1].

وبإمعان النظر فيما جاء برواية الإمام الشافعي من أن عمر – رضي اللـه عنـه – حاسـب نفسه بعد نهى حاطب من البيع دون سعر الناس ثم ترك له حريـة البيـع بالسـعر الـذي يريد يرى لذلك أنه من المستبعد حقيقة أن يكون حاطب قد قصد بفعلـه هـذا – وهـو البيع دون سعر الناس – الإضرار بأهل السوق أو الدخول معهم في منافسة غـير مشروعة وإلا ما تركه عمر يفعل ذلك وهو المعروف بالحزم وإقامة العدل والرحمة بين رعيته[2].

٤)   أما عن رأي الإمام الشوكاني فيمكن استنباطه من تعريفه للتسعير بقوله " التسعير هـو أن يأمر السلطان أو نوابه أو كل من ولي من

---

(١) الماوردي " الحاوي الكبير" مرجع سابق جـ٧ صـ٨٠

(٢) د. موسى عز الدين عبد الهادي " أحكام التسعير في الشريعة الإسلامية " مرجع سابق صـ٩٢

أمور المسلمين أمراً أهل السوق أن لا يبيعوا أمتعتهم إلا بسعر كذا فيمنعوا من الزيادة عليه أو النقصان لمصلحة[١].

وبالتأمل فيما ذكره الإمام الشوكاني يتضح أنه لا يجيز للتاجر أن يبيع بأقل مما هو متعارف عليه بين التجار المنافسين له في نفس السلعة.

ولعل الحكمة في منعه من البيع بثمن أقل من السعر المحدد هو عدم إلحاق الضرر بالذين يتعاملون في هذه السلعة ولا يرغبون في بيعها بثمن أقل من السعر المحدد لها لضرورة مراعاة حال البائع وحال المشتري[٢].

٥) أما عن رأي العلامة ابن خلدون فقد أورده في مقدمته تحت عنوان "فصل في أن رخص الأسعار مضر بالمحترفين بالرخيص" فيقول: "وذلك أن الكسب والمعاش إنما هو بالصنائع أو التجارة، والتجارة هي شراء البضائع والسلع وادخارها يتحين بها حوالة الأسواق بالزيادة في أثمانها ويسمى ربحاً ويحصل منه الكسب والمعاش للمحترفين بالتجارة دائماً، فإذا استديم الرخص في سلعة أو عرض من مأكول أو ملبوس أو متمول على الجملة ولم يحصل للتاجر حوالة الأسواق فسد الربح والنماء بطول تلك المدة وكسدت سوق ذلك الصنف فقعد التجار عن السعي فيها وفسدت رؤوس أموالهم واعتبر ذلك أولاً بالزرع فإنه إذا استديم رخصه يفسد به حال المحترفين بسائر أطواره من الفلح

(١) نيل الأوطار - مرجع سابق جـ٣ صـ٢٦٠

(٢) د. صبري عبد الرؤوف محمد "مفهوم التسعير وشروطه وحكمه " مجلة منبر الإسلام السنة ٥٧ العدد ٦ جمادى الآخر سنة ١٤١٩ هـ - اكتوبر سنة ١٩٩٨ صـ ١١٥

والزراعة لقلة الربح فيه وندارته أو فقده فيفقدون النماء في أموالهم أو يجدونه على قلة ويعوذون بالاتفاق على رؤوس أموالهم وتفسد أحوالهم ويصيرون إلى الفقر والخصاصية ويتبع ذلك فساد حال المحترفين أيضاً بالطحن والخبز وسائر ما يتعلق بالزراعة من الحرث إلى صيرورته مأكولاً.. " وكذا إذا استديم الرخص في السكر أو العسل أفسد جميع ما يتعلق به وقعد المحترفون عن التجارة فيه وكذا الملبوسات إذا استُدِيم فيها الرخص.

فإذاً الرخص المفرط يجحف بمعاش المحترفين بذلك الصنف الرخيص وكذا الغلاء المفرط أيضاً وإنما معاش الناس وكسبهم في التوسط من ذلك..[1].

بعد عرض هذه الآراء تبين لنا أنه على الرغم من أن الإسلام حبب إلى التجار إرخاص الأسعار للتيسير على الناس والتوسعة عليهم في معاشهم لما في ذلك من مرضاة الله والفوز بثوابه بالإضافة إلى أن الإسلام رفع من شأن الجالب وجعل مرتبته كمرتبة المجاهد في سبيل الله فقال رسول الله صلى الله عليه وسلم : "إن الجالب إلى سوق كالمجاهد في سبيل الله"[2]

إلا أن التاجر إذا قصد من إرخاصه للأسعار الإضرار بالتجار الآخرين المنافسين له وإفساد السوق عليهم فإن هذا يعد عملاً غير

(١) مقدمة ابن خلدون - مرجع سابق جـ صـ ٩٢٠ وما بعدها.

(٢) رواه الحاكم من حديث اليسع بن المغيرة وهو مرسل -أنظر للإمام الغزالي " إحياء علوم الدين " مرجع سابق جـ٢صـ ٩٩

مشروع ويعتبر المخالف مرتكباً لمحرم يستوجب عليه التعزير ويتعين على ولي الأمر منعـه مـن هذا. وبالتالي يمكن القول بان الإسلام يمنع إرخاص الأسعار الذي يـؤدي إلى فساد السـوق وخلـق حالة من المنافسة غير المشروعة بين التجار والمتمثلة في الإغراق.

المطلب الثالث

حكم الإغراق في الشريعة الإسلامية

تمهيــد:

علمنا فيما سبق أن الإغراق يعد من الأفعال المحرمة والتي اتفق الفقهاء بشـأن فاعلهـا عـلى أنه آثم ويجب على ولي الأمر منعه وتعزيره، ولكن ليس كل تخفيض للأسعار يعد إغراقـاً محرمـاً بل يشترط للإغراق المحرم أن يقصد المغرق - من إغراق السوق بكميات وفيرة من سلعة وبأسعار منخفضة - الإضرار بالمنافسين له وإخراجهم من السوق، فيضر بالمنتجين والمستهلكين معاً وحينئذ يعد هذا من قبيل أعمال المنافسة غير المشروعة.

والمقصود من حكم الإغراق في الشريعة الإسلامية هنا بيان الأدلة الشرعية الدالة على تحريم الإغراق[(1)]، ويمكن أن نستنبط هذه الأدلة من المصادر التالية:

---

(١) أما عن الحكم التكليفي للإغراق فإنه قد ينطبق عليه بعض الأحكام التكليفية الأخرى فقـد يكون منـدوباً إليه وذلك إذا قصد التوسعة على المسلمين أو رفع الغلاء عنهم وعدم الإضرار بالمنافسين الآخرين, كما أنـه قد يكون واجباً إذا تعين على فاعله ذلك.

أولاً: من القرآن الكريم.

ثانياً: من السنة النبوية.

ثالثاً: من أعمال الخلفاء الراشدين.

رابعاً: من القواعد العامة.

خامساً: من المعقول.

ونفصل ذلك في فروع خمسة على النحو التالي:

الفرع الأول

الأدلة من القرآن الكريم

لم يرد في القرآن الكريم نص صريح يدل على تحريم الإغراق غير أنه اشتمل على الشريعة الإسلامية التي تنظم أحكامها جميع العلاقات الإنسانية تنظيماً دقيقاً محكماً يحقق خير الناس وصلاحهم وجاءت بمبادئ أساسية في صورة أصول وقواعد كلية[1], هذه المبادئ تحكم تصرفات العباد وتبين النافع منها والضار، ويعد الإغراق من التصرفات التي تلحق أضراراً بالغة - رغم ما يوحي به من مصلحة حالة مؤقتة - للمستهلكين ولذلك يمكن استنباط ما يؤكد تحريمه من بعض النصوص القرآنية، وإن كانت هذه النصوص نزلت بوقائع خاصة إلا أن العبرة بعموم اللفظ لا بخصوص السبب ونبين ذلك فيما يلي:

(١)   القد حذر القرآن الكريم أولئك الذين يحاولون أن يزيفوا الفكر ويلبسوا

---

(١) د. زكريا البري " أصول فقه " مرجع سابق ص٣٩

الحق بالباطل ويخلطوا على عقول الناس أمرهم فقال تعالى: ﴿فَمَنْ أَظْلَمُ مِمَّنِ افْتَرَى عَلَى اللَّهِ كَذِبًا لِيُضِلَّ النَّاسَ بِغَيْرِ عِلْمٍ إِنَّ اللَّهَ لَا يَهْدِي الْقَوْمَ الظَّالِمِينَ﴾[١].

كما نهى القرآن الكريم عن الحق الذي يراد به باطل فقال تعالى: ﴿وَلَا تَلْبِسُوا الْحَقَّ بِالْبَاطِلِ وَتَكْتُمُوا الْحَقَّ وَأَنْتُمْ تَعْلَمُونَ﴾[٢] وقال أيضاً: ﴿يَا أَهْلَ الْكِتَابِ لِمَ تَلْبِسُونَ الْحَقَّ بِالْبَاطِلِ وَتَكْتُمُونَ الْحَقَّ وَأَنْتُمْ تَعْلَمُونَ﴾[٣].

فهذه الآيات تؤكد بأن ما يفعله المغرق يعد عملاً غير مشروع بل ويعد جرماً وإثماً عظيماً لأن الإغراق من الممارسات التي يبدو فيها المغرق وكأنه يؤدي مصلحة للمستهلك ولكنه يخفي باطلاً وهو قصد إخراج منافسيه من السوق ثم احتكاره وفرض سعر احتكاري.

٢) ما جاء في القرآن الكريم من نصوص خاصة بالمنافقين والمرائين الذين يأتون أقوالاً وأعمالاً للشارع فيها قصد معين وهم يقصدون ما يناقض هذا القصد فتوعدهم الله -عز وجل- بالعذاب الأليم ومن أمثلة ذلك قوله تعالى: ﴿إِذَا جَاءَكَ الْمُنَافِقُونَ قَالُوا نَشْهَدُ إِنَّكَ لَرَسُولُ اللَّهِ وَاللَّهُ يَعْلَمُ إِنَّكَ لَرَسُولُهُ وَاللَّهُ يَشْهَدُ إِنَّ الْمُنَافِقِينَ لَكَاذِبُونَ (١) اتَّخَذُوا

(١) الآية ١٤٤ من سورة الأنعام
(٢) الآية ٤٢ من سورة البقرة
(٣) الآية ٧١ من سورة آل عمران

أَيْمَانَهُمْ جُنَّةً فَصَدُّوا عَنْ سَبِيلِ اللَّهِ إِنَّهُمْ سَاءَ مَا كَانُوا يَعْمَلُونَ﴾[1].

فالمنافق ينطق بكلمة الشهادة باللسان لكنه لا يقصد بها الخضوع في الباطن لله - عز وجل - وهو يأتي العبادة لا يقصد بها التوجه إلى الله - تعالى - ولا نيل الثواب في الآخرة وإنما قصده النيل من أوساخ الخلق أو النيل من حظوظ الدنيا الفانية ومتعها الزائلة.

وما يقال في شأن المنافق من التظاهر بالصلاح وإضمار ما يناقضه يمكن أن يقال بالنسبة للمغرق الذي يتظاهر بإرخاصه الأسعار على أنه من باب التوسعة على الناس وتيسير سبل المعيشة وإنما القصد من ذلك أن الإغراق وسيلة لإفساد السوق ثم احتكاره والتحكم في أقوات الناس.

٣) تدل بعض آيات القرآن الكريم على جزاء مخالفة قصد الشارع بقصد سيء وعمل باطل وإن بدا من ظاهره الجواز، ومن ذلك ما جاء بقصة أصحاب الجنة الذين أقسموا أن يصرموا جنتهم بليل وأن يحرموا المساكين حظهم ويمنعوا الفقراء حقهم فتحيلوا لذلك وقرروا أن يقطعوا ثمرها عند الصباح الباكر دون أن يستثنوا منه شيئاً للمساكين وعقدوا النية على ذلك ولكن الله دبر لهم غير ما يدبرون جزاءً على ما بيتوا من بطر النعمة فعاقبهم في الدنيا بإهلاك المال وعقوبة الآخرة أشد وأنكى، فمخالفة قصد الشارع ظاهرة في عملهم إذ إنهم ما قصدوا بالجذاذ في غيبة الفقراء مصلحة معينة يصح أن يقصدها الشارع وإنما

(١) الآيتان ١، ٢ من سورة المنافقون

انحصر قصدهم في حرمان الفقراء حقوقهم[1]. قال تعالى: ﴿ إِنَّا بَلَوْنَاهُمْ كَمَا بَلَوْنَا أَصْحَابَ الْجَنَّةِ إِذْ أَقْسَمُوا لَيَصْرِمُنَّهَا مُصْبِحِينَ (١٧) وَلَا يَسْتَثْنُونَ (١٨) فَطَافَ عَلَيْهَا طَائِفٌ مِنْ رَبِّكَ وَهُمْ نَائِمُونَ (١٩) فَأَصْبَحَتْ كَالصَّرِيمِ ....﴾ إلى قوله تعالى: ﴿ كَذَلِكَ الْعَذَابُ وَلَعَذَابُ الْآخِرَةِ أَكْبَرُ لَوْ كَانُوا يَعْلَمُونَ﴾[2].

وهكذا فإن كل من يضمر في قلبه الشر ويخالف قصد الشارع في عمله - ولو كان جائزاً- إنما يعد آثماً يستحق العذاب في الدنيا والآخرة إلا أن يتوب إلى الله تعالى وهذا شأن المغرق الذي يستحق بفعله هذا الجزاء.

٤) تدل بعض آيات القرآن الكريم على الوعيد الشديد والعذاب الأليم وعاقبه السوء جزاءً لمانعي الخير والماكرين والخادعين، وهذا أيضاً شأن المغرق الذي يمنع الخير عن المنافسين له في مجال التجارة بإخراجهم من السوق حتى ينفرد هو به وهو في سبيل ذلك يعد ماكراً مخادعاً.

فمن الآيات التي تحمل وعيداً لمانعي الخير ما يلي:

قال تعالى: ﴿ أَلْقِيَا فِي جَهَنَّمَ كُلَّ كَفَّارٍ عَنِيدٍ (٢٤) مَنَّاعٍ لِلْخَيْرِ مُعْتَدٍ مُرِيبٍ﴾[3]

(١) الشيخ سيد قطب " في ظلال القرآن " مرجع سابق جـ٦ صـ٣٦٦٥

(٢) من الآية ١٧ إلى الآية ٣٣ من سورة القلم

(٣) الآيتان ٢٤، ٢٥ من سورة ق

وقوله تعالى: ﴿ إِنَّ الْإِنسَانَ خُلِقَ هَلُوعًا (١٩) إِذَا مَسَّهُ الشَّرُّ جَزُوعًا (٢٠) وَإِذَا مَسَّهُ الْخَيْرُ مَنُوعًا (٢١) إِلَّا الْمُصَلِّينَ﴾[١] وقوله تعالى:﴿ فَوَيْلٌ لِّلْمُصَلِّينَ (٤) الَّذِينَ هُمْ عَن صَلَاتِهِمْ سَاهُونَ (٥) الَّذِينَ هُمْ يُرَاءُونَ (٦) وَيَمْنَعُونَ الْمَاعُونَ ﴾[٢]

أما الآيات التي تنفر من المكر والخداع فمنها ما يلي:

قال تعالى: ﴿ وَكَذَٰلِكَ جَعَلْنَا فِي كُلِّ قَرْيَةٍ أَكَابِرَ مُجْرِمِيهَا لِيَمْكُرُوا فِيهَا وَمَا يَمْكُرُونَ إِلَّا بِأَنفُسِهِمْ وَمَا يَشْعُرُونَ﴾[٣] وقوله تعالى:

﴿ أَفَأَمِنُوا مَكْرَ اللَّهِ فَلَا يَأْمَنُ مَكْرَ اللَّهِ إِلَّا الْقَوْمُ الْخَاسِرُونَ﴾ [٤] وقوله تعالى: ﴿ وَإِذَا أَذَقْنَا النَّاسَ رَحْمَةً مِّن بَعْدِ ضَرَّاءَ مَسَّتْهُمْ إِذَا لَهُم مَّكْرٌ فِي آيَاتِنَا قُلِ اللَّهُ أَسْرَعُ مَكْرًا إِنَّ رُسُلَنَا يَكْتُبُونَ مَا تَمْكُرُونَ﴾[٥] وقوله تعالى: ﴿أَفَأَمِنَ الَّذِينَ مَكَرُوا السَّيِّئَاتِ أَن يَخْسِفَ اللَّهُ بِهِمُ الْأَرْضَ أَوْ يَأْتِيَهُمُ الْعَذَابُ مِنْ حَيْثُ لَا يَشْعُرُونَ (٤٥) أَوْ يَأْخُذَهُمْ فِي تَقَلُّبِهِمْ فَمَا هُم بِمُعْجِزِينَ (٤٦) أَوْ يَأْخُذَهُمْ عَلَىٰ تَخَوُّفٍ فَإِنَّ رَبَّكُمْ لَرَءُوفٌ

(١) الآيات من ١٩ إلى ٢٢ من سورة المعارج
(٢) الآيات من ٤: ٧ من سورة الماعون
(٣) الآية ١٢٣ من سورة الأنعام
(٤) الآية ٩٩ من سورة الأعراف
(٥) الآية ٢١ من سورة يونس

﴿رَحِيمٌ﴾[1] وغيرها من الآيات الكثير.

٥) ما جاء في القرآن الكريم من تحريم فعل مأذون فيه ولكنه ذريعة إلى مفسدة وذلك في قصة مسجد الضرار في قوله تعالى: ﴿وَالَّذِينَ اتَّخَذُوا مَسْجِدًا ضِرَارًا وَكُفْرًا وَتَفْرِيقًا بَيْنَ الْمُؤْمِنِينَ وَإِرْصَادًا لِمَنْ حَارَبَ اللَّهَ وَرَسُولَهُ مِن قَبْلُ وَلَيَحْلِفُنَّ إِنْ أَرَدْنَا إِلَّا الْحُسْنَى وَاللَّهُ يَشْهَدُ إِنَّهُمْ لَكَاذِبُونَ﴾[2].

وفي تفسير هذه الآية قال القرطبي: " قال: علماؤنا رحمة الله عليهم: وإذا كان المسجد الذي يتخذ للعبادة وحض الشرع على بنائه - فقال: " من بنى لله مسجداً ولو كمفحص قطاة بنى الله له بيتاً في الجنة. الجامع الكبير ٣٠٨/٤- يهدم وينزع إذا كان فيه ضرر بغيره فما ظنك بسواه – وأضاف القرطبي قائلاً: بأن من أدخل على أخيه ضرراً بفعل ما كان له فعله في ماله فأضر ذلك بجاره أو غير جاره نظر إلى ذلك الفعل فإن كان تركه أكبر ضرراً من الضرر الداخل على الفاعل قطع أكبر الضررين وأعظمها حرمة في الأصول"[3] وقياساً على ذلك فإن فعل المغرق- وإن كان فعلاً مباحاً في ذاته – إلا أنه ذريعة إلى مفسدة وهي إفساد وجلب الضرر للتجار الآخرين ثم احتكار السوق وما ينتج عنه من ضرر بالعامة وعليه فإن هذا الفعل لابد أن يمنع لاحتوائه على هذه المفاسد.

(١) الآيات من ٤٥: ٤٧ من سورة النحل
(٢) الآية ١٠٧ من سورة التوبة
(٣) الجامع لأحكام القرآن - المرجع السابق جـ٨ صـ٢٣٧

الفرع الثاني

الأدلة من السنة النبوية

لم يرد في أحاديث الرسول صلى الله عليه وسلم نهياً صريحاً عن الإغراق، ولكن النهي ورد عن فعل المغرق ذاته بالمعنى، فالمغرق - كما أوضحنا - يقوم بإغراق السوق بالسلعة وبيعها بثمن منخفض عن منافسيه ويعد هذا العمل مفسداً للسوق ومناهضاً للمنافسة المشروعة بين التجار، ولقد ورد في سنته صلى الله عليه وسلم نهي صريح عن المنافسة غير المشروعة - الذي يعد الإغراق واحداً منها - كما ورد في السنة ما يحض التاجر على المنافسة الخيرة وعمل الخير نذكر منها ما يلي:

١) ما رواه أبو هريرة - رضي الله عنه - أن رسول الله صلى الله عليه وسلم قال: "إياكم والظن فإن الظن أكذب الحديث ولا تحسسوا ولا تجسسوا ولا تنافسوا ولا تحاسدوا ولا تباغضوا ولا تدابروا وكونوا عباد الله إخواناً...".[١]

وقيل في معنى " ولا تنافسوا: " النهي عن التباري في الرغبة في الدنيا وأسبابها وحظوظها".[٢] وهذا الحديث دلالة على النهي عن المنافسة غير المشروعة وما يفعله المغرق يدخل تحت هذا النهي لأنه يندرج تحت المنافسة غير المشروعة.

٢) نهت السنة النبوية عن التلاعب بالأسعار بصفة عامة لأن ذلك يؤدي

---

(١) رواه مسلم رقم ٢٥٦٣ انظر " صحيح مسلم بشرح النووي " مرجع سابق جـ٨ صـ٣٣٤
(٢) النووي: صحيح مسلم بشرح النووي " المرجع سابق ونفس الصفحة

إلى إفساد السوق وجلب الضرر على المحترفين من التجار ومن أمثلة ذلك ما رواه نافع بـن عبـد الله عن رسول الله صلى الله عليه وسلم أنه نهى عن النجش والتلقي وأن يبيع حاضر لبادٍ[1].

ويبدو أن العلة من النهي في الحديث هي إفساد السوق والضرر في حق التجار والمشترين وهذا ما ينطبق على المغرق الذي يضر بفعله بقية التجار وكذلك المشترين عندما يتحقق له احتكار السوق.

٣   امتناع النبي صلى الله عليه وسلم عن التدخل في السوق بالتسعير عندما غلا السعر على عهده يدل على خشيته أن يؤدي تدخله بالتسعير إلى الإضرار بالتجار فعن أنس - رضي الله - عنه قال: غلا السعر على عهد النبي صلى الله عليه وسلم فقالوا: يا رسول الله لو سعرت؟ فقال: إن الله هو القابض الباسط الرازق المسعر وإني لأرجو أن ألقى الله عز وجل ولا يطلبني أحد لمظلمة ظلمتها إياه في دم ولا مال"[2].

ولقد ذهب البعض[3] إلى أن العلة من امتناع النبي صلى الله عليه وسلم عن التسعير أنه " ربما لاحظ أن الناس تريد أن تبخس التجار واصحاب السلع حقهم وألا فقـد كان في استطاعته - صلوات الله عليه - أن يخرج

(١) رواه النسائي - باب بيع الحاضر للبادي - سنن النسائي - مرجع سابق جـ٧ صـ٢٥٦
(٢) رواه الخمسة إلا النسائي وصححه الترمزي أنظر لأبن تيمية " المنتقي من أخبار المصطفى" - باب النهي عن التسعير حديث رقم ٢٩٤٦ - مرجع سابق صـ٣٥٢
(٣) د. محمد سلام مدكور " الاحتكار وموقف التشريع الإسلامي منه " مرجع سابق صـ٥٠٦

بالحديث عن أسلوب الاحتياط والتورع إلى أسلوب التحذير من التسعير والنهي عنه...."

وأيضاً ما روي عن النبي صلى الله عليه وسلم عن معقل بن يسار قال: قال رسول الله صلى الله عليه وسلم : " من دخل في شيء من أسعار المسلمين ليغليه عليهم كان حقاً على الله أن يقعده بعظم من النار يوم القيامة"[1].

وفي الحديث دلالة على التحذير الشديد والوعيد بالنار يوم القيامة لمن تدخل في أسعار المسلمين ليغليها عليهم، وبالطبع فإن المغرق بممارسته للإغراق يؤدي إلى ارتفاع الأسعار واحتكار الأسواق وهذا عين ما حذر منه النبي صلى الله عليه وسلم .

٤) ما جاء في السنة من تحريم مخالفة قصد الشارع وتحريم الحيلة أو الوسيلة التي تؤدي إلى ذلك ومن ذلك ما يلي:

أ) ما ورد عن النبي صلى الله عليه وسلم من تحذير المسلمين من فعل اليهود الذين استحلوا محارم الله بأدنى الحيل، فعن أبي هريرة - رضي الله عنه - قال: قال رسول الله صلى الله عليه وسلم : " لا ترتكبوا ما ارتكبت اليهود فتستحلوا محارم الله بأدنى الحيل"[2].

فقد حرم الله على اليهود الشحوم فجملوها وباعوها وأكلوا ثمنها وقد لعنهم الله بفعلهم هذا لأن المصلحة المفهومة من النهي عن الشحوم هي عدم الانتفاع بها مطلقاً وقد أغفلوا هذا المعنى وخالفوا أمر الله

(١) انظر لابن تيمية " المنتقي من أخبار المصطفى " مرجع سابق حديث رقم ٢٩٤٨ صـ٣٥٢

(٢) إسناده جيد " انظر لابن كثير " تفسير القرآن العظيم " مرجع سابق جـ٢ صـ٢٦٨

بالتحايل على شرعه فكان جزاؤهم اللعن والطرد من رحمة الله[١].

ب) ما جاء في السنة من النهي عن جمع المتفرق وتفريق المجتمع خشية الصدقة ذلك أن الجمع والتفريق جائز إن قصد الخليطان مصلحة مشروعة لذلك، أما إذا كان القصد منه إسقاط الزكاة المفروضة أو تقليلها فإن هذا القصد يبطل لأن ما خالف قصد الشارع حرام باطل لا أثر له[٢].

ج) ما جاء في السنة من لعن المحلل والمحلل له والراشي والمرتشي وحرمة بيع العينة ومخالفة قصد الشارع فيها واضحة إذ القاصد من الزواج حل الزوجة لزوجها لم يوافق قصده قصد الشارع دوام العشرة بين الزوجين، والراشي لم يقصد من دفع المال مقصداً شرعياً كالقصد من الهدية والصدقة وإعانة المحتاج ابتغاء وجه الله عز وجل وإنما قصد إفساد ذمة المرتشي والتوصل إلى ما ليس من حقه وتحريم بيع العينة أن المتبايعين لا يقصدان بيعاً حلالاً وإنما هو وسيلة للتحايل على الربا المحرم[٣].

هذه الأحاديث وغيرها الكثير تدل على تحريم مخالفة قصد الشارع والتحيل إلى ذلك بالحيل والوسائل المختلفة، وبقياس الإغراق على ما ورد من النهي والتحريم في هذه الأحاديث يتبين أن المغرق لا يقصد من إرخاصه الأسعار مقصداً شرعياً بالتوسعة على المسلمين والتيسير

(١) ابن كثير - المرجع السابق - نفس الصفحة.

(٢) د. حسين حامد حسان " نظرية المصلحة في الفقه الإسلامي " دار النهضة العربية سنة ١٩٧١ صـ٢٨٦ وما بعدها

(٣) د. حسين حامد حسان " المرجع السابق - صـ٢٨٧

عليهم ولكنه قصد من وراء ذلك مصلحة خاصة غير مشروعة تتمثل في محاولة احتكار السوق بهذه الوسيلة.

(٥)   ما يفعله المغرق ينم عن أنانيته وعدم محبته لإخوانه من التجار، ولقد حثت سنة النبي صلى الله عليه وسلم على هذه المحبة وربطتها بتمام الإيمان حيث روى أنس بن مالك عن النبي صلى الله عليه وسلم أنه قال: " لا يؤمن أحدكم حتى يحب لأخيه – أو قال لجاره – ما يحب لنفسه"(١)، كما حثت السنة كذلك على الترابط والتعاون فعن أبي موسى قال: قال رسول الله - صلى الله عليه وسلم : " المؤمن للمؤمن كالبنيان يشد بعضه بعضاً"(٢)" كما ورد النهي والتحذير عن إيذاء الجار في سنة النبي صلى الله عليه وسلم من ذلك ما رواه أبو هريرة عن النبي صلى الله عليه وسلم أنه قال: " و الله لا يؤمن و الله لا يؤمن قيل: من يا رسول الله؟ قال: من لا يأمن جاره بوائقه " وفي رواية لا يدخل الجنة من لا يأمن جاره بوائقه"(٣).

وعن أبي هريرة - رضي الله عنه - عن النبي صلى الله عليه وسلم أنه قال: "من كان يؤمن بالله واليوم الآخر فلا يؤذ جاره"(٤).

---

(١) رواه مسلم رقم ٤٥ والبخاري رقم ١٣ أنظر فتح الباري شرح صحيح البخاري - مرجع سابق ٧/٢

(٢) رواه مسلم رقم ٢٥٨٥ أنظر صحيح مسلم " مرجع سابق جـ٨ صـ٣٥٥

(٣) رواه البخاري رقم ٦٠١٦ انظر فتح الباري بشرح صحيح البخاري مرجع سابق جـ١٠ صـ٥٣٤

(٤) رواه البخاري ٣١/٧٨ ومسلم رقم ٣٢ أنظر للمنذري - مختصر صحيح مسلم - مرجع سابق صـ١٦

ومن مفهوم هذه الأحاديث ينبغي على التاجر أن يحب الخير لغيره ولا يؤذي جيرانه أو غيرهم ومنهم التجار المنافسون له في سلعته.

الفرع الثالث

الأدلة من أعمال الخلفاء الراشـــدين

من أعمال الخلفاء الراشدين الدالة على تحريم الإغراق ومنعه الأثر الوارد عن عمر بن الخطاب - رضي الله عنه - مع حاطب بن أبي بلتعة، فقد روي الإمام مالك في موطئه[1]" عن يونس بن يوسف عن سعيد بن المسيب أن عمر بن الخطاب مَرَّ بحاطب بن أبي بلتعة وهو يبيع زبيباً له بالسوق فقال له عمر بن الخطاب: إما أن تزيد في السعر وإما أن ترفع من سوقنا" ولقد أختلف الفقهاء قديماً وحديثاً في تأويل ما رآه عمر في حديثه لحاطب بن أبي بلتعة فذهب الشافعي إلى أن الناس مسلطون على أموالهم وليس لأحد أن يأخذها أو شيئاً منها بغير طيب أنفسهم إلا في المواضع التي تلزمهم وهذا ليس منها محتجاً بما رواه عن الدراوردي في تتمة الأثر بأن عمر راجع نفسه ثم أتى حاطباً في داره فقال له: إن الذي قلت لك ليس بعزيمة مني ولا قضاء وإنما هو شيء أردت به الخير لأهل البلد فحيث شئت فبع وكيف شئت فبع[2].

ولعل الشافعي فهم حديث عمر لحاطب على أنه نهى عن أغلاء السعر

---

(١) موطأ الإمام مالك " المرجع السابق صـ٥٠٥ باب الحكرة والتربص
(٢) الشافعي " الأم " المرجع السابق جـ٢ صـ٢٩ باب التسعير

ثم رجع عن هذا النهي وإلى هذا المعنى ذهب ابن رشد[1].

أما الإمام مالك فقد علق على حديث عمر لحاطب أنه " إذا كان للناس سعر غالب فأراد بعضهم أن يبيع بأنقص منه فإنه يمنع من ذلك ولو أن رجلاً أراد فساد السوق فحط عن سعر الناس لرأيت أن يقال له: " إما لحقت بسعر الناس وإما رفعت"[2] ولقد ذهب البعض[3] في تعليل رجوع عمر - رضي الله عنه - أنه " رأى أولاً أن عرض حاطب لسلعته بأقل من ثمن المثل قد يضر بأصحاب هذه القافلة- كانت قادمة من الطائف- ويدخلهم في منافسة غير عادلة ويجبرهم على أن يبيعوا بالثمن الذي يعرضه حاطب وربما لا يحقق لهم هذا الثمن ربحاً كافياً يعادل جهدهم ومن هنا قال له عمر: " إما أن ترفع السعر إلى ثمن المثل وإما أن تغادر السوق وتعرض سلعتك في بيتك"، ثم راجع عمر نفسه فرأى أن لا يتدخل في مثل هذه المنافسة لأنهم جميعاً تجار يطلبون الربح من سائر الناس ولا شك أن حاطباً كان يربح في ثمنه الذي يعرضه فمثل هذا التنافس في مصلحة المجموع لأنه يؤدي إلى خفض نسبة الربح ورخص الأسعار ".

أما الأستاذ الدكتور / حسين حامد فيرى " أن عمر ظن أن حاطباً يرخص في السعر بقصد القضاء على منافسيه والإضرار بالعير القادمة من الطائف وهو إذا أرخص في السعر بهذا القصد فإن التجار القادمين بالسلعة

(١) ابن قيم الجوزية " الطرق الحكمية " مرجع سابق ص٢٣٥ وما بعدها
(٢) الطرق الحكمية المرجع السابق ص٢٣٣
(٣) د. محمد بلتاجي " منهج عمر بن الخطاب في التشريع " مرجع سابق ص١٨٣،ص١٨٤

من الخارج سوف يمتنعون عن الجلب وبذلك لا يبقى منافس لهذا المرخص في السعر فيبيع كيف شاء بعد القضاء على المنافس وعند ذلك يرفع السعر وهذه هي المنافسة غير المشروعة في القانون الحديث وفيها مصلحة حاضرة ولكنها تتخذ ذريعة لمفسدة أرجح منها في المستقبل وربما تأكد عمر بعد ذلك أن حاطباً لا يقصد شيئاً من ذلك وأن قرينة البيع بهذا السعر لا تصلح دليلاً على القصد الذي هو مناط الحرمة وسبب المنع في هذه الحالة فرجع لحاطب وقال له ما قال[1]...

ونحن نؤيد هذا التأويل الأخير لأنه يتضح من نص الرواية أن عمر قال لحاطب: " إما أن تزيد في السعر وإما أن ترفع من سوقنا " وهذا يدل على أن حاطباً كان يبيع بثمن أقل من ثمن المثل الذي عليه بقية التجار وبهذا قد يفسد حاطب على التجار سوقهم فيضر بالمنافسة المشروعة وعندما راجع عمر نفسه تأكد أن حاطباً - وهو صحابي جليل - لا يقصد شيئاً من ذلك وأن البيع بالسعر الذي كان يبيع به لا يعد دليلاً على هذا القصد ولذلك رجع إلى حاطب وقال له: "حيث شئت فبع وكيف شئت فبع".

وخلاصة ما يؤخذ من هذا الأثر أن موقف عمر بن الخطاب هذا يعد دليلاً على حرمة الإغراق لأنه منع حاطباً من البيع بأقل من ثمن المثل وإن رجع فيما بعد إلا أن منعه هذا يدل على أن ما كان يفعله حاطب يعد عملاً غير مشروع لما يجلبه من ضرر على عامة التجار.

(١) نظرية المصلحة في الفقه الإسلامي - مرجع سابق صـ٢٣٤

الفرع الرابع

الأدلة من القواعـد العامة

تفيد القواعد العامة للشريعة الإسلامية في النهـي عـن الإغـراق وتعد فاعله مخالفاً لتلك القواعد ونبين ذلك فيما يلي:

١ - قاعدة (لا ضرر ولا ضرار)؛

هذه القاعدة تقوم عليها معاملات الناس وقررتها السنة النبوية وأصلها قوله صلى الله عليه وسلم : " لا ضرر ولا ضرار "[١].

وفي ضوء هذه القاعدة يمكن القول بتحريم الإغراق لأن اتجاه منتج ما أو بعض المنتجين أو التاجر إلى إغراق الأسواق بكميات وفيرة من سلعته وخفض ثمنها لأقل مـن ثمـن السـوق بقصد إخراج المنافسين له لينفرد بعد ذلك ويحتكر السلعة ويفرض سعراً احتكارياً فـإن في فعلـه هـذا إضراراً بالمنتجين أو التجار المنافسين وكذلك بالمستهلكين.

وفي حديث عمر بن الخطاب لحاطب – السابق ذكره – تطبيق لهـذه القاعدة بمنع الضـرر المترتب على البيع بسعر منخفض عن سعر السوق وهو عدم ورود السلع من مناطق أخرى ممـا يلحق الضرر بالمستهلكين أو قد يتمثل الضرر في محاولة إقصاء المنافسين ليحتكر السـوق فيلحـق الضرر

---

(١) أخرجـه مالـك في الموطأ عـن عمـر بـن يحـي عـن أبيـه مرسـلا، وأخرجـه الحـاكم في المسـتدرك والبيهقـي والدارقطني من حديث ابي سعد الخدري، وابن ماجه من حديث ابن عباس – الأشباه والنظائر لأبن نجيم مرجع سابق ص٨٥

بالمنافسين والمستهلكين معاً[١].

٢ - قاعدة سد الذرائع

يعرف القرافي المالكي سد الذرائع بقوله: " سد الذرائع معناه حسم مادة وسائل الفساد دفعاً لها، فمتى كان الفعل السالم عن المفسدة وسيلة للمفسدة منع مالك من ذلك الفعل في كثير مـن الصور"[٢].

وتعني هذه القاعدة أن وسيلة المحرم محرمة وما يؤدي إلى المفسدة يمنع أي أن الوسيلة إلى أرذل المقاصد هي أرذل الوسائل[٣].

ويشترط لتطبيق هذه القاعدة عدة شروط أهمها:[٤]

أن يكون الفعل المأذون فيه ذريعة إلى مفسدة فلا يمنع الفعل الـذي يحقـق مصلحة ولا يؤدي إلى مفسدة تجب هذه المصلحة، أما إذا كان الفعل ذريعة إلى المفسـدة فإن الشارع يمنع منه وذلك لتعارض مصلحة الفعل مع المفسدة التي يؤول إليها.

أما إذا تعارضت المصلحة والمفسدة قدم دفع المفسدة على جلب

(١) د. محمد عبد المنعم عفر " النظرية الاقتصادية بين الإسلام والفكر الاقتصادي المعاصر " مرجع سابق ص٣٣. مع العلم بأن حاطباً ليس من هؤلاء الذين يقصدون الضرر ولذلك عاد إليه عمر مرة أخرى وخيره أن يبيع كيف شاء.
(٢) الفروق للقرافي – عالم الكتب – بيروت جـ٢ ص٣٢
(٣) عز الدين بن عبد السلام " قواعد الأحكام في مصالح الأنام " دار الجيل الطبعة الثانية سنة ١٤٠٠هـ سنة ١٩٨٠م مراجعة طه عبد الرؤف جـ٣ ص٥٤.
(٤) د. حسين حامد حسان " نظرية المصلحة في الفقه الإسلامي " مرجع سابق ص٢٠٢

المصلحة عملاً بقاعدة " درء المفاسد مقدم على جلب المصالح "[1].

وأن تكون المفسدة المتذرع إليها بالفعل المشروع مساوية أو راجحة على مصلحة ذلك الفعل فتسد الذريعة إذا كان الفعل المشروع يحصل مصلحة ولكنه ذريعة إلى مفسدة موازية لمصلحة الفعل أو تزيد، أما إذا كانت مصلحة الفعل تزيد على مفسدة فلا يمنع ولا تسد الذريعة، وأخيراً أن يكون الفعل المأذون فيه يؤدي إلى المفسدة قطعاً أو ظناً راجحاً وهذا ما أجمعت الأمة على سده.

والإغراق يمنع تطبيقاً لهذه القاعدة لأنه وإن كان فعلاً مأذوناً فيه ويحقق مصلحة حاضرة للمستهلكين إلا أن هذه المصلحة ذريعة إلى المفسدة أكبر وأعظم وهي إفساد السوق والقضاء على المنافسين ثم احتكار السوق والتحكم في الأرزاق برفع الأسعار وعليه فإن لوليّ الأمر إذا تأكد أن مزاولة التجار للأعمال المشروعة إنما اتخذت ذريعة إلى ما ليس بمشروع وأنهم تعسفوا في استعمال حقوقهم بقصد الإضرار بمنافسيهم فإن له أن يمنعهم سداً للذريعة، أما إذا كان الإرخاص في السعر لا يعني إلا المنافسة الحرة الشريفة التي لا تؤدي إلى احتكار للسلعة والتحكم في الأرزاق فإنه لا يمنع البيع بالسعر الذي يحدده قانون العرض والطلب[2].

٣ - قاعدة منع التحيل:

يعرف الشاطبي التحيل بقوله عن حقيقته المشهورة هي: " تقديم عمل ظاهر الجواز لإبطال حكم شرعي وتحويله في الظاهر إلى حكم آخر" فمآل

---

(١) راجع كذلك الأشباه والنظائر لأبن نجيم " مرجع سابق ص ٩٠
(٢) د. حسين حامد " نظرية المصلحة في الفقه الإسلامي " مرجع سابق ص ٢٣٤

العمل فيها خرم قواعد الشريعة في الواقع كالواهب ماله عند رأس الحول فراراً من الزكاة، فإن أصل الهبة على الجواز ولو منع الزكاة من غير هبة لكان ممنوعاً فإن كل واحد منهما ظاهر أمره في المصلحة أو المفسدة فإذا جمع بينهما على هذا القصد صار مآل الهبة المنع من أداء الزكاة وهو مفسدة ولكن هذا بشرط القصد إلى إبطال الأحكام الشرعية[١].

ويتحقق التحيل في حالة ما إذا كان المحتال يهدف إلى غاية محرمة ويرمي إلى مقصد يناقض قصد الشارع من إبطال حق أو إسقاط واجب أو تحليل محرم أو تحريم حلال ولكنه لم يتخذ الوسائل التي تتخذ عادة لهذا المحرم ولكن توسل إلى قصده المحرم وغايته غير المشروعة بفعل مشروع في الأصل قصد الشارع منه تحقيق مصلحة لم تكن هي قصد المتحيل[٢].

ومن الأدلة الواردة في القرآن الكريم على تحريم التحيل ما جاء في شأن أصحاب السبت الذين حرم عليهم الصيد في يوم السبت فكانت الحيتان في يوم السبت تتراءى لهم على الساحل قريبة المأخذ سهلة الصيد فتفوتهم وتفلت من أيديهم بسبب حرمة السبت التي قطعوها على أنفسهم فإذا مضى السبت وجاءتهم أيامُ الحِلِّ لم يجدوا الحيتان قريبة ظاهرة، فحفروا حيضاناً تصلها قنوات بالبحر حتى تدخلها الحيتان يوم السبت ثم يحبسونها حتى يصيدوها في الأيام الجائز فيها الاصطياد وقد كان عقابهم المسخ وهو أشنع العقوبات والتحيل واضح في فعلهم لأنهم ما قصدوا بالحفر مصلحة شرعية

---

(١) الموافقات في أصول الشريعة - دار الفكر العربي - الطبعة الثانية ١٣٩٥ هـ ١٩٧٥م جـ٤ صـ٢٠١

(٢) د، حسين حامد " نظرية المصلحة في الفقه الإسلامي " مرجع سابق صـ٢٧١

بل كان قصدهم التحيل على فعل منهي عنه[1].

وفي ضوء قاعدة منع التحيل يمكن القول بأن في الإغراق تحيلاً ظاهراً لأن المغرق يتحيل إلى قصده المحرم وغايته غير المشروعة بفعل مشروع في الأصل قصد الشارع منه تحقيق مصلحة خاصة لم تكن هي قصد المغرق وإنما كان قصده مما يناقض قصد الشارع، فالمغرق يقوم بعمل من شأنه التوسعة على المستهلكين في الظاهر وهو عمل مشروع بل مستحب ولكنه يهدف إلى إقصاء منافسيه حتى يحتكر السوق ويتحكم في الأسعار وهذا عمل غير مشروع، فهو يتوسل بوسيلة مشروعة إلى قصد غير مشروع وهو ما يطلق عليه منع التحيل كقاعدة شرعية.

٤- قاعدة العبرة بالمقاصد والنيات:

وهذه القاعدة أصلها ما أخبر به النبي صلى الله عليه وسلم أن الأعمال تابعة لمقاصدها ونياتها وأنه ليس للعبد من ظاهر قوله وعمله إلا ما نواه وأبطنه لا ما أعلنه وأظهره وذلك في الحديث الذي رواه عمر بن الخطاب - رضي الله عنه - حيث قال: سمعت رسول الله صلى الله عليه وسلم يقول: " إنما الأعمال بالنية، وفي رواية بالنيات وإنما لكل امرئ ما نوى فمن كانت هجرته إلى الله ورسوله فهجرته إلى الله ورسوله ومن كانت هجرته إلى دنيا يصيبها أو امرأة ينكحها فهجرته إلى ما هاجر إليه"[2].

---

(١) راجع في تفسير ذلك الآيات من ١٦٢ إلى ١٦٨ من سورة الأعراف – الشيخ سيد قطب في ظلال القرآن مرجع سابق جـ٣ ص_١٣٨٢
(٢) رواه البخاري ومسلم وأبو داود والترمزي والنسائي- المنذري والترغيب والترهيب مرجع سابق جـ١ ص_٣٨، ص_٣٩.

وهذا الحديث نص في أن من نوى المكر والخداع كان ماكراً مخادعاً وإن كان عمله في الظاهر جائزاً وبه أبطل النبي صلى الله عليه وسلم ظاهر هجرة مهاجر أم قيس بما أبطنه ونواه من إرادة أم قيس[1].

والإغراق يعد عملاً غير مشروع تطبيقاً لهذه القاعدة لأن المغرق يقوم بإغراق السوق بسلعته ويعرضها بأسعار رخيصة وهو عمل ظاهره الجواز ولكنه يبطن مقصداً ونية سيئة وهي إلحاق الضرر بمنافسيه وإبعادهم عن السوق ثم التحكم فيه وفرض سعراً احتكارياً يضر بالمستهلكين، ومن هنا وجب القول بحرمة الإغراق تطبيقاً لهذه القاعدة الشرعية.

الفرع الخامس

الأدلة من المعقول

بالإضافة إلى الأدلة السابقة من المنقول والتي تؤكد تحريم الإغراق باعتباره من قبيل أعمال المنافسة غير المشروعة، يمكن الاستدلال من المعقول كذلك على هذا التحريم وذلك لأن المغرق يقوم بممارسة الإغراق بفرض تسعير ضاري في شكل أسلوب احتكاري ليحقق الاحتكار، فإذا ما حقق المغرق ما يصبو إليه وأصبح محتكراً فإنه يستغل من الوسائل ما يروق له حتى يحقق هيمنته وسيطرته على السوق وذلك بإبعاد منافسيه وإخراجهم من السوق وبالطبع فإن ما يفعله المحتكر يعد محرماً لأنه يسعى لتحقيق مصلحته الخاصة على حساب مصلحة الآخرين فهو يحقق مصلحة

---

(١) ابن قيم الجوزية " أعلام الموقعين عن رب العالمين " مطبعة السعادة " تحقيق محمد محي الدين عبد الحميد الطبعة الأولى سنة ١٣٧٤ هـ سنة ١٩٥٥م جـ٣ صـ١٧٦

ذاتية مقابل إلحاق ضرر بالآخرين وهذا تعارض صريح بين مصلحة فرد أو مجموعة قليلة من الأفراد على حساب مصلحة الجماعة أو المصلحة العامة وهي الأولى بالاعتبار كما أن في الاحتكار – الذي ينتج عن الإغراق – تضييقاً على الناس في أرزاقهم وأقواتهم وفيه ظلم لهم واستغلال لظروفهم.

بالإضافة إلى أن الإغراق يعتبر إهداراً لحرية التجارة والصناعة وقتلاً لروح المنافسة المشروعة المنضبطة التي تؤدي إلى الإتقان والتفوق في شتى المجالات، ولما كان الإغراق يؤدي إلى كل هذه الأضرار، ولما كان من الأصول المعتمدة في التشريع الإسلامي أن الحرمة تدور مع الضرر، فإن الإغراق حرام.

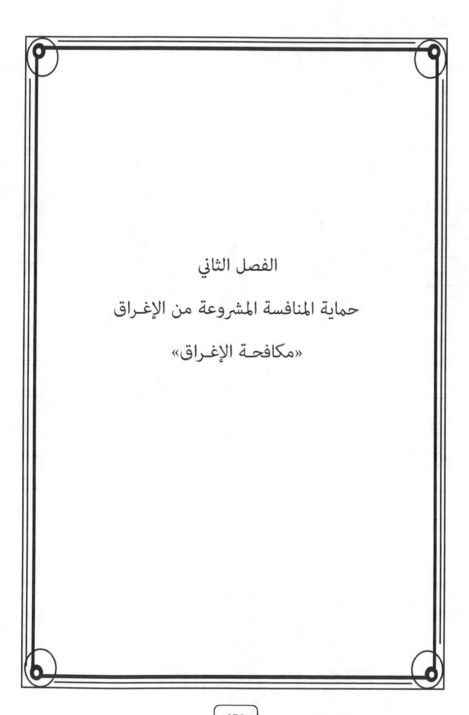

الفصل الثاني

حماية المنافسة المشروعة من الإغـراق

«مكافحـة الإغـراق»

الفصل الثاني

حماية المنافسة المشروعة من الإغراق

«مكافحـة الإغـراق»

تقديــم:

لا شك أن الإغراق الذي يؤدي إلى إلحاق الضرر بالصناعة الوطنية القائمة, أو يؤدي إلى إعاقة محسوسة في سبيل إقامة صناعة وطنية وليدة هو صورة من صور المنافسة غير المشروعة والتي تعطل المنافسة العادية والبناءة, وبالتالي يجب على سلطات الدولة المضارة من الإغراق مقاومته ومواجهته حتى تضمن منافسـة عادلـة بـين التجار وحتى تضمن حماية لمنتجاتها وصناعاتها الوطنية.

وعادة ما يتم صياغة وسائل مواجهة الإغراق تحت ضغط المنتجين المحليين لسلع منافسة للواردات الأجنبية لأن خسارة هؤلاء المنتجين تكون أكبر مـن أن تعوضها المكاسب التي يحصل عليها المستهلك الوطني نتيجة إغراق السـوق الوطنية بالسلع الأجنبية بالإضافة إلى الخسارة القومية المتمثلة في انخفاض مستوى التشغيل واحتمالات ظهور البطالة[1].

ولقد تعرضت مصر لظاهرة الإغراق من بعض الدول الأجنبية وكذلك لادعاءات إغراقية ضد المنتجات المصرية المصدرة إلى الدول الأجنبية مما جعل الحكومة المصرية تعمل جهدها لمواجهة هذه الظاهرة لحماية

---

(١) د. سامي عفيفي حاتم وزميله " مدخل إلى سياسات التجارة الخارجية " مرجع سابق صـ١٢٧

الإنتاج المحلي والمستهلك المصري، ولقد تضمن اتفاق مكافحة الإغراق والقانون المصري رقم ١٦١ لسنة ١٩٩٨ أحكام التدابير التي يمكن للسلطات أن تتخذها لمكافحة الإغراق.

ولما كانت الشريعة الإسلامية تعد الإغراق من الأفعال المحرمة التي تحكم على فاعلها بأنه مرتكب لأثم ومحرم وكذلك تمنع الضرر والضرار ــ كما سبق أن أوضحنا - فيمكن القول: بأن الشريعة الإسلامية تحمي المنافسة بين التجار من مخاطر الإغراق وبالتالي فهي تكافح الإغراق الذي يؤدي إلى هذه المخاطر والأضرار.

ولذلك رأينا تقسيم هذا الفصل إلى مبحثين على النحو التالي:

المبحث الأول: حماية المنافسة ومكافحة الإغراق في القانون الوضعي.

المبحث الثاني: حماية المنافسة من الإغراق في الشريعة الإسلامية.

المبحث الأول

حماية المنافسة ومكافحة الإغراق في القانون الوضعي

تقديـم:

لا يعد كل انخفاض في ثمن المنتج المستورد إلى بلد ما عن ثمن المنتج المماثل في بلد تصديره إغراقاً محظوراً يدخل ضمن التجارة المسببة للضرر أو المنافسة غير المشروعة في البلد المستورد وبالتالي يتيح لهذا البلد اتخاذ تدابير من طبيعة العقوبات التجارية، فقد تلجأ بعض الدول إلى أن تختلق ادعاءً بوجود إغراق كذريعة تتيح لها فرصة اللجوء إلى الأساليب الحمائية لصد الواردات من بعض الدول لسلع تهدد صناعتها المحلية بل إنها قد تلجأ لذلك ضد سلع إحدى الدول للضغط عليها لاعتبارات غير اقتصادية[1].

وبالتالي ينبغي التفرقة بين الأنواع المختلفة من الإغراق، فالإغراق العارض مؤقتاً ويمكن إهماله وعدم البحث عن وسيلة لمواجهته، كما أن هناك إغراقاً ـ كما سبق أن أوضحنا ـ قد يكون مفيداً لمجموع المستهلكين للمنتج المغرق في البلد المستورد ومحققاً لزيادة مستوى رفاهيتهم الاقتصادية وذلك بإتاحة الفرصة لهم للحصول على هذا المنتج بسعر منخفض نسبياً وقد يكون أعلى جودة من المنتج المحلي المثيل، كما يمكن أن يكون هذا الإغراق مفيداً للصناعات المحلية في هذا البلد التي قد تحتاجه

---

(١) د. أحمد رالجي أبو الوفا- إغراق ادعاءات ومواجهات مطلوبة – الأهرام الاقتصادي العدد ١٥٦٥ بتاريخ ١٩٩٩/١/٤ ص-٣٠

كأحد مستلزماتها الإنتاجية وهذا النوع من الإغراق أجازه البعض كما سمحت به أحكام اتفاق مكافحة الإغراق لأن وقوعه لم يتسبب في وجود ضرر مادي أو تهديد به أو تأخير إقامة الصناعة المحلية[1].

أما بالنسبة للإغراق الضاري والمستديم والذي يعد صورة للمنافسة غير المشروعة تعطل ظروف المنافسة العادية فهذا ما ينبغي مقاومته ومكافحته[2].

ولذا فإننا عندما نتكلم عن مكافحة الإغراق فإننا نعني فقط ودائماً حالة الإغراق التي تكتمل لها شروط ثلاثة رئيسية مجتمعة وهي وقوع الإغراق، ووجود ضرر مادي أو تهديد بوجوده للصناعة المحلية المعنية أو تأخير مادي لقيامها، وأخيراً علاقة أو رابطة السببية بين الواردات المغرقة ووجود هذا الضرر أو التهديد بوجوده أو التأخير المادي[3].

ولقد عرف أسلوب مكافحة الإغراق منذ أكثر من قرنين من الزمان حيث طبقته الدول الصناعية ضد بعضها البعض وضد الدول النامية بشكل أكبر[4].

بيد أن قوانين مكافحة الإغراق لم تظهر بصورتها الطبيعية إلا في مطلع

(١) د. أحمد جامع " اتفاقات التجارة العالمية " مرجع سابق صـ٦٦١

(٢) د. سامي عفيفي وزميله – مدخل إلى سياسات التجارة الخارجية – مرجع سابق صـ١٢٧

(٣) راجع د. محمد صفوت قابل " اقتصاديات التجارة الدولية – الجزء الأول – تحرير التجارة الدولية " دار الحكمة للنشر والتوزيع – دون سنة طبع صـ٢٠٣

(٤) د. علي إبراهيم " منظمة التجارة العالمية " - مرجع سابق صـ٢٣٩

القرن العشرين وذلك بصدور أو تشريع لمكافحة الإغراق في كندا في عام ١٩٠٤ ثم تبعتها دول أخرى كالولايات المتحدة الأمريكية وبريطانيا واستراليا[١].

ويعتبر أول قانون محلي ضم أحكاماً لمكافحة الإغراق في الولايات المتحدة الأمريكية هو القانون الذي صدر في عام ١٩١٦ والذي يعد امتداداً لقانون كلايتون Clayton Act الذي كافح الإغراق في شكل مكافحة التمييز في الأثمان، أما أول قانون مخصص فقط لمكافحة الإغراق في الولايات المتحدة الأمريكية فكان في عام ١٩٢١[٢] ثم حدث تطور هام في أسلوب مكافحة الإغراق بصدور تشريعات متعددة ومتعاقبة في هذا الشأن.

ولذا يمكن القول بأن النظام التجاري الدولي في مجال إيجاد إطار تجاري متعدد الأطراف لمكافحة الإغراق مر بمراحل تاريخية متعددة أدت في نهايتها إلى إيجاد تدابير يمكن للسلطات أن تتخذها لمكافحة الإغراق من خلال اتفاق مكافحة الإغراق The Agreement on anti-dumping practices ولكن لا تتم هذه التدابير إلا بعد إتباع إجراءات معينة للتحقيق في الإغراق والتي بينتها أحكام اتفاق مكافحة الإغراق والقانون المصري رقم ١٦١ لسنة ١٩٩٨.

ولبيان ذلك نتناول هذا المبحث في المطالب التالية:

---

(١) د. أحمد جامع " اتفاقات التجارة العالمية " - مرجع سابق صـ٦٦٢

(٢) د. أحمد جامع " اتفاقات التجارة العالمية " - مرجع سابق صـ٦٦٢

المطلب الأول: المراحل التي مر بها النظام التجاري الدولي لمكافحة الإغراق.
المطلب الثاني: إجراءات التحقيق في الإغراق.
المطلب الثالث: تدابير مكافحة الإغراق.
المطلب الرابع: تقييم اتفاق مكافحة الإغراق.

المطلب الأول

المراحل التي مر بها النظام التجاري الدولي لمكافحة الإغراق

لقد مر النظام التجاري الدولي في شأن مكافحة الإغراق بثلاث مراحل منذ الحرب العالمية الثانية وحتى الآن نبينها في ثلاثة فروع على النحو التالي:

الفرع الأول

المرحلة الأولى

وتبدأ هذه المرحلة باتفاقية جات ١٩٤٧ وحتى دورة كيندي ١٩٦٤/١٩٦٧ [١] وقد تضمن اتفاقية جات ١٩٤٧ والتي عقدت في سويسرا

---

(١) تضم هذه المرحلة ست دورات وهي أولاً: مفاوضات جنيف عام ١٩٤٧ وتضم ٢٣ دولة بسويسرا. ثانياً: مفاوضات أسنى عام ١٩٤٩ وتضم ١٣ دولة بفرنسا. ثالثاً: مفاوضات توركواي عام ١٩٥٠-١٩٥١ وتضم ٣٨ دولة بانجلترا. رابعاً: مفاوضات جنيف عان ١٩٥٢-١٩٥٦ وتضم ٣٦ دولة بسويسرا.خامساً: مفاوضات جنيف ١٩٦٠/١٩٦١ وتضم ٢٦ دولة وتسمى دورة ديلون سادسا: مفاوضات جنيف ١٩٦٣/١٩٦٧ وتضم ٦٢ دولة وتسمى دورة كيندي لمزيد من التفصيل راجع =

المادة "٦" في شأن مكافحة الإغراق والتي حددت الشروط الثلاثة الرئيسية لفرض رسوم مكافحة الإغراق، غير أنها تناولتها بطريقة عامة ومجملة، وخلال هذه المرحلة بدأ يشيع استخدام هذه المادة كأداة لحماية الإنتاج الوطني من الزيادة في الواردات الأجنبية المماثلة، كما لجأت الجماعة الاقتصادية الأوربية إلى الشكوى مما يترتب على استخدام قوانين مكافحة الإغراق الأمريكية من اضطرابات في التجارة الدولية[١] وبالطبع أدى هذا إلى ضرورة النظر في إدخال تحسينات على المادة "٦" من الاتفاقية بهدف فرض مزيد من القيود على الدول التي تمارس تدابير مكافحة الإغراق ضد صادرات الدول الأخرى.

ولقد عالجت جولة كيندي Kennedy Round ما كان يشوب نص المادة "٦" من اتفاقية الجات من غموض وتم التوصل إلى صياغة أسس ومبادئ معينة لمكافحة الإغراق[٢] تكفل عدم المغالاة في فرض القيود الحمائية بحجة مكافحة الإغراق، إلا أن السنوات التالية لهذا التقنين شهدت ازديادًا في حالات فرض رسوم الإغراق من جانب الدول وبخاصة الولايات المتحدة الأمريكية والجماعة الاقتصادية الأوربية وكندا واستراليا وتساهلت هذه الدول في ضرورة توفير متطلبات إثبات الضرر كما قاومت الولايات

= د. إبراهيم محمد الفار " اتفاقيات منظمة التجارة العالمية " مرجع سابق ص٥٦ وما بعدها.

(١) د. عمر صقر- العولمة وقضايا اقتصادية معاصرة " الإغراق مرجع سابق ص١٦٨

(٢) لمزيد من التفصيل عن هذه الأسس والمبادئ راجع د. إبراهيم الفار " المرجع السابق ص٢٥٥

المتحدة بعناد قبول مفهوم الضرر المادي كشرط لازم لفرض رسوم مكافحة الإغراق[1].

الفرع الثاني

المرحـلة الثانيـة

بدأت هذه المرحلة مع جولة طوكيو " ١٩٧٩/١٩٧٣ [2] التي تعتبر من أكبر إنجازات الجات ولا تقل أهمية عن دورة كنيدي وفيها تم مراجعة تقنين جولة كنيدي ببعض التفصيل في الاتفاق الجديد الذي أقرته وعرف باتفاق مكافحة الإغراق بعد المراجعة ودخل حيز النفاذ في أول يناير سنة ١٩٨٠.

ولقد جاءت دورة طوكيو أوسع نطاقاً وأبعد مدى عن المجالات التي كانت موضع مفاوضات في الجولات الست السابقة والتي كان أخرها دورة كنيدي فاهتمت بدراسة نظام للضمان متعدد الأطراف وعلى الأخص فيما

(١) د. احمد جامع " اتفاقات التجارة العالمية " مرجع سابق صـ٦٦٣

(٢) وتم ذلك باجتماع وزراء تسعين دولة أعضاء في الجات في مدينة طوكيو عاصمة اليابان في سبتمبر سنة ١٩٧٣ لوضع أسس الدورة السابقة للمفاوضات المتعددة الأطراف في أطار اتفاقية الجات لمحاولة تنشيط التجارة الدولية وذلك على أثر زيادة العجز في ميزان المدفوعات الأمريكي وتدهور القدرة التنافسية للصادرات الأمريكية وتزعزع الثقة في المنتج الأمريكي ولقد شاركت في هذه الدورة الدول العربية الأعضاء في الجات في ذلك الوقت وهي " مصر- تونس- المغرب- لبنان - سوريا- السودان- العراق- الأردن" وفي نهاية الاجتماع صدر إعلان أطلق عليه إعلان طوكيو: لمزيد من التفصيل راجع الأستاذ/ إبراهيم المنجي مكافحة الإغراق - مرجع سابق صـ٣٨ ود. إبراهيم الفار " اتفاقات منظمة التجارة العالمية - مرجع سابق صـ٦١،٦٠.

يتعلق بالمادة ١٩ من اتفاقية الجات التي تسمح للأطراف المتعاقدة بأن تطبق الإجراءات المناسبة للحد من الواردات في حالات طارئة إذا ما ثبت أن الصناعات المحلية في خطر أو مهددة بالخطر من هذه الواردات، كما أسردت الاتفاقية بعض العوامل التي يجب أخذها بعين الاعتبار عند تحديد الأضرار الناجمة عن الإغراق ومنها حجم السلع المستوردة موضوع الإغراق وأسعارها ومدى تأثيرها على الأسعار المحلية والصناعات الوطنية من ناحية استغلال الطاقات الإنتاجية القائمة وحصة الصناعة الوطنية المماثلة للسلع محل الإغراق من السوق الوطنية وأرباحها وحجم العمالة فيها[1].

ولكن يعاب على هذه الاتفاقية أنها أهملت الشروط التي تربط فرض الضريبة بضرورة التأكد من وجود حالة إغراق وأضعفت رابطة السببية بين الواردات المغرقة والضرر الذي لحق بالصناعة المحلية المعنية ولم تعرض لمسألة حساب هامش الإغراق بطريقة محايدة مما أدى إلى تزايد الأطراف المتعاقدة - وخاصة الدول المتقدمة- إلى تدابير مكافحة الإغراق[2] وهذا ما يؤكد بأنه حتى هذه الجولة لم يتم التوصيل إلى أسس ومعايير محددة لإثبات ظاهرة الإغراق.

(١) راجع د. إبراهيم الفار - المرجع السابق صـ٢٥٧

(٢) د. أحمد جامع " اتفاقات التجارة العالمية " مرجع سابق صـ٦٦٤،صـ٦٦٥

الفرع الثالث

المرحلة الثالثة

بدأت هذه المرحلة مع بضعة السنوات القليلة السابقة على بداية جولة أورجواي في عـام ١٩٨٦ واستمرت مع سنوات مفاوضاتها وهي مستمرة ونعيشها الآن،وتعتبر جولة أورجواي مـن أهم جولات الجات الثمانية على الإطلاق لما لها من تأثير جـذري عـلى مـستقبل التجـارة الدوليـة وعلى اقتصاديات الدول الأعضاء[١].

ولقد تصدت مفاوضات جولة أورجواي لموضوعات وقضايا جديدة لم تكن محـل مفاوضات في جولات الجات السابقة[٢] كما جاء اتفاق مكافحة الإغراق الذي جاءت به جولة أورجواي أكـثر وضوحاً حيث أورد بعض المبادئ والقواعد الأكثر تفصيلاً في تحديد ظاهرة الإغراق والمعـايير التـي ينبغي أن تؤخذ في الاعتبار عند تحديد الضرر الناجم عن الواردات الإغراقية[٣].

---

(١) ولقد بدأت هذه الجولة في مدينة بونتاديل إيست Punta del Este الساحلية في أورجواي في سبتمبر سـنة ١٩٨٦ وانتهت في ديسمبر ١٩٩٣ وتضم ١٣٤ دولة من بينها مصر وهذا العـدد في تزايـد مـستمر لمزيـد مـن التوصل راجع. د. عاطف السيد " الجات والعالم الثالث " مرجع سابق صـ١٩

(٢) ومن أهم هذه الموضوعات الجديدة التجارة في الخدمات وحقوق الملكية الفكرية والاستثمارات المتصلة بالتجارة " راجع أ. نعمان الزياتي " مكافحة الإغراق في اتفاقات منظمة التجارة العالمية كراسات اسـتراتيجية مرجع سابق صـ٦

(٣) د. إبراهيم الفار" اتفاقات منظمة التجارة العالمية - مرجع سابق صـ٢٥٨

فقد وضع المشاركون في هـذه الجولـة بعـض المبـادئ الأساسـية والقضـايا النوعيـة المتعلقـة بمكافحة الإغراق مثل البدء في التحقيقات وتنفيـذها وتحديـد وجـود الإغـراق والضرـر وحسـاب رسوم مكافحة الإغراق... وغيرها[١].

كما حاول اتفاق مكافحة الإغراق الذي جاءت به جولة أورجواي أن يقـيم توازنـاً حكـيماً مـا بين تطلعات الدول المصدرة في التجارة الدولية ومخاوف الـدول المسـتوردة مـن ظـاهرة الإغـراق الأمر الذي جعل هذا الاتفاق يعد أفضل مجموعة أحكام تم التوصل إليها بهدف تحسـين الإطـار متعدد الأطراف لمكافحة الإغراق في النصف الثاني من القرن العشرين[٢].

ورغم هذا التقدم الملحوظ في اتفاق مكافحة الإغراق الذي جاءت به جولـة أورجـواي إلا أن كل ما أتى به الاتفاق في شأن إثبات الشروط الثلاثـة لفـرض الرسـوم النهائيـة لمكافحـة الإغـراق لم يكن من شأنه الحد من شهية الدول المتقدمـة التـي اعتـادت الإسراف في اتخـاذ تـدابير مكافحـة الإغراق ضد الواردات الأجنبية[٣].

المطلب الثاني

إجراءات التحقيق في الإغراق

نتناول إجراءات التحقيق في قضايا الإغراق وذلك من خلال اتفاق مكافحـة الإغـراق وكـذلك من خلال القانون المصري رقم١٦١ لسنة ١٩٩٨

(١) الأستاذ نعمان " الزياتي - مرجع سابق صـ٦

(٢) د. أحمد جامع " اتفاقات التجارة العالمية "مرجع سابق صـ٦٦٦

(٣) د. أحمد جامع. المرجع السابق صـ٦٨٤

بشأن حماية الاقتصاد القومي من الآثار الناجمة عن الممارسات الضارة في التجارة الدولية وذلك على التفصيل التالي:

أولاً: طلب التحقيق في الإغراق

أفرد اتفاق مكافحة الإغراق لعام ١٩٩٤م المادة الخامسة منه لبيان القواعد الأساسية للبدء في تحقيقات مكافحة الإغراق والتحقيقات التالية لهذا البدء وعنوانها: بدء التحقيق والتحقيق التالي Initiation and subsequent Investigation وبمقتضى الفقرة "١" من المادة يبدأ التحقيق في وجود أي إغراق مدعي alleged ودرجته وأثره بناءً على طلب مكتوب من الصناعة المحلية أو باسمها ويقدم إلى سلطات الدولة المستوردة من كل صاحب مصلحة من المنتجين وأصحاب الشركات الذين أصابهم الضرر فعلاً من الإغراق أو يحتمل أن يصيبهم مستقبلاً[١].

---

(١) راجع أ.د علي إبراهيم " منظمة التجارة العالمية وتقنين نهب العالم- مرجع سابق ص٢٣٤ وكذلك أ.د احمد جامع " اتفاقات التجارة العالمية " الجزء الأول - مرجع سابق ص٦٣٨ وما بعدها، والطلب يعتبر في الواقع شكوى ويشمل أدلة على الإغراق والضرر الناجم عنه وعلاقة السببية بين الواردات المغرقة والضرر المدعي به الذي لحق أصحاب المنتجات المحلية المشابهة، ولا يمكن اعتبار المزاعم البسيطة غير الثابتة بدليل ذي صلة بالموضوع كافية للادعاء بوجود الإغراق وحدوث الضرر وينبغي أن يحتوي الطلب على المعلومات الضرورية المتوفرة لدى مقدمه ومنها:

أ- شخصية الطالب ووصف لحجم وقيمة إنتاجه المحلي من المنتج المماثل وفي حالة تقديم الطلب باسم الصناعة المحلية يحدد به الصناعة وقائمة بكل المنتجين المحليين ووصفاً لحجم وقيمة الإنتاج المحلي المماثل.
=

وبعد هذا تقوم السلطات المختصة بمكافحة الإغراق في الدولة المستوردة ببحث كافة الأدلة المقدمة في الطلب بدقة accuracy وملائمة adequacy لتحديد ما إذا كان هناك دليل كاف يبرر بدء التحقيق[1].

طلب التحقيق في الإغراق طبقاً للقانون المصري:

أما بالنسبة لطلب التحقيق طبقاً للقانون المصري رقم ١٦١ لسنة ١٩٩٨ بشأن حماية الاقتصاد القومي من الآثار الناجمة عن الممارسات الضارة في التجارة الدولية فقد نصت المادة ١٣ من اللائحة التنفيذية لهذا القانون - والصادرة بالقرار الوزاري ٥٤٩ لسنة ١٩٩٨ على " أن تتولى الإدارة المركزية للسياسات التجارية الدولية - جهاز مكافحة الدعم والإغراق والوقاية - سلطة التحقيق في الشكوى المقدمة كتابة على النموذج المعد لهذا الشأن وعلى الشاكي أن يرفق بالشكوى ملخصاً غير سري لها تكفي

= ب- وصف للمنتج المدعي بأنه مغرق والبلد المصدر له وبلد المنشأ ومصدريه ومستورديه.

ج- معلومات وافية عن الأسعار التي يباع بها المنتج المذكور حين يخصص للاستهلاك في الأسواق المحلية في بلد أو بلدان المنشأ أو التصدير.

د- معلومات عن تطور حجم الواردات المغرقة التي يدعى وجودها وأثر هذه الواردات على أسعار المنتج المماثل في السوق المحلي وأثرها اللاحق على الصناعة المحلية كما تبينها العوامل والمؤشرات ذات الصلة التي تؤثر على الصناعة المحلية مثل العوامل الخاصة بحجم الواردات ومدى تأثيرها على الأسعار ومدى تأثيرها المحتمل على المبيعات والأرباح أو الناتج والعمالة والأجور: راجع الفقرة ٢ من المادة "٥" الوثيقة الختامية - مرجع سابق ص١٩٧

(١) الفقرة الثالثة من المادة الخامسة من اتفاق مكافحة الإغراق

تفاصيله لفهم جوهر المعلومات السرية المقدمة".

والجدير بالذكر أن إجراءات تصدي جهاز مكافحة الإغراق لمكافحة الإغراق لا يكون إلا بناء على الشكوى المقدمة من الصناعة المحلية أو ممن يمثلها أو ينوب عنها أو من الغرف الصناعية المعنية أو اتحاد الصناعات أو اتحادات المنتجين أو من الوزارات المشرفة على أي من قطاعات الإنتاج، من خطر المنافسة للواردات من سياسة الإغراق التي يمارسها المنتجون الأجانب للواردات المنافسة[1].

وبعد تقديم طلب التحقيق مستوفياً كافة البيانات المطلوبة تتم دراسة هذا الطلب من جانب جهاز مكافحة الإغراق بقطاع التجارة الخارجية، ويتم توجيه المكاتبات والمراسلات إلى رئيس الجهاز ويعتبر وزير التجارة الخارجية هو السلطة المختصة بإصدار القرارات النهائية وفرض رسوم

(١) المادة ١٤ من اللائحة التنفيذية للقانون ١٦١ لسنة ١٩٩٨، ويتعين أن تتضمن الشكوى القرائن والأدلة على وجود إغراق أو دعم أو زيادة غير مبررة في الواردات والأضرار الناجمة عن هذه الممارسات وعلاقة السببية بين كل منها وبين الأضرار التي لحقت بالجهة الشاكية كما نصت المادة "١٥ " من اللائحة على أنه " يتعين أن تتضمن الشكوى من واردات مغرقة أو مدعومة أدت إلى إعاقة إنشاء صناعة محلية البيانات الآتية:
١- ما إذا كانت الصناعة المحلية للمنتج المثيل قد أنشئت فعلاً أو في سبيلها إلى الإنشاء والمدى الزمني المطلوب لإنشائها إن لم تكن قد أنشئت فعلاً ٢- مدى إمكانية استمرار هذه الصناعة ٣- دراسات الجدوى ٤- القروض التي تم التفاوض بشأنها
٥- التعاقدات التي تمت من اجل شراء معدات وماكينات بقصد القيام بتنفيذ استثمارات جديدة أو بقصد التوسع في المصانع القائمة.

مكافحة الإغراق لإزالة الضرر[1].

ثانياً: بدء إجراءات التحقيق في الإغراق:

فطبقاً للاتفاق بشأن تطبيق المادة السادسة من الاتفاقية العامة للتعريفات والتجارة الجات ١٩٩٤ فإنه لا يبدأ التحقيق في وجود أي إغراق مدعٍ ودرجته وأثره إلا بعد أن تبحث السلطات درجة تأييد أو معارضة منتجي المنتج المشابه للطلب ويعتبر أن الطلب قد قدم من الصناعة أو باسمها إذا ما توافر شرطان مجتمعان هما أن يبلغ حجم إنتاج المنتجين المحليين الذين يؤيدون الطلب أكثر من ٥٠% من حجم الإنتاج الكلي للمنتجين الذين يعبرون عن رأيهم سواءً بتأييد الطلب أو بمعارضته وألا يكون للمنتجين المحليين الذي يؤيدون الطلب صراحة أقل من ٢٥% من حجم الإنتاج الكلي للصناعة[2].

وتلتزم السلطات بتجنب أي إعلان عن الطلب المقدم لبدء التحقيق وذلك قبل أن تتخذ قرارها بالبدء فيه على أن تخطر حكومة العضو المصدر المعني بالأمر بعد تلقيها لطلب موثق صحيح وقبل الشروع في البدء في التحقيق[3].

---

(١) النظام المصري لمكافحة الإغراق والدعم والرسوم التعويضية والوقاية في إطار اتفاقية منظمة التجارة العالمية " وزارة الاقتصاد والتجارة الخارجية - جهاز مكافحة الدعم والإغراق يونيو سنة ٢٠٠٠ صـ٢٦

(٢) راجع الفقرة الرابعة من المادة الخامسة من الاتفاق المذكور

(٣) راجع الفقرة الخامسة من المادة الخامسة-من الاتفاق سالف الذكر على أن يلاحظ انه إذا قررت السلطات المعنية في ظروف خاصة بدء التحقيق دون تلقي طلب مكتوب من الصناعة المحلية أو باسمها ببدء هذا التحقيق فلا يجوز لها السير فيه =

وعلى السلطات المختصة رفض الطلب وإنهاء التحقيق فوراً إذا ما اقتنعت بعدم وجود أدلة كافية فيما يتعلق بالإغراق أو الضرر، أو إذا انتهت السلطات إلى أن هامش الإغراق بسيط، أو إلى أن حجم الواردات المغرقة أو الضرر يمكن إهماله[(١)] كما أنه ليس من شأن السير في تحقيقات مكافحة الإغراق أن يعوق إجراءات التخليص الجمركي[(٢)] ويتعين الانتهاء من التحقيقات خلال عام من تاريخ بدئه إلا في ظروف خاصة وألا يجاوز هذا الانتهاء بأي حال ١٨ شهراً[(٣)].

= إلا إذا توفرت لديها أدلة كافية على الإغراق والضرر وعلاقة السببية " راجع الفقرة ٦ " من المادة الخامسة من الاتفاق ويجرى النظر في أدلة كل من الإغراق والضرر في نفس الوقت أ- عند تقرير بدء التحقيق أو عدم بدئه ب- وفيما بعد في مجرى التحقيق الذي يجب أن يبدأ في موعد لا يزيد عن أقرب موعد يمكن فيه تطبيق الإجراءات المؤقتة وفقاً لأحكام الاتفاق- الفقرة٧ من المادة الخامسة من الاتفاق

(١) وهذا ما تقرره الفقرة "٨ " من المادة الخامسة من الاتفاق وهذا نصها " يرفض الطلب المشار إليه وإنهاء التحقيق على الفور حالما تقتنع السلطات المعنية بعدم وجود أدلة كافية على الإغراق أو الضرر تبرر السير في القضية ويتم الإنهاء العاجل في الحالات التي تقرر فيها السلطات أن هامش الإغراق لا يؤبه له أو أن حجم الواردات المغرقة الفعلية أو المحتملة أو حجم الضرر قليل الشأن ويعتبر هامش الإغراق لا يؤبه له إذا كان يقل عن ٢ في المائة من سعر التصدير ويعتبر حجم واردات الإغراق قليل الشأن إذا كان حجم الواردات المغرقة من بلد معين يقل عن ٣ في المائة من واردات العضو المستورد من المنتج المماثل ما لم تكن بلدان يمثل كل منها أقل من ٣ في المائة من واردات العضو الستورد من المنتج المماثل تمثل معاً أكثر من ٧ في المائة من واردات العضو المستورد.

(٢) الفقرة ٩ من المادة الخامسة من الاتفاق سالف الذكر

(٣) الفقرة ١٠ من المادة الخامسة من الاتفاق سالف الذكر

بدء التحقيق في الإغراق طبقاً للقانون المصري:

يقوم جهاز مكافحة الإغراق بفحص الشكوى فور تلقيها ويخطر الشاكي بما يفيد قبولها[1]. ثم يقوم بدراسة الأدلة المقدمة في الشكوى للبت في الحفظ أو بدء التحقيق[2]، بيد أنه يشترط للبدء في التحقيق أن تكون الشكوى مؤيدة من منتجين يزيد مجموع إنتاجهم على ٥٠% من إجمالي المنتج المثيل للمؤيدين والمعارضين للشكوى ولا يجوز البدء في التحقيق ما لم يؤيد الشكوى منتجون محليون يبلغ إجمالي إنتاجهم ٢٥% على الأقل من إجمالي إنتاج الصناعة المحلية من المنتج المثيل[3].

ويتضح من هذا أن المشرع قد وضع قيوداً على الشكوى المقدمة من الإغراق تتمثل هذه القيود في اشتراط أن تكون الشكوى على جانب كبير من التأييد والجدية ولا تكون كذلك إلا إذا كانت مؤيدة من قطاع كبير من المنتجين المحليين يزيد مجموع إنتاجهم على ٥٠% من إجمالي إنتاج المنتج

---

(١) أنظر المادة ١٦ من اللائحة التنفيذية للقانون رقم ١٦١ لسنة ١٩٩٨ والتي نصها " يتعين على سلطة التحقيق إخطار الشاكي خلال سبعة أيام عمل من تاريخ استلام الشكوى بما يفيد قبولها من حيث المبدأ ويجوز لها أن تطلب من شاكي البيانات والمعلومات الواجب توافرها للبت في قبول الشكوى"
(٢) ويكون ذلك خلال ثلاثين يوماً من تاريخ تسجيل الشكوى على أن يعرض الجهاز تقديره إلى اللجنة الاستشارية المنصوص عليها في المادة ٣ من اللائحة التي تقوم بدورها بعرض توصياتها على الوزير المختص خلال عشرة أيام من تاريخ تقديم التقرير المبدئي إليها - انظر نص المادة ١٧ من اللائحة المذكورة وكذلك المادة ١٨ منها.
(٣) راجع المادة ١٩ من اللائحة المشار إليها أنفاً.

المثيل الذي تعرض للإغراق، كما أنه لا يجوز البدء في التحقيق ما لم يؤيد الشكوى منتجون محليون يبلغ إجمالي إنتاجهم ٢٥% على الأقل من إجمالي إنتاج الصناعة المحلية من المنتج المثيل المغرق.

ونعتقد أن المشرع أوجب هذا الشرط للحد من ادعاءات الإغراق التي تكون مغرضة أو تلك التي لا تستند إلا أدلة حقيقية تؤكد صحة الادعاء.

وإذا كان الأصل المقرر لبدء إجراءات التحقيق من الإغراق أن تكون بناءً على شكوى أو طلب مكتوب على النموذج المعد لهذا الشأن فإنه قد يستثنى من ذلك بدء إجراءات التحقيق دون شكوى في ظل ظروف خاصة متى توافرت لدى سلطة التحقيق الأدلة الكافية على وجود إغراق وضرر ناجم عنه وعلاقة السببية بينهما[١].

وألزم المشرع سلطة التحقيق قبل الإعلان عن البدء في إجراءات التحقيق بإخطار الدول المعنية بالشكاوى التي تم قبولها بخصوص الإغراق[٢] وذلك بالنشر في جريدة الوقائع المصرية[٣].

---

(١) المادة ٢٠ من اللائحة التنفيذية للقانون ١٦١لسنة ١٩٩٨.

(٢) وهذا ما أكدته المادة ٢١ من اللائحة وهذا نصها " تلتزم سلطة التحقيق قبل الإعلان عن البدء في إجراءات التحقيق بإخطار الدول المعنية بالشكاوى التي تم قبولها وذلك فيما عدا الشكاوى المتعلقة بالزيادة غير المبررة في الواردات " بيد أن هذا الإخطار يمثل ضمانه من الضمانات التي عمل المشرع على توفيرها عند تحقيق الشكاوى المقبولة ضد الإغراق - ويقصد بالدول المعنية أو الأطراف المعنية الصناعة المحلية الشاكية أو من ينوب عنها والمستوردون والمصدرون وحكومات الدول المصدرة... راجع المادة رقم "١" من اللائحة التنفيذية المشار إليها.

(٣) وهذا ما تضمنته المادة ٢٢ من اللائحة التنفيذية التي نصت على أن " يكون =

ثالثاً: الأدلة المطلوبة للتحقيق:

تقضي اتفاقية مكافحة الإغراق بضرورة إخطار كل الأطراف ذات المصلحة في التحقيق بالمعلومات التي تتطلبها السلطات والتي تراها ذات صلة بالتحقيق ويمنح المنتجون الأجانب الذين يتلقون الأسئلة المستخدمة في تحقيق الإغراق مدة ٣٠ يوماً على الأقل للرد ويجوز تمديد المدة في حالة وجود أسباب وجيهة، ومن حق كل طرف معني بالتحقيق أن يطلع على الأدلة التي يقدمها كتابة أحد الأطراف ذات المصلحة بشرط حماية المعلومات السرية[1] كما أنه تتاح الفرصة لكل الأطراف ذات المصلحة للدفاع عن مصالحهم وذلك بلقاء الأطراف الأخرى ذات المصلحة المضادة

= الإعلان عن البدء في إجراءات التحقيق بطريق النشر في جريدة الوقائع المصرية على أن يتضمن الإعلان البيانات الآتية:

١- اسم دول المنشأ أو الدول المصدرة الخاضعة للتحقيق.
٢- وصف المنتج الخاضع للتحقيق.
٣- وصف للادعاءات والممارسات قيد التحقيق.
٤- ملخص للأسس التي استند إليها الادعاء بالضرر.
٥- الحد الزمني المسموح به للأطراف الأخرى ذات المصلحة لكي تعلن آرائها خلاله.
٦- العنوان الذي يجب أن ترجع إليه ردود الأطراف ذات المصلحة

(١) راجع المادة ١/٦ من الاتفاق ووفقاً للاتفاق فإن الأطراف المعنية ذات الصلة تشمل أي مصدر أو منتج أجنبي أو مستورد لمنتج يخضع للتحقيق أو اتحاد تجاري أو اتحاد أعمال تكون أغلبية أعضائه من منتجي هذا المنتج أو مصدريه أو مستورديه وحكومة العضو المصدر وكل منتج لسلعة مماثلة في البلد المستورد أو نقابة أو اتحاد أعمال تكون أغلبية أعضائه من منتجي المنتج المماثل في أرض البلد المستورد. راجع د. علي إبراهيم " منظمة التجارة العالمية - مرجع سابق صـ٢٢٧.

لعرض الآراء المتعارضة وتقديم الحجج المضادة مع ضرورة المحافظة على السرية والراحة لكل طرف[١].

وتجدر الإشارة إلى أن الاتفاقية تنص على عدم الأخذ في الاعتبار بالمعلومات الشفهية المقدمة إلا إذا قدمت بعد ذلك كتابة وأتيحت للأطراف الأخرى ذات المصلحة[٢] وتعامل السلطات أي معلومات سرية بطبيعتها ولا يجوز الكشف عن هذه المعلومات دون تصريح محدد من الطرف الذي قدمها. وإذا وجدت السلطات أنه لا مبرر لطلب السرية ولم يكن مقدم المعلومات مستعداً لإعلانها والتصريح بالكشف عنها في شكل عام أو ملخص جاز للسلطات إغفال هذه المعلومات ما لم تقتنع من مصادر مناسبة أنها صحيحة[٣].

وعلى السلطات أن تتحقق من دقة المعلومات المقدمة إليها ويجوز لها إجراء التحقيقات اللازمة في أراضي الأعضاء الآخرين بشرط الحصول على موافقة الشركات المعنية وإخطار ممثلي حكومة العضو المعني وقد تتيح السلطات نتائج التحقيق للشركات المعنية[٤].

وإذا رفض أي طرف ذي مصلحة توفير المعلومات الضرورية أو لم يقدمها خلال فترة مناسبة أو أعاق التحقيق كثيراً يجوز إصدار تحديدات أولية ونهائية إيجابية أو سلبية على أساس الوقائع المتاحة، وتقوم السلطات

(١) الفقرة ٢ من المادة ٦ من الاتفاق - الوثيقة الختامية - مرجع سابق صـ١٩٩.
(٢) الفقرة٣ من المادة ٦ من الاتفاق سالف الذكر.
(٣) الفقرة ٥ من المادة ٦ من الاتفاق سالف الذكر
(٤) راجع الفقرتين ٦، ٧ من المادة ٦ من الاتفاق سالف الذكر

قبل إصدار تحديد نهائي بتعريف الأطراف ذات المصلحة بالوقائع الأساسية موضع النظر التي تشكل أساس قرارها عما إذا كانت ستتخذ إجراءات نهائية ويجب أن يقع هذا الإبلاغ في فترة تكفي لكي تدافع الأطراف عن مصالحها. كما تحدد السلطات كقاعدة عامة هامشاً منفردًا للإغراق بالنسبة لكل مصدر أو منتج معروف معنى بالمنتج موضع البحث وفي الحالات التي يكون فيها عدد المصدرين أو المنتجين أو المستوردين أو أنواع المنتجات - محل التحقيق كبيراً بما يجعل مثل هذا التحديد غير عملي يجوز للسلطات أن تقصر بحثها إما على عدد معقول من الأطراف ذوي المصلحة أو المنتجات باستخدام عينات صحيحة إحصائياً على أساس المعلومات المتاحة للسلطات وقت الانتفاء أو على أكثر نسبة مئوية من حجم الصادرات من البلد المعني التي يكون من المعقول التحقيق فيها[1].

أدلة التحقيق في الإغراق طبقاً للقانون المصري:

أما بالنسبة لأدلة التحقيق طبقاً للتشريع المصري, فقد أجاز المشرع للوزير المختص طلب المعلومات والأدلة والبيانات اللازمة لإثبات الإغراق من أية جهة كانت , وأوجب على الجهة المطلوب منها المعلومات والبيانات تقديمها خلال ثلاثين يوماً على الأكثر من تاريخ طلبها[2].

ويفوض كل من رئيس قطاع التجارة الخارجية ورئيس الإدارة المركزية للسياسات التجارية الدولية في طلب البيانات اللازمة لإثبات حالات

---

(١) د. أحمد جامع " اتفاقات التجارة العالمية " مرجع سابق ص٦٤٥

(٢) مادة ٢ من القانون رقم١٦١ لسنة ١٩٩٨ سالف الذكر

الإغراق[1].

ويتعين أن تتضمن الشكوى ضد الإغراق القرائن والأدلة على وجود إغراق من الواردات وكذلك على الأضرار الناجمة عنه وعلاقة السببية بينه وبين الأضرار التي لحقت بالجهة الشاكية. كما سبق أن أوضحنا[2].

كما أوجب المشرع - بخصوص الأدلة المطلوبة للتحقيق - التزامين متقابلين يقع أحدهما على سلطة التحقيق والآخر على الأطراف المعنية، فأوجب على سلطة التحقيق الالتزام بإخطار كافة الأطراف المعنية المعروفة وممثلي الدول المصدرة بصورة من النص غير السري للشكوى من الإغراق وإعلان بدء التحقيق ونماذج من الأسئلة اللازمة للحصول على البيانات الضرورية للتحقيق ضد الإغراق وإعطاء الفرصة الكافية لتقديم أدلة الإثبات أو النفي كتابة.

وبالمقابل الالتزام الواقع على الأطراف المعنية إذ تلتزم بالرد على الشكوى ونماذج الأسئلة المطروحة لمقتضيات التحقيق في مدة لا تتجاوز سبعة وثلاثين يوماً من تاريخ استلامها مع قابلية مد هذه المهلة بناءً على طلب مبرر تقبله سلطة التحقيق[3].

---

(١) مادة ٤ من اللائحة التنفيذية للقانون ١٦١ لسنة ١٩٩٨

(٢) مادة ١٤ من اللائحة التنفيذية للقانون ١٦١ لسنة ١٩٩٨

(٣) راجع نص المادة ٢٣ من اللائحة التنفيذية للقانون ١٦١ لسنة ١٩٩٨. وتجدر الإشارة هنا إلى أن المشرع اهتم بضرورة الإسراع في تحقيق الشكوى من الإغراق لما تمثله قضايا الإغراق من طبيعة خاصة من إجراءات فنية وقانونية شديدة التعقيد، ولما يترتب عليها من آثار على الأطراف المعنية أهمها الصناعة الوطنية التي تشعر بأن ممارسة المنتج الأجنبي الأكثر كفاءة لسياسة الإغراق تضع المنتج المحلي في =

وأخيراً إذا ثبت لدى سلطة التحقيق انتفاء الممارسات الضارة أو عدم الدليل الكافي على ممارسة الإغراق أو انتفاء الضرر أو انقطاع علاقة السببية بين الممارسات الضارة والضرر تعين على سلطة التحقيق إنهاء

= مواجهة ومنافسة غير متكافئة الأمر الذي يؤدي إلى أن يكون من مصلحة المنتج المحلي طلب الحماية ضد الإغراق والإسراع في اتخاذ تدابير وقائية ضد المنتج الأجنبي، كما أن مصلحة المصدر الأجنبي - الآخر - للسلعة المشابهة أن يتدخل في إجراءات التحقيق وطلب الحماية ضد الإغراق، وكذلك قد يكون من مصلحة سلطة الدولة المستوردة التي تتعرض سوقها للإغراق الإسراع في التحقيق ضد الإغراق - لمزيد من التفصيل راجع الأستاذ إبراهيم المنجي- دعوى مكافحة الإغراق - مرجع سابق ص٢١١. ونظراً لتعدد الأطراف المعنية بالتحقيق وتعدد المنتجات محل التحقيق تتعدد التحقيقات حول الشكوى من ممارسة الإغراق مما قد يطيل أمد التحقيق إلى وقت غير معلوم يحول دون إتمامه على الوجه الأكمل في الوقت المعلوم، وحتى لا يتفاقم الضرر وتضيع المصالح في زحمة التحقيقات فقد أجاز المشرع المصري لسلطة التحقيق سلطة تقديرية بهدف تيسير العمل في التحقيقات وسرعة إنجازها وذلك من عدة أوجه.

أ- أجاز المشرع لسلطة التحقيق في الحالات التي يتعدد فيها الأطراف المعنية بالتحقيق أو يتعدد فيها المنتجات محل التحقيق بصورة تحول دون إتمام التحقيق على الوجه الأكمل أن تقصره على عينة ممثلة للأطراف المعنية أو المنتجات مادة ٢٤من اللائحة

ب- ألزم المشرع سلطة التحقيق أن تتيح فرصة عادلة لكل الأطراف المعنية والأطراف الأخرى ذات المصلحة للدفاع عن مصالحهم خلال الفترة المحددة للتحقيق وعليها في سبيل ذلك عقد جلسات استماع لعرض آرائهم وتقديم حججهم ولهم خلال هذه الجلسات عرض معلومات شفهية وفي هذه الحالة لا يجوز لسلطة التحقيق الاعتداد بها ما لم تقدم بعد ذلك كتابة - راجع المادة ٢٥ من اللائحة سالفة الذكر=

إجراءات التحقيق[1].

المطلب الثالث

تدابير مكافحة الإغراق

تمهيد:

سبق أن أوضحنا أن الإغراق الذي يهدف إلى الإضرار بالصناعة الوطنية المماثلة والذي تتوافر فيه الشروط الثلاثة السابق بيانها يعد نوعاً من المنافسة غير المشروعة والذي قد يؤدي إلى شن نوع من الحروب التجارية أو الاقتصادية غير المشروعة سواء مارسها المنتج المغرق في عملياته التجارية الداخلية أو في عملياته الخارجية حيث يساهم في هدم وتدمير

= ج- أجاز المشرع لسلطة التحقيق الاستفادة بكافة الإمكانيات المتاحة في سبيل السير ضد الإغراق ومن ذلك أنه أجاز لسلطة التحقيق بموافقة الأطراف المعنية - القيام بزيارات ميدانية داخل البلاد وخارجها للحصول على البيانات والمعلومات التي يقتضيها التحقيق- راجع المادة ٢٦ من اللائحة التنفيذية.

د- وفي حالة عدم تقديم البيانات المطلوبة أو عدم تقديمها في المهلة المحددة أو عدم التعاون مع سلطة التحقيق يجوز استكمال إجراءات التحقيق واستخلاص النتائج وفقاً لأفضل البيانات والمعلومات المتاحة لدى سلطة التحقيق- راجع المادة ٢٧ من اللائحة التنفيذية.

هـ ويتعين على سلطة التحقيق أن تتيح للأطراف المعنية كافة البيانات والمعلومات ذات الصلة بالتحقيق وذلك مع مراعاة القواعد المنظمة لسرية هذه المعلومات والبيانات وعليها أن تقدم إلى المحكمة وللخبير الذي تعينه البيانات السرية التي وافق الطرف المعني كتابة على تقديمها - راجع المادة ٢٩ من اللائحة التنفيذية.

(١) راجع المادة ٣٠ من اللائحة التنفيذية سالفة الذكر.

الصناعات الوطنية المماثلة ولاسيما إذا كانت ذات كفاءة أقل، كما أنه يحد من المنافسة الحرة بين المنتجين للسلعة المغرقة أو السلع المماثلة ويؤدي على المدى البعيد إلى إساءة الوضع الاقتصادي للدولة نتيجة الأضرار الفادحة التي تلحق بمنتجها المشابه مما يؤدي بدوره إلى إثارة العداء بين الدول المعنية بالإغراق ومن هنا يتضح خطورة الأثر الهدام للإغراق على هيكل الجهاز الإنتاجي واتجاهات التجارة الخارجية للبلاد، ويستقيم بالتالي القول بضرورة حماية الاقتصاد القومي من مخاطره وذلك عن طريق مكافحة سياسة الإغراق الأجنبية بفرض القيود على حركات السلع التي يراد لها إغراق السوق الوطني والقضاء على المنافسة فيه.

ولقد نظم اتفاق مكافحة الإغراق أحكام التدابير التي يمكن للسلطات أن تتخذها لمكافحة الإغراق، كما نظمها المشرع المصري وأرسى الجزاءات المقررة لمكافحة الإغراق من خلال اللائحة التنفيذية للقانون رقم ١٦١ لسنة ١٩٩٨، وهذه التدابير ثلاثة وهي الإجراءات المؤقتة لمكافحة الإغراق، والتعهدات السعرية ثم الرسوم النهائية لمكافحة الإغراق، نعرض لها في فروع ثلاثة على النحو التالي:

الفرع الأول: الإجراءات المؤقتة لمكافحة الإغراق.

الفرع الثاني: التعهدات السعرية لمكافحة الإغراق.

الفرع الثالث: الرسوم النهائية لمكافحة الإغراق.

الفرع الأول

الإجــراءات المؤقتة لمكافحـة الإغـراق

Provisional Measures

يجوز لسلطة التحقيق أن تطلب ضمانات مؤقتة في شكل ودائع نقدية أو سندات إذا رأت أن مثل هذا الإجراء ضروري للحيلولة دون وقوع ضرر أثناء التحقيق ولا يتم ذلك إلا إذا تحققت سلطات التحقيق بشكل مبدئي من ثبوت الإغراق [1].

ولقد نظمت المادة "٧" من اتفاق مكافحة الإغراق الإجراءات المؤقتة، وطبقاً للفقرة "١" من هذه المادة فإنه يجوز تطبيق التدابير المؤقتة في حالة ما إذا توافرت شروط ثلاثة:

١) أن يكون التحقيق قد بدأ وفقاً لأحكام المادة "٢" الخاصة بتحديد وجود الإغراق وصدر إخطار عام بهذا الشأن وأتيحت للأطراف ذات المصلحة فرصاً كافية لتقديم المعلومات والتعليمات.

٢) أن يكون قد تم التوصل إلى تحديد إيجابي أولي بوقوع إغراق وبترتيب ضرر عليه "أي بسبب الواردات المغرقة للصناعة المحلية المعنية "

٣) أن تكون السلطات المعنية قد رأت أن هذه الإجراءات لازمة لمنع حدوث الضرر أثناء التحقيق.

(١) د. عادل محمد خليل " تبسيط الجات " الأهرام الاقتصادي " العدد ١٥٨٠ في ١٩ أبريل سنة ١٩٩٩ صـ٤٩

ثم تحدد الفقرة "٢" طبيعة الإجراءات المؤقتة بأنها قد تتخذ شكل رسوم مؤقت أو بالأفضل شكل ضمان مؤقت – بوديعة نقدية أو سند يعادل مقدار رسم مكافحة الإغراق المقدر مؤقتاً ولا يزيد عن هامش الإغراق المقدر مؤقتاً – ويعتبر وقف التقييم الجمركي تدبيراً مؤقتاً ملائماً وذلك بشرط بيان الرسم العادي والمبلغ المقدر لرسم مكافحة الإغراق، وطالما كان وقت التقييم المذكور خاضعاً لذات الشروط التي تخضع لها التدابير المؤقتة الأخرى.

أما عن تحديد الوقت الذي يمكن أن تطبق فيه الإجراءات المؤقتة فقد حددته الفقرة"٣" من المادة نفسها حيث اشترطت أن هذه الإجراءات لا تطبق قبل مضي ٦٠ يوماً من تاريخ بدء التحقيق.

أما عن مدة سريان التدبير المؤقت المفروض على هذا النحو فقد نظمته الفقرة "٤" حيث تدعو إلى أن يقتصر تطبيق التدابير المؤقتة على أقصر مدة ممكنة على ألا تتجاوز أربعة أشهر أو لا تجاوز ستة أشهر واشترطت لذلك أن يصدر قرار من السلطات المعنية بناءً على طلب المصدرين الممثلين لنسبة مئوية يعتد بها في التجارة المعنية.

وفي الحالة التي تتولى فيها السلطات بحث ما إذا كان تطبيق رسم أقل من هامش الإغراق يعتبر كافياً لإزالة الضرر فإنه يجوز أن تكون هاتان الفقرتان ستة أشهر وتسعة أشهر على التوالي [١].

وتعتبر زيادة مدة الشهرين على الأربعة أشهر أو زيادة الثلاثة اشهر على الستة أشهر هذه من الإضافات التي جاء بها تقنين جولة أورجواي في

---

[١] راجع الوثيقة الختامية لجولة أورجواي – مرجع سابق صـ٢٠٢

حالة ما إذا كانت السلطات تبحث فيما إذا كان تطبيق رسم أقل في مقداره من هامش الإغراق يعد كافياً لإزالة الضرر، وتعتبر هذه الزيادة في مصلحة البلاد المصدرة أو المنتجة للمنتجات محل تحقيقات مكافحة الإغراق لأنها تتيح فرصة أطول للسلطات لمتابعة التحقيق بعد البدء فيه كما أنها تمنح للمصدرين والمنتجين لهذه المنتجات فرصة أطول لتقديم البيانات الكفيلة بالدفاع عن مصالحهم والرد على ما ورد من بيانات في طلب الصناعة المحلية البدء في تحقيق بوجود إغراق[1].

أما عن الإجراءات المؤقتة في التشريع المصري:

فقد خصصت اللائحة التنفيذية الصادرة بالقرار الوزاري رقم ٥٤٩ لسنة١٩٩٨ والمنفذة لحكام القانون رقم ١٦١ لسنة ١٩٩٨ – الفصل الثالث من الباب الثالث لهذه الإجراءات - حيث تنص المادة ٤٤ من اللائحة على أنه " يجوز فرض إجراءات مؤقتة لمكافحة الإغراق في صور إيداع نقدي لا يجاوز هامش الإغراق بشرط مضي ستين يوماً على الأقل من بدء التحقيق وتوصل سلطة التحقيق إلى نتائج أولية تثبت وجود إغراق تسبب في إلحاق ضرر بالصناعة المحلية، وتسرى الإجراءات المشار إليها لمدة لا تجاوز أربعة أشهر ويجوز مدها لمدة شهرين آخرين، وإذا كانت الإجراءات المؤقتة أقل من هامش الإغراق تسري الإجراءات المؤقتة لمدة ستة أشهر ويجوز مدها إلى تسعة أشهر "

والبين من هذا النص أن المشرع قد أتى بتدبير وقائي مؤقت لمكافحة الإغراق يتمثل في إيداع نقدي لا يجاوز هامش الإغراق بمعنى فرض رسم

(١) د. أحمد جامع " اتفاقات التجارة العالمية " مرجع سابق صـ٦٧٥

مؤقت على السلع المغرقة لا يزيد مقداره عن هـامش الإغراق وذلك بقصـد حمايـة الاقتصاد القومي من الآثار الناجمة عن الإغراق باعتباره أحد الممارسات الضارة بالتجارة الدولية.

ولكن المشرع اشترط لتوقيع هذا التدبير شرطين لابد من توافرهما وهما:

الشرط الأول: أنه لا يجوز تطبيق هذا الإجراء المؤقت إلا بعد مضي ستين يوماً على الأقل من بدء التحقيق، والحكمة من مضي هذه المدة قبل التحقيق أنها تكفي لتوافرها عناصر الضرر مـن الإغراق كما أنها تتـيح الفرصـة للأطراف المعنيـة بالإغراق لتقـديم المعلومـات أو التعليقـات أو الحجج والدفوع التي تؤيد مواقفهم من الإغراق.

الشرط الثاني: انه يتعين على سلطة التحقيق التوصل إلى نتائج أولية تثبت وجود إغراق وأن هذا الإغراق تسبب في إلحاق ضرر بالصناعة المحلية وأن هذه الإجراءات المؤقتة تكـون ضروريـة لمنع استمرار الضرر الواقع بالصناعة المحلية أثناء التحقيق.

كما تبين من النص أن المشرع – في مجال فرض الإجراءات المؤقتة لمكافحة الإغراق -قد حدد الحالات التي يتعين فيها فرض هذه الإجراءات على النحو التالي:

الحالة الأولى: إذا أثبتت النتائج الأولية التي توصلت إليهـا سـلطة التحقيـق وجـود الإغراق وأنه تسبب في إلحاق ضرر بالصناعة المحلية ومن شأنها فرض الإجراءات المؤقتة لمكافحة الإغراق في حدود هامش الإغراق فتسري في هذه الحالة الإجراءات لمـدة لا تجـاوز أربعـة أشـهر ويجـوز مدها

لمدة شهرين آخرين بمعنى أنه إذا كانت التدابير المؤقتة لمكافحة الإغراق تعادل هامش الإغراق فإنه يجب سريان تلك التدابير لمدة لا تتعدى ستة أشهر ولا تقل عن أربعة أشهر.

الحالة الثانية: إذا أثبتت النتائج الأولية التي توصلت إليها سلطة التحقيق وجود الإغراق الضار بالصناعة المحلية ومن شأنها فرض الإجراءات المؤقتة لمكافحة الإغراق لأقل من هامش الإغراق أو عند عدم التعادل مع هامش الإغراق فإن هذه الإجراءات تسري لمدة ستة أشهر ويجوز مدها إلى تسعة أشهر حسب مقتضيات حالة الإغراق.

الفرع الثاني

التعهدات السعرية لمكافحة الإغراق

Price Undertakings

قد يعمل المصدرون للمنتج محل تحقيقات مكافحة الإغراق على تجنب فرض إجراءات مؤقتة أو سداد رسوم مكافحة الإغراق أو الرسوم التعويضية على منتجاتهم وذلك بقبولهم طواعية التعهد بزيادة أسعار المنتج المغرق في البلد المستورد له ولا يسمح بالمطالبة بمثل هذه التعهدات إلا بعد تحقق سلطات التحقيق من وجود ضرر بالصناعة المحلية ومن وجود الإغراق [1].

ولقد نظمت المادة "٨" من الاتفاق المعني بمكافحة الإغراق التعهدات السعرية، وطبقاً للحكم الرئيسي الذي أتت به الفقرة "١" من المادة فإنه

---

(١) د. عادل محمد خليل – الأهرام الاقتصادي العدد ١٥٨٠ في ١٩٩٩/٤/١٩ ص٤٩

يجوز السماح بوقف السير في الإجراءات أو إنهائها بدون فرض التدابير المؤقتة أو رسوم مكافحة الإغراق وذلك بناءً على تلقي تعهدات تطوعية مرضية من أي مصدر بمراجعة أسعاره أو بوقف الصادرات للمنطقة بأسعار إغراق، بحيث تقتنع السلطات بأن الأثر الضار للإغراق قد زال.

ولن تكون الزيادة السعرية بناءً على مثل هذه التعهدات أعلى من تلك الضرورية لاستبعاد هامش الإغراق ولكن يفضل أن تكون الزيادة السعرية أقل من هذا الهامش إذا ما كانت مثل هذه الزيادات ملائمة لإزالة الضرر اللاحق بالصناعة المحلية(١).

ولا تُطلب أو تُقبل تعهدات سعرية من المصدرين إلا إذا كانت سلطات البلد المستورد قد انتهت إلى تحديد إيجابي أولي بوقوع الإغراق وبوجود ضرر تسبب في هذا الإغراق، ولن تكون السلطات بحاجة إلى قبول التعهدات السعرية المعروضة إذا ما قدرت أن مثل هذا القبول لن يكون عملياً وعلى سبيل المثال إذا كان عدد المصدرين الفعليين والاحتماليين كبيراً للغاية أو لأي أسباب أخرى بما فيها الأسباب التي تتصل بالسياسة العامة، وعلى سلطات التحقيق أن تبلغ المصدرين بالأسباب التي دفعتها إلى اعتبار قبول التعهد غير مناسب إذا تطلب الأمر ذلك أو كان عملياً كما عليها أن تتيح لهم الفرصة بقدر الإمكان للتعليق على هذه الأسباب(٢).

وفي حالة قبول تعهد بالسعر فإن التحقيق في الإغراق وفي الضرر

---

(١) د. أحمد جامع " اتفاقات التجارة العالمية " مرجع سابق صـ٦٤٩

(٢) راجع الفقرتين ٢، ٣ من المادة ٨ من الاتفاق - الوثيقة الختامية لجولة أورجواي - مرجع سابق صـ٢٠٣

المترتب عليه يستمر إذا رغب المصدر في ذلك أو قررته السلطات وفي هذه الحالة يسقط التعهد تلقائياً إذا تم التوصل إلى تحديد سلبي للإغراق أو الضرر إلا إذا ثبت أن هذا التحديد راجع إلى حد كبير لوجود التعهد بالسعر وفي هذه الحالة الأخيرة فإنه يجوز للسلطات أن تطلب الإبقاء على التعهد مدة معقولة أما إذا انتهت السلطات إلى تحديد إيجابي للإغراق فسيستمر التعهد بما يتفق مع شروطه ومع أحكام الاتفاق[1].

ويجوز لسلطات البلد المستورد أن تقترح التعهدات السعرية على المصدرين للسلعة محل الإغراق إلا أنه لا يجوز إجبار أي منهم على تقديم هذا التعهد أو تنفيذه، ولن يترتب على عدم عرض المصدرين مثل هذه التعهدات أو عدم قبول الدعوى للقيام بها المساس بنظر الدعوى وفي حالة تقديم أي مصدر تعهد بالأسعار فللسلطات الحق في التأكد من استمراره في تنفيذ ما التزم به من تعهدات وذلك بإلزامه بتقديم معلومات دورية عن وفائه بهذا التعهد، وفي حالة انتهاك التعهد من قبل المصدر فللسلطات أن تتخذ إجراءات عاجلة قد تشكل تطبيقاً في الحال للتدابير المؤقتة مستعينة في ذلك بأفضل ما لديها من معلومات، وفي هذه الحالة يجوز فرض رسوم نهائية على المنتجات التي دخلت للاستهلاك قبل مالا يزيد عن ٩٠يوماً من تطبيق الإجراءات المؤقتة ولا ينطبق هذا الأثر الرجعي على الواردات التي دخلت قبل انتهاك التعهد[2].

---

(١) راجع الفقرة ٤ من المادة ٨ من الاتفاق – الوثيقة الختامية – المرجع السابق ص٢٠٣

(٢) راجع الفقرتين ٥، ٦ من المادة "٨" من اتفاق مكافحة الإغراق – الوثيقة الختامية – مرجع سابق ص٢٠٣

أما بالنسبة للتعهدات السعرية في التشريع المصري:

فقد خصصت اللائحة التنفيذية المنفذة لأحكام القانون رقم ١٦١ لسنة ١٩٩٨ الفصل الخامس من الباب الثالث لهذا الإجراء أو التدبير لمكافحة الإغراق.

فقد نصت المادة "٤٨" من اللائحة على انه " يجوز للمصدرين التقدم لسلطة التحقيق بتعهدات يتعهدون فيها بزيادة أسعار صادراتهم إلى مصر بما يحقق إزالة هامش الإغراق الذي تم حسابه، ويراعي عند قبول أو رفض التعهدات السعرية أو تعديلها الآتي:

١) جواز وقف أو إنهاء إجراءات التحقيق إذا قبل التعهد ألسعري ورأت سلطة التحقيق أنه كافٍ لإزالة هامش الإغراق ما لم يطلب المصدرون الاستمرار في التحقيق.

٢) إخطار المصدرين في حالة رفض التعهدات السعرية ومبرراته متى كان ذلك عملياً.

٣) يجوز لسلطة التحقيق أن تشترط أن يقدم المصدرون معلومات دورية عند وفائهم بالتعهد ألسعري وأن يسمحوا بالتحقق من البيانات ذات الصلة.

والملاحظ من هذا النص أن التشريع المصري يطابق - إلى حد كبير - ما جاء في اتفاق مكافحة الإغراق بشأن أنه أجاز للمصدرين التقدم لسلطة التحقيق طواعية بتعهدات سعرية يتعهدون فيها بزيادة أسعار صادراتهم إلى مصر بما يحقق إزالة هامش الإغراق الذي تم حسابه، كما أنه أجاز وقف أو إنهاء إجراءات التحقيق في حالة قبول التعهدات السعرية ورأت سلطة

التحقيق أنه كافٍ لإزالة هامش الإغراق ما لم يطلب المصدرون الاستمرار في التحقيق.

بالإضافة إلى أنه يتعين على سلطة التحقيق إخطار المصدرين في حالة رفض التعهدات السعرية ومبرراته متى كان ذلك عملياً فضلاً عن أنه يجوز لسلطة التحقيق أن تشترط أن يقدم المصدرون معلومات دورية عن وفائهم بالتعهد ألسعري وأن يسمحوا بالتحقق من البيانات ذات الصلة بالتحقيق.

أما عن حالات سريان التعهدات السعرية طبقاً للتشريع المصري فقد نصت المادة ٤٩ من اللائحة على أنه " مع مراعاة أحكام الفصل السابع من هذا الباب يستمر سريان التعهدات السعرية للفترة اللازمة لإزالة هامش الإغراق، وينتهي سريان التعهدات السعرية تلقائياً إذا صدر قرار بإنهاء التحقيق لعدم ثبوت وجود الإغراق أو عدم تسببه في إلحاق ضرر بالصناعة المحلية".

والبين من هذا النص أن سريان التعهدات السعرية لابد أن يستمر للفترة اللازمة لإزالة هامش الإغراق بمعنى أنه يجوز للدولة التي مورست سياسة الإغراق في أسواقها أن تنفذ التعهدات السعرية ثم تواصل اتخاذ إجراءات إلى جانب هذه التعهدات في حالة عدم الاقتناع بجدواها في إزالة آثار الإغراق، أما في حالة اقتناع سلطة التحقيق بكفاية التعهدات السعرية في إزالة آثار الإغراق، أو إذا صدر قرار بإنهاء التحقيق لعدم ثبوت الإغراق أو عدم تسببه في إلحاق الضرر بالصناعة المحلية فإنه يتعين انتهاء سريان التعهدات السعرية تلقائياً[١].

(١) الأستاذ إبراهيم المنجي. دعوى مكافحة الإغراق - مرجع سابق صـ٢٨٨

وفي حالة عدم التزام المصدرين بضمان قبول التعهدات السعرية فقد نصت المادة "٥٠" من اللائحة سالفة الذكر على أنه " يجوز لسلطة التحقيق إذا تبين لها عـدم التـزام المصـدر بالتعهـد ألسعري إعداد تقرير لفرض إجراء مؤقت وفقاً لأفضل البيانـات المتاحـة و فـرض رسوم نهائيـة ويجوز فرض الرسوم النهائية في هذه الحالة بـأثر رجعي عـلى المنتجـات التـي تـم الإفـراج عنهـا اعتباراً من تاريخ عدم الالتزام بالتعهد ألسعري وبما لا يجاوز "٩٠" يومـاً قبـل تطبيـق الإجـراءات المؤقتة"

وقد أجاز هذا النص لسلطة التحقيق الحق في إعداد تقرير لفرض إجراء مؤقت أو فـرض رسوم نهائية على الإغراق وذلك في حالة ما إذا تبين لها عدم التزام المصدر بالتعهد ألسعري، وفي حالة فرض رسوم إغراق نهائية فإنها تفرض بأثر رجعي على المنتجات التي تم الإفراج عنها اعتباراً من تاريخ عدم الالتزام بالتعهد ألسعري وبما لا يجاوز ٩٠ يوماً قبل تطبيق الإجراءات المؤقتة.

الفرع الثالث

الرسـوم النهائيـة لمكافحة الإغـراق

Smposition and collection of anti- Dumping Duties

تمهيـــد:

يعتبر تدبير الرسوم النهائية لمكافحة الإغراق هو التدبير الثالث والأهـم مـن تـدابير مكافحـة الإغراق، والذي نظمت أحكامه نصوص الاتفاق بشأن

تطبيق المادة السادسة من الاتفاقية العامة للتعريفات والتجارة – الجات- ١٩٩٤ وكذلك اللائحة التنفيذية الصادرة بالقرار الـوزاري رقم ٥٤٩ لـسنة ١٩٩٨ والمنفذة لأحكام القـانون ١٦١ لـسنة ١٩٩٨ كما نظما الحالات التي يطبق فيها الأثر الرجعي لهذه الرسوم وكذلك مراجعة هذه الرسوم لما قد يستجد من ظروف تبرر هـذه المراجعـة.... ولـذا رأينـا أن نتنـاول هذا الفـرع في النقـاط التالية:

أولاً: أحكام فرض رسوم مكافحة الإغراق وتحصيلها.

ثانياً: الأثر الرجعي لفرض الرسوم النهائية لمكافحة الإغراق.

ثالثاً: مراجعة الرسوم النهائية لمكافحة الإغراق .... ونبين ذلك فيما يلي:

أولاً: أحكام فرض الرسوم النهائية لمكافحة الإغراق وتحصيلها:

يعتبر تدبير فرض الرسوم النهائية لمكافحة الإغراق هـو التـدبير الأهـم والأخطـر مـن هـذه التدابير لما يمثله من أثـر خطير على مصدري السلعة محل الإغراق، وقد تناول أحكام فرض هـذه الرسوم النهائية اتفاق مكافحة الإغراق وكذا المشرع المصري في القانون رقم ١٦١ لسنة ١٩٩٨.

أحكام فرض الرسوم النهائية في اتفاق مكافحة الإغراق:

تناولت المادة التاسعة من هذا الاتفاق بيان هذه الأحكام كما يلي:

بمقتضى الفقرة "١ " من هذه المادة فإن سلطات العضو المستورد هي التي تتخذ القرار بما إذا كانت ستفرض رسم الإغراق على الواردات المغرقة أو لن تفرضه وذلك في الحالات التي تكون كافة متطلبات هذا الفرض قد توافرت فيها، كذلك لها أن تتخذ القرار بما إذا كان مبلغ الرسم

الذي ستفرضه سيصل إلى كامل هامش الإغراق أو سيكون أقل من هذا المقدار، ومن الأفضل أن يكون فرض رسم الإغراق أمراً مسموحاً به في أراضي كل البلاد الأعضاء وأن يكون الرسم أقل من هامش الإغراق إذا كان كافياً لإزالة الضرر اللاحق بالصناعة المحلية[١].

وبمقتضى الفقرة "٢" من المادة فإنه يتعين أن يحصل رسم مكافحة الإغراق عند فرضه بالمقادير المناسبة في كل حالة وعلى أساس غير تمييزي على واردات هذا المنتج من كافة المصادر التي تبين أنها مغرقة وسببت ضرراً وذلك باستثناء الواردات التي قبلت منها تعهدات سعرية طبقاً للشروط التي وضعها الاتفاق وعلى السلطات أن تقوم بتسمية المورد أو الموردين للمنتج المعني، وفي حالة اشتراك عدد كثير من الموردين فيمكن للسلطات أن تسمى البلد المصدر المعنى وكذلك إذا كثر عدد الموردين من أكثر من بلد مصدر[٢].

ولا يتجاوز مقدار رسم مكافحة الإغراق هامش الإغراق وفقاً للأسس والقواعد التالية[٣].

١) عند تقييم رسم مكافحة الإغراق بأثر رجعي يجرى تحديد الالتزام النهائي بدفع رسوم مكافحة الإغراق بأسرع ما يمكن وعادة خلال ١٢ شهراً بحيث لا تزيد بأي حال عن ١٨ شهراً بعد تاريخ تقديم طلب التقييم النهائي لمقدار رسم مكافحة الإغراق ويتم أي استرجاع للأموال

(١) الوثيقة الختامية - مرجع سابق صـ٢٠٣
(٢) د. أحمد جامع " اتفاقات التجارة العالمية " مرجع سابق صـ٦٥٠،٦٥١
(٣) راجع الفقرة ٣ من المادة ٩ الوثيقة الختامية - مرجع سابق صـ٢٠٤

على وجه السرعة وعادة قبل انقضاء ٩٠يوماً من تاريخ التحديد النهائي للالتزام بمقتضى هذه الفقرة الفرعية. وفي كل الحالات وعندما لا يتم إعادة الأموال خلال ٩٠ يوماً تقدم السلطات تفسيراً إذا طلب منها ذلك.

٢) عند تقييم مقدار رسم مكافحة الإغراق على أساس أن تتخذ الإجراءات على وجه السرعة لإعادة أي رسم دفع زيادة عن هامش الإغراق عند الطلب ويعاد الرسم الذي دفع زيادة عن هامش الإغراق الفعلي عادة قبل انقضاء ١٢ شهراً على ألا تتجاوز في أي الأحوال ١٨ شهراً من تقديم مستورد المنتج الخاضع لرسم مكافحة الإغراق طلباً بالسداد معززاً بالأدلة، وعند التصريح بالرد يجب السداد عادة قبل انقضاء ٩٠ يوماً من القرار سالف الذكر.

٣) تأخذ السلطات في اعتبارها عند تحديد ما إذا كان السداد واجباً ومداه حين يكون التصدير مستنبطاً أي تغيير في القيمة العادية وأي تغير في التكاليف المحتملة بين الاستيراد وإعادة البيع وأي تحرك في سعر إعادة البيع انعكس فيما بعد على أسعار البيع، وتحسب سعر التصدير دون استقطاع مقدار رسوم مكافحة الإغراق عند تقديم أدلة قاطعة بما سبق.

وعندما تكون السلطات قد ضيقت التحقيق فلا تتجاوز رسوم مكافحة الإغراق المطبقة على الواردات من مصدرين أو منتجين غير مدرجين في البحث[1]:

(١) راجع الفقرة ٤ من المادة ٩ الوثيقة الختامية - مرجع سابق صـ٢٠٤

١) المتوسط المرجح لهامش الإغراق المقرر بالنسبة للمصدرين أو المنتجين المختارين.

٢) وحيث يحسب الالتزام بدفع رسوم مكافحة الإغراق على أساس قيمة عادية متوقعة للفرق بين المتوسط المرجح للقيمة العادية للمصدرين أو المنتجين المختارين وأسعار تصدير المصدرين أو المنتجين الذين لم يتحقق معهم انفرادياً.

وفي حالة خضوع منتج ما لرسوم مكافحة الإغراق في عضو مستورد تجري السلطات على وجه السرعة مراجعة لتحديد هوامش فردية للإغراق لأي مصدرين أو منتجين في البلد المصدر المعني لم يقوموا بتصدير المنتج إلى البلد المستورد خلال فترة التحقيق بشرط أن يبين هؤلاء المصدرون أو المنتجون أنهم لا يرتبطون بأي مصدرين أو منتجين في البلد المصدر خاضعين لرسوم مكافحة الإغراق على المنتج، على أن تبدأ هذه المراجعة على وجه السرعة بالمقارنة بإجراءات تقدير الرسوم والاستعراض العادية لدى العضو المستورد ولا تفرض رسوم على الواردات من هؤلاء المصدرين والمنتجين أثناء المراجعة، ويجوز للسلطات وقف التقييم في الجمرك أو طلب ضمانات لضمان أمكان فرض رسوم مكافحة الإغراق بأثر رجعي حتى تاريخ المراجعة[1].

أحكام فرض الرسوم النهائية في القانون المصري: أما بالنسبة لأحكام فرض الرسوم النهائية لمكافحة الإغراق في التشريع المصري فقد خصصت

---

(١) راجع الفقرة "٥" من المادة ٩ من اتفاق مكافحة الإغراق الوثيقة الختامية – مرجع سابق ص٢٠٥

اللائحة التنفيذية المنفذة لأحكام القانون رقم ١٦١ لسنة ١٩٩٨ الفصل الرابع من الباب الثالث لهذا الإجراء.

فنصت المادة ٤٥ من اللائحة على أن " تقوم سلطة التحقيق بتحديد مقدار الرسوم النهائية لمكافحة الإغراق وبما لا يجاوز هامش الإغراق. وتفرض هذه الرسوم على الواردات المغرقة من كافة المصادر متى ثبت أنها تتسبب في حدوث ضرر بالصناعة المحلية ويستثنى من ذلك الواردات من المصادر التي قبلت تعهدات سعرية".

ويتضح من هذا النص أن المشرع قد فرض الرسوم النهائية لمكافحة الإغراق وأناط بسلطة التحقيق تحديد مقدار هذه الرسوم بما لا يجاوز هامش الإغراق ولا تفرض هذه الرسوم إلا على الواردات المغرقة من كافة المصادر متى ثبت أنها تتسبب في حدوث ضرر بالصناعة المحلية أو التهديد بحدوثه أو إعاقة إنشاء صناعة بمعنى التحقق من توافر علاقة السببية بين الإغراق والضرر المادي الواقع على الصناعة المحلية، ويستثنى من ذلك الواردات من المصادر التي قبلت تعهدات سعرية، إذ يجوز وقف الإجراءات أو إنهاءها دون فرض إجراءات مؤقتة أو رسوم مكافحة الإغراق عند تلقي هذه التعهدات طواعية[1].

ولم يطلق المشرع مدة سريان الرسوم النهائية لمكافحة الإغراق دون قيد ولكنه حدد نطاق تطبيق هذا الجزاء من حيث الزمان بحيث لا يسري إلا بالقدر والمدة اللازمين لمواجهة الإغراق، فنصت المادة ٤٦ من اللائحة التنفيذية سالفة الذكر على أنه " لا تزيد مدة سريان الرسوم النهائية لمكافحة

---

(١) أ.د الأستاذ إبراهيم المنجي – دعوى مكافحة الإغراق – مرجع سابق ص٢٧٩

الإغراق على خمس سنوات تبدأ من تاريخ نشر القرار النهائي بفرضها في الوقائع المصرية ".

ويتضح من هذا النص أن المشرع قيد مدة سريان الرسوم بحيث لا تزيد على خمس سنوات تبدأ من تاريخ نشر القرار النهائي بفرضها في الوقائع المصرية ويعد هذا النشر قرينة كافية لعلم الكافة بالقرار النهائي بفرض الرسوم النهائية لمكافحة الإغراق.

وإذا كان الأصل أن المشرع قد فرض رسوماً نهائية لمكافحة الإغراق على الواردات المغرقة والمتسببة في الضرر اللاحق بالصناعة المحلية فإنه قد أجاز- استثناءً – في الأحوال التي تصدر فيها المنتجات الخاضعة للرسوم النهائية لمكافحة الإغراق إلى مصر من مصدرين أو منتجين لم يقوموا بالتصدير خلال فترة التحقيق تقوم سلطة التحقيق على وجه السرعة بإجراء مراجعة لتحديد هوامش إغراق فردية لهم شريطة أن يثبتوا عدم ارتباطهم بأي من المصدرين أو المنتجين الصادر ضدهم القرار بفرض رسوم نهائية لمكافحة الإغراق وفي حالة ثبوت ارتباط تلك الحالات بالمصدرين أو المنتجين الخاضعين للرسوم فتعتبر تلك الحالات في عداد الممارسات الضارة في التجارة الدولية وتخضع للجزاءات المقررة في الأصل.

وقد أجاز المشرع في حالة الاستثناء من فرض الرسوم النهائية لمكافحة الإغراق لسلطة التحقيق أن تطلب من المستورد ضمانات مالية تعادل رسوم مكافحة الإغراق النهائية المفروضة على المصدرين الخاضعين للرسوم

اعتباراً من تاريخ بدء المراجعة[1].

ويتضح مما سبق تماثل الأحكام المنظمة لفرض الرسوم النهائية لمكافحة الإغراق في كل من الاتفاق بشأن تطبيق المادة السادسة من الاتفاقية العامة للتعريفات والتجارة - الجات- ١٩٩٤ واللائحة التنفيذية الصادرة بالقرار الوزاري رقم ٥٤٩ لسنة ١٩٩٨ بشأن تنفيذ أحكام القانون رقم ١٦١ لسنة ١٩٩٨ وذلك إلى حد كبير.

ثانياً: الأثر الرجعي لفرض الرسوم النهائية لمكافحة الإغراق:

لا تفرض رسوم مكافحة الإغراق لمجرد التهديد بوجود الضرر أو التعطيل المادي لإقامة صناعة ما، ولكن لابد لفرضها من التحديد النهائي للضرر أو التحديد النهائي لقيام خطر الضرر وفي هاتين الحالتين يجوز فرض رسوم مكافحة الإغراق بأثر رجعي Retroactively للفترة التي طبقت فيها الإجراءات المؤقتة إن وجدت[2].

ولقد خصص اتفاق مكافحة الإغراق المادة "١٠" لتنظيم حالات الأثر الرجعي لتطبيق التدابير المؤقتة ورسوم مكافحة الإغراق.

فنصت الفقرة "١" من المادة المذكورة على أنه" لا تنطبق الإجراءات المؤقتة ورسوم مكافحة الإغراق إلا على المنتجات التي تدخل للاستهلاك بعد وقت بدء سريان القرار المتخذ بمقتضى الفقرة ١ من المادة "٧" الخاصة بالتدابير المؤقتة والفقرة ١ من المادة ٩ الخاصة بفرض رسوم مكافحة

---

(١) راجع نص المادة ٤٧ من اللائحة التنفيذية سالفة الذكر

(٢) د. عطية عبد الحيم صقر- الإغراق بين الاتفاقية العامة والسياسات التجارية في مصر - مرجع سابق ص٥٣

الإغراق على التوالي إلا في الحالات الاستثنائية المبينة في هذه المادة "

وطبقاً للفقرة ٢ فإنه في حالة التوصل إلى تحديد نهائي بوجود الضرر أو في حالة التوصل إلى تحديد نهائي بتهديد بوقوع ضرر إذا كان من الممكن أن تؤدي الواردات المغرقة - في حالة غياب التدابير المؤقتة - إلى تهديد بوجود الضرر فإنه يمكن فرض رسوم مكافحة الإغراق بأثر رجعي للفترة التي طبقت فيها التدابير المؤقتة إن كان قد حدث بالفعل مثل هذا التطبيق.وهذا يعني أنه لابد من الرجوع بامتداد أو سريان فرض الرسم على الماضي وطول الفترة التي وقعت ما بين بداية تطبيق التدابير المؤقتة وتاريخ فرض الرسم وذلك بشرط أن تكون هناك تدابير قد جرى تطبيقها من قبل بالفعل[1].

وباستثناء ما نصت عليه الفقرة ٢ المشار إليها في حالة التوصل إلى تحديد بوقوع تهديد بالضرر بالصناعة المحلية أو بتأخير مادي لإقامة مثل هذه الصناعة ولكن لم يحدث ضرر مادي بعد فإنه يمكن فرض الرسم النهائي لمكافحة الإغراق من تاريخ هذا التحديد أي بدون أثر رجعي للفترة التي طبقت فيها التدابير المؤقتة إن كان قد حدث بالفعل هذا التطبيق وفي هذه الحالة سترد أية وديعة نقدية وستحرر أية مستندات قدمت خلال فترة تطبيق التدابير المؤقتة وذلك على وجه السرعة كما أنه في حالة التحديد النهائي فسترد أية وديعة نقدية وستحرر أية سندات قدمت خلال فترة تطبيق التدابير المؤقتة على وجه السرعة[2].

---

(١) د. أحمد جامع - اتفاقات التجارة العالمية مرجع سابق صـ٦٥٢

(٢) راجع الفقرتين ٤، ٥ من المادة "١٠" من اتفاق مكافحة الإغراق - الوثيقة الختامية - مرجع سابق صـ٢٠٥

وبمقتضى الفقرة ٣ من المادة المذكورة فإنه إذا كان الرسم النهائي لمكافحة الإغراق أكبر من الرسم المؤقت المدفوع أو المستحق أو كان أكبر من مقدار المبلغ الذي تم تقديره بغرض الضمان بوديعة نقدية أو سند فإنه لن يتم تحصيل الفرق بينهما ولكنه في حالة ما إذا كان ذلك الرسم النهائي للإغراق أدنى من هذا الرسم المؤقت أو من هذا المقدار للمبلغ فإن الفرق سيرد أو سيعاد حساب الرسم وفق ما يقتضيه الحال.

وقد أفادت الفقرات الثلاث الأخيرة من المادة العاشرة بتفصيلات إمكانية فرض رسوم مكافحة الإغراق على المنتجات التي دخلت إلى البلد المستورد قبل مالا يجاوز ٩٠ يوماً من تطبيق الإجراءات المؤقتة،وكذلك بعدم فرض رسوم إغراق بأثر رجعي على الواردات التي دخلت قبل البدء في التحقيق وهذا نصها.

٦)   يفرض رسم نهائي لمكافحة الإغراق على المنتجات التي دخلت للاستهلاك قبل ما لا يزيد عن ٩٠ يوماً من تطبيق الإجراءات المؤقتة حين تحدد السلطات بالنسبة لمنتج الإغراق:

أ)   أن هناك تاريخاً للإغراق الذي سبب الضرر وأن المستورد كان يعرف أو كان ينبغي أن يعرف أن المصدر يمارس الإغراق وأن مثل هذا الإغراق يمكن أن يسبب ضرراً.

ب)   وأن الضرر قد نشأ عن واردات إغراق كبيرة جداً في فترة قصيرة نسبياً ومن شأنه على ضوء توقيت وحجم واردات الإغراق وغير ذلك من الظروف " مثل سرعة تكدس مخزونات المنتج المستورد" أن تقوض كثيراً الأثر العلاجي لرسم مكافحة الإغراق النهائي الذي سيطبق بشرط

أن تكون الفرصة قد أتيحت للمستوردين المعينين للتعليق.

٧) يجوز للسلطات بعد بدء التحقيق أن تتخذ إجراءات مثل أو بما يلزم لتحصيل رسوم مكافحة الإغراق بأثر رجعي... إذا توافرت لها أدلة كافية على تحقق الشروط الواردة في الفقرة٦.

٨) لا يجوز فرض رسوم بأثر رجعي وفقاً للفقرة "٦" على المنتجات التي دخلت للاستهلاك قبل تاريخ بدء التحقيق ".

الأثر الرجعي لفرض الرسوم النهائية في القانون المصري:

أما بالنسبة للأثر الرجعي لفرض رسوم مكافحة الإغراق طبقاً للتشريع المصري فقد خصصت اللائحة التنفيذية للقانون رقم١٦١ لسنة ١٩٩٨ الفصل السادس من الباب الثالث لهذا الغرض ونوضح ذلك فيما يلي:

- تنص المادة ٥١ من اللائحة التنفيذية على أنه " في الأحوال التي تتوصل فيها سلطة التحقيق على تحديد نهائي بوجود الضرر أو تحديد نهائي بوجود التهديد بالضرر يجوز فرض الرسوم النهائية لمكافحة الإغراق بأثر رجعي إلى الفترة التي فرضت فيها الإجراءات المؤقتة " يتضح من هذا النص أن المشرع في مجال فرض الرسوم النهائية لمكافحة الإغراق بأثر رجعي قد أجاز لسلطة التحقيق في الأحوال التي يتوصل فيها إلى تحديد نهائي بوجود الضرر أو التهديد به أن تفرض الرسوم النهائية لمكافحة الإغراق بأثر رجعي يرجع إلى الفترة التي فرضت فيها الإجراءات المؤقتة وذلك بهدف بسط الحماية القانونية للصناعة المحلية من خطر الإغراق[1].

(١) راجع الأستاذ / إبراهيم المنجي - دعوى مكافحة الإغراق - مرجع سابق ص٢٩١

ولقد راعى المشرع وضع حدود للإجراءات المؤقتة ذلك أنه في الأحوال التي يكون فيها الرسم النهائي لمكافحة الإغراق أكبر من الإجراء المؤقت الذي سبق فرضه فإنه لا يحصل الفرق بينهما وفي حالة ما إذا كان الرسم النهائي أقل من الإجراء المؤقت يتم رد الفرق بينهما بما يحقق التوازن بين المصالح لإزالة آثار الإغراق بقدر الإمكان في حدود الإجراء المؤقت[١].

كما أن المشرع - في مجال فرض الرسوم النهائية لمكافحة الإغراق بأثر رجعي -راعى الأحوال التي يصدر فيها قرار نهائي بوجود تهديد بالضرر المادي أو الإعاقة المادية دون حدوث الضرر وفي هذه الحالة لا يتم فرض رسوم نهائية لمكافحة الإغراق بأثر رجعي[٢].

ولقد نظم المشرع شروط فرض الرسوم النهائية لمكافحة الإغراق حيث أجاز فرضها على الواردات التي دخلت البلاد قبل ما لا يزيد على ٩٠ يوماً من فرض الإجراءات المؤقتة وبما لا يجاوز تاريخ بدء التحقيق وذلك وفقاً للشروط الآتية:

أ) أن يكون الإغراق الذي تسبب في إلحاق الضرر بالصناعة المحلية موجوداً في فترة سابقة على فترة التحقيق وأن المستورد كان يعلم أن المصدر يمارس الإغراق الضار.

ب) أن يكون الضرر قد نشأ عن زيادة كبيرة في الواردات المغرقة خلال فترة قصيرة نسبياً وأنه من شأنه أن يقوض إلى حد كبير أثر الرسم

(١) راجع المادة ٥٢ من اللائحة التنفيذية سالفة الذكر

(٢) راجع المادة ٥٣ من اللائحة التنفيذية سالفة الذكر

النهائي لمكافحة الإغراق الذي سيطبق بشرط أن تتاح الفرصة للمستوردين المعنيين للتعليق[1].

ثالثاً: مراجعة الرسوم النهائية لمكافحة الإغراق:

لا يسري رسم مكافحة الإغراق إلا بالقدر والمدة اللازمين لمواجهة الإغراق وإزالة ما ترتب عليه من ضرر، ولذا وجب على الدولة التي فرضت هذا الرسم المراجعة الدورية لحالة الإغراق والضرر المتسبب فيه وعلاقة السببية بينهما لضرورة بقاء الرسم أو إلغائه سواء بمبادرة منها أو بطلب من أي صاحب مصلحة في ذلك فإذا انتهت السلطات وفقاً لهذه المراجعة إلى أنه لم يعد هناك داع للرسم أنهاه على الفور[2].

ولقد خصص الاتفاق بشأن تطبيق المادة السادسة من الاتفاقية العامة للتعريفات والتجارة- المادة ١١ لبيان مدة رسوم مكافحة الإغراق وتعهدات الأسعار ومراجعتها فنصت الفقرتان الأولى والثانية من هذه المادة على أنه " لا يظل رسم مكافحة الإغراق سارياً إلا بالقدر والمدى اللازمين لمواجهة الإغراق الذي يسبب الضرر، تراجع السلطات ضرورة استمرار فرض الرسم بمبادرة منها عند وجود مبررات أو بناءً على طلب طرف ذي مصلحة يقدم معلومات إيجابية تعزز ضرورة المراجعة بشرط انقضاء فترة زمنية مناسبة على فرض رسوم مكافحة الإغراق النهائي ويكون من حق الأطراف ذات المصلحة أن تطلب من السلطات بحث ما إذا كان استمرار

(١) راجع المادة٥٤ من اللائحة التنفيذية سالفة الذكر

(٢) د. عطيه. عبد الحليم صقر - الإغراق بين الاتفاقية العامة والسياسات التجارية في مصر، مرجع سابق صـ٥٥

فرض الرسم ضرورياً لمقابلة الإغراق وما إذا كان الضرر يمكن أو يستمر أو يتكرر عند إلغاء الرسم أو تعديله أو الاثنين معاً، فإذا حددت السلطات نتيجة للمراجعة بمقتضى هذه الفقرة أنه لم يعد هناك داعٍ لرسم مكافحة الإغراق أنهى الرسم على الفور".

وطبقاً للفقرة الثالثة من المادة المذكورة فإن رسم مكافحة الإغراق لا يترك دون قيد وإنما يجب أن ينتهي في موعد لا يتجاوز خمس سنوات من تاريخ فرضه أو من تاريخ آخر مراجعة دورية ما لم تقرر سلطات البلد المستورد بناء على طلب معزز بالأدلة من جانب الصناعة المحلية أو باسمها أو بناءً على مراجعة دورية تمت قبل نهاية الخمس سنوات بفترة مناسبة انتهت فيها هذه السلطات إلى أن من شأن انقضاء الرسم أن يؤدي إلى استمرار أو تكرار الإغراق والضرر كما أجازت أن يظل الرسم سارياً انتظاراً لنتيجة هذه المراجعة.

والجدير بالذكر أن هذا الحكم الذي تضمنته الفقرة الثالثة من المادة الحادية عشرة يعد حكماً جوهرياً ويعرف بشرط الغروب - أي غروب شمس الرسوم النهائية لمكافحة الإغراق ويعد تحسينا هاماً للغاية في مجال فرض الرسوم النهائية لمكافحة الإغراق بالنسبة للبلاد المصدرة[1].

أما عن مراجعة الرسوم طبقاً للتشريع المصري:

فقد خصصت اللائحة التنفيذية سالفة الذكر الفصل السابع من الباب الثالث لهذا الشأن،

(١) لمزيد من التفصيل راجع د. أحمد جامع- اتفاقات التجارة العالمية، مرجع سابق صـ٦٧٦، صـ ٦٧٧

فأجازت اللائحة لسلطة التحقيق القيام بمراجعة مدى ضرورة استمرار رسوم مكافحة الإغراق متى توافرت مبررات لذلك بعد مضي سنة من تاريخ فرضها ويمكن أن يتم ذلك بناءً على طلب مبرر من أي من الأطراف ذات المصلحة فإذا تم التأكد من أن هذه الرسوم لم يعد لها ما يبررها تعين إنهاء العمل بها على الفور, أما إذا انتهت المراجعة إلى ضرورة فرض رسوم نهائية فتفرض لمدة لا تجاوز خمس سنوات من تاريخ آخر مراجعة ويمكن أن تتم المراجعة في أي وقت وعلى ضوء ما يستجد من ظروف[١].

كما أوجب المشرع على سلطة التحقيق أن تقوم بمراجعة فرض الرسوم النهائية لمكافحة الإغراق من تلقاء نفسها أو بناءً على طلب من الصناعة المحلية وذلك قبل انتهاء مدة الخمس سنوات من تاريخ فرض الرسوم النهائية بستة أشهر. والتأكد مما إذا كان إلغاء الرسم يمكن أن يؤدي إلى استمرار أو تكرار الإغراق والضرر من عدمه وتظل الرسوم سارية لحين انتهاء المراجعة، ويتعين الانتهاء من المراجعة المشار إليها خلال فترة لا تتجاوز اثنى عشر شهراً من تاريخ بدئها[٢]

(١) المادة ٥٥ من اللائحة التنفيذية سالفة الذكر

(٢) المادة ٥٦من اللائحة التنفيذية سالفة الذكر

المطلب الرابع

تقييم اتفاق مكافحـة الإغراق

على الرغم من التسليم بأن اتفاق مكافحة الإغراق الذي جاءت به جولة أورجواي يعتبر أفضل مجموعة أحكام تم التوصل إليها لتحسين الإطار متعدد الأطراف لمكافحة الإغراق في النصف الثاني من القرن العشرين - كما سبق أن أوضحنا - إلا أن الواقع يؤكد أن كل ما أتى به الاتفاق في اتجاه التشدد في إثبات الشروط الثلاثة الرئيسية لفرض الرسوم النهائية لمكافحة الإغراق لم يكن من شأنه الحد من شهية الدول الصناعية الكبرى في الإسراف في اتخاذ تدابير مكافحة الإغراق ضد الواردات الأجنبية[١].

كما أنه من المفترض ألا تكون إجراءات مكافحة الإغراق أداة للحماية بقدر ما تكون أداة لتحقيق المنافسة العادلة وتحقيق مصالح الأطراف المختلفة من المستهلكين والمنتجين أو المصدرين والمستوردين للسلع محل الإغراق ولكن الدول- وخاصة المتقدمة - لجأت إلى عدم التطبيق لاتفاق مكافحة الإغراق يجعل أحكامه أداة للحماية فقط دون مراعاة للمصلحة العامة وتحقيق المنافسة العادلة[٢].

وقد قيل بحق: إن اتفاق جولة أورجواي المعنى بممارسة مكافحة الإغراق قد ضمن العديد من الإيجابيات التي لم تشملها مدونة جولة طوكيو، إلا أن هذه الإيجابيات لا تذكر بجوار السلبيات التي أتى بها الاتفاق

(١) د. أحمد جامع " اتفاقات التجارة العالمية " مرجع سابق صـ٦٨٤

(٢) الأستاذ /عبد الرحمن فوزي - رئيس جهاز مكافحة الدعم والإغراق - الأهرام الاقتصادي العدد رقم ٥٧١ بتاريخ ١٩٩٢/٢/١٥ المرجع السابق صـ٣٢

وبخاصة في شأن الدول النامية.

ومما يذكر من إيجابيات لهذا الاتفاق ما يلي[١]:

أ) وضع الاتفاق مفهوماً واضحاً للإغراق وضبط معناه، كما وضع قواعد وإجراءات أكثر وضوحاً وفعالية ليطبقها المستخدمون ويحاول تضييق نطاق التعسف في استخدام تدابير مكافحة الإغراق، كما وضع قواعد واضحة لحساب هامش الإغراق[٢].

ب) حدد الاتفاق مدة سريان مكافحة الإغراق بحيث لا تزيد على خمس سنوات.

ج) خصص الاتفاق للبلدان النامية الأعضاء نص المادة "١٥" منه والذي ينص على أنه "من المسلم به أن على البلدان المتقدمة الأعضاء أن تُولِيَ اهتماماً خاصاً لوضع البلدان النامية الأعضاء عند بحثها طلب إجراءات مكافحة الإغراق بمقتضى هذا الاتفاق ويجرى بحث وسائل العلاج البناءة التي ينص عليها هذا الاتفاق قبل تطبيق رسوم مكافحة الإغراق حيثما كان من الممكن أن تؤثر على المصالح الأساسية للبلدان النامية الأعضاء"

إلا أن هذه الإيجابيات يمكن الرد عليها بما يلي:[٣]

١) إن القول بأن الاتفاق قد وضع مفاهيم واضحة للإغراق وقواعد وإجراءات أكثر وضوحاً وفعالية وكذلك قواعد لحساب هامش

(١) د. علي إبراهيم - منظمة التجارة العالمية - مرجع سابق صـ٢٥٠ وما عبدها
(٢) راجع كذلك " نعمان الزياتي - مكافحة الإغراق مرجع سابق صـ٣٦
(٣) د. علي إبراهيم " منظمة التجارة العالمية " مرجع سابق صـ٢٥٠، صـ٢٥١

الإغراق، فإن هذه الإيجابيات لا تلغى السلبيات التي تؤخذ على الاتفاق كما أنها لا تفيد الـدول النامية شيئاً يذكر في هذا الخصوص.

٢) ما قيل بشأن مدة سريان رسوم مكافحة الإغراق التي حددها الاتفاق طبقاً للمـادة ١١ بحيث لا تزيد على خمس سنوات يمكن الرد عليه بأن هذا الحكم وضعت عليه قيود قد تفرغه من مضمونه حيث أن المادة ذاتها تضيف ".... مـا لم تحدد السلطات في مراجعـة بدأت بمبادرة منها أو بناءً على طلب معزز من جانب الصناعة المحلية أو باسـمها خـلال فترة زمنية مناسبة سابقة عـلى هـذا التاريخ، أن مـن شـأن انقضاء الرسـم أن يـؤدي إلى استمرار أو تكرار الإغراق والضرر ويجوز أن يظل رسم المكافحة سارياً انتظاراً لنتيجـة المراجعة "

والذي يفرغ هذه المادة من مضمونها أن أصحاب المصالح الذين يتحدثون باسم الصناعة المحلية - بحجة حماية الصناعات الوطنية – يلجأون إلى مطالبـة حكومـاتهم بضرورة الإبقاء على رسوم مكافحة الإغراق واستمرارها طالما أن الاتفاق يمـنحهم الحـق في هـذه المطالبة، وبالطبع سوف ترضخ سلطات هذه الدول إلى الانصياع لطلبـات ورغبـات هـؤلاء الذين يشكلون جماعات ضغط باسم حماية الصناعات الوطنية، وبالتالي فإن ما جـاء مـن قيود في نص المادة " ١١ " يفرغها من محتواها ويجعلها غير ذات جدوى.

١) أما عن تخصيص المادة "١٥" للدول النامية فلم يبين الاتفاق صراحة أية ميزة لهذه الـدول وإنما جاء نص المادة المذكورة بعبارات غامضة ومطاطة لا يفهم منها شيء محدد أو التزام واضح على عاتق الدولة

المتقدمة[١].

أما عن سلبيات هذا الاتفاق فيمكن أن نشير إلى بعضها فيما يلي[٢]:-

أ) أعطى الاتفاق للدول الصناعية الكبرى ذريعة خطيرة لمنع صادرات الدول النامية من الدخول إلى أسواقها بحجة مكافحة الإغراق، ومما ساعد الدول الصناعية على ذلك أن لديها نقابات واتحادات منتجين وصناعيين في جميع المجالات يمثلون قوة سياسية ومالية هائلة تمثل أدوات ضغط على الحكومات ضد صادرات الدولة النامية متهمة إياها باتباع سياسة الإغراق مما يؤدي إلى فتح التحقيقات وعرقلة الصادرات إلى أن يتم البت في التحقيق، ويزداد الأمر خطورة عندما تلجأ جميع دول الشمال إلى تطبيق إجراءات المكافحة الأمر الذي يلغي كل ميزة محتملة لصالح الدول النامية يمكن أن تحوزها من جولة أورجواي وبخاصة أن الاتفاق لم يضع قواعد رادعة ضد الدول التي تبدأ التحقيق بل يترك لها مجالاً واسعاً في التأويل والتفسير[٣].

---

(١) راجع د. علي إبراهيم - المرجع السابق صـ٢٤٦

(٢) راجع د. علي إبراهيم - مرجع سابق صـ٢٥٠ وما بعدها وكذلك د. نبيل حشاد " الجات ومستقبل الاقتصاد العالمي العربي " دار النهضة العربية طبعة ١٩٩٥ من صـ٨٠ إلى صـ٨٤

(٣) وقد ورد النص على ذلك في المادة ١٧ فقرة ٦ بند ٢ من اتفاق مكافحة الإغراق حيث نصت على أنه " يفسر الفريق أحكام الاتفاق ذات الصلة وفقاً لقواعد التفسير المعتادة في القانون الدولي العام وحين يرى الفريق أن حكماً ذا صلة في الاتفاق يحتمل أكثر من تفسير ممكن يعتبر الفريق التدبير الذي اتخذته السلطات متفقاً مع الاتفاق إذا كان قائماً على أحد هذه التفسيرات " انظر " الوثيقة الختامية " مرجع =

ب) تشكل الإجراءات المنصوص عليها في الاتفاق وخطوات التحقيق والنقاط الفنية والقانونية عبئاً على نحو غير متناسب على البلدان النامية وشركاتها الصغيرة بإدارتها الأقل تطوراً بحيث لا تقدر عليها سوى الدول الصناعية الكبرى وشركاتها لما تملكه من أجهزة فنية متقدمة وبيانات شبه دقيقة عن دخول السلع وأسعارها ولن تستطيع الدول النامية مجاراة الدول الكبرى في هذا المضمار لعدم إلمامها الكافي بالقوانين واللوائح والممارسات الإدارية في البلدان المستوردة وخبرتها الأقل في مواجهة ادعاءات اللجوء إلي الإغراق[١].

ولا شك أن الدول العربية مثلها في ذلك مثل غيرها من الدول النامية تواجه العديد من حالات الإغراق نظراً لاعتمادها على الأسواق الخارجية في الحصول على احتياجاتها من السلع المختلفة، كما أن نظم حماية الإنتاج المحلي من المنافسة الخارجية في العديد من الدول العربية تعتبر غير كافية لحمايتها من هذه السياسات مما يساعد على إغراق الأسواق بالسلع الأجنبية المختلفة[٢].

ج) ضعف اختصاصات وسلطات لجنة الممارسات الخاصة بمواجهة الإغراق في منظمة التجارة العالمية حيث إنها لا تملك سلطة إلغاء ما تتخذه السلطات المحلية من إجراءات مكافحة ضد الواردات من الدول

= سابق صـ٢١١.

(١) راجع - كذلك - نعمان الزياتي - مكافحة الإغراق - مرجع سابق صـ٣٦.

(٢) راجع د. إبراهيم محمد الفار - اتفاقيات منظمة التجارة العالمية - مرجع سابق صـ٢٥٨، صـ٢٥٩

الأخرى حتى ولو خالفت هذه السلطات نصوص وأحكام الاتفاق[1].

وهذه اللجنة تعتبر مجردة من جميع السلطات تقريباً وتتألف وفقاً للمادة "١٦" من ممثلين لكل الدول الأعضاء، وتجتمع مرتين على الأقل كل سنة أو بناءً على طلب أي عضو، وتتيح للأعضاء فرصة التشاور حول أي مسائل تتعلق بسير الاتفاق أو تعزيز أهدافه، وتعمل أمانة منظمة التجارة العالمية كأمانة للجنة ويجوز للجنة في أدائها وظائفها أن تتشاور أو تطلب المعلومات من أي مصدر تراه مناسباً".

وخلاصة القول أن اتفاق مكافحة الإغراق يعتبر الحارس الأمين على أسوار الدول الصناعية، وأن الدول الصناعية الكبرى تطبق الاتفاق على الدول النامية فقط، ومن خلال هذا الاتفاق تلجأ الدول الصناعية الكبرى إلى اتباع أسلوب مكافحة الإغراق باعتباره إجراءاً حمائياً ذا فعالية شديدة.

أما عن التشريع المصري وهو القانون رقم ١٦١ لسنة ١٩٩٨ بشأن حماية الاقتصاد القومي من الآثار الناجمة عن الممارسات الضارة بالتجارة الدولية والذي عمل به اعتباراً من ١٢ يونيو ١٩٩٨ ثم بقرار وزير التجارة والتموين رقم ٥٤٩ بإصدار اللائحة التنفيذية للقانون وعمل به من ٢٥ أكتوبر سنة ١٩٩٨، فإن أحكام هذا القانون ولائحته التنفيذية إنما يتمشى مع أحكام اتفاق مكافحة الإغراق وقد راعى المشرع فيهما أن تكون النصوص مبسطة في صياغتها والإجراءات الواردة فيها بما يتناسب مع ظروف المجتمع المصري[2].

(١) انظر Evans and walsh The E.I.U Guide To the New GATT P. ٥٤.
(٢) د. أحمد جامع - اتفاقات التجارة العالمية - مرجع سابق صـ٦٧٩، صـ ٦٨٠

المبحث الثاني

حماية المنافسة ومكافحة الإغراق في الشريعة الإسلامية

(مكافحة الإغراق في الشريعة الإسلامية)

تمهيــد:

أوضحنا في موضع سابق من هذه الدراسة خطورة الأثر الهدام للإغراق والمتمثل في محاولة إقصاء المغرق لمنافسيه وتحويل السوق إلى ساحة حرب لا مكان ارتزاق وما يصيب المستهلكين من جراء الاحتكار المترتب على الإغراق، وكذلك ما يصيب الاقتصاد القومي من آثار ضارة من هذه الصورة من صور المنافسة غير المشروعة، كما أوضحنا أن الإغراق يعد من الأفعال المحرمة التي تحكم الشريعة الإسلامية على فاعلها بأنه مرتكب لأثم ومحرم وذكرنا من الأدلة ما يؤكد هذا التحريم.

ولما كانت أحكام الشريعة الإسلامية تمنع الضرر والضرار وتحذر من الحرام وتعمل على الوقاية من الأعمال المؤدية إلى ذلك، فإننا يمكن أن نستنبط من أحكام الشريعة الإسلامية نوعين من الإجراءات التي تحمي المنافسة بين التجار من مخاطر الإغراق وهما إجراءات وقائية لمنع الإغراق قبل وقوعه، وإجراءات علاجية لمحاربة الإغراق عند ظهوره في الأسواق.

ونفصل هذه الإجراءات في مطلبين على النحو التالي:-

المطلب الأول: الإجراءات الوقائية لحماية المنافسة من الإغراق.

المطلب الثاني: الإجراءات العلاجية لحماية المنافسة من الإغراق.

المطلب الأول

الإجراءات الوقائية لحماية المنافسة من الإغراق

في الشريعة الإسلامية

تحث الشريعة الإسلامية على إقامة مجتمع يتصف بالعدل والرحمة والتعاون ويبتعد عـن الظلم والاستغلال والأنانية، ولذلك فإن تعاليمها غنية بما يحقق هـذا الهـدف، وعـلى ضـوء هـذه التعاليم يرفض الإسلام أن يقصد أحد أفراد المجتمع الإضرار به بحجة حقه في استعمال ملكه، ولا يقبل أن يكون استعمال المالك لملكه سبباً في إصابة المجتمع بالضرر.

وبناءً على ذلك فقد سلكت الشريعة الإسلامية جانبين للوقاية من الإغراق هما:-

الأول: الترغيب في تنظيم السوق وبث روح المنافسة الخيرة بين التجار.

ولتحقيق ذلك ربط الإسلام المعاملات بالأخلاق فينبغي للتاجر أن يتحلى بعدة صـفات منهـا الصدق والأمانة والعدل والإحسان والبر والصلة والرحمة ورعاية حقوق الأخوة.

فإذ كانت السوق الرأسمالية لا تعرف العواطف ولا تدخل الاعتبارات الأدبيـة في المجـال الاقتصادي، والأرقام وحدها هي التي تحكم والربح هـو الـذي يـرجح فإن الإسلام يراعـي هـذه القيم وتلك الاعتبارات ولا يهملها[1].

ومما يذكر في هذا المجال – على سبيل المثال – ما رواه ابن عمر –

---

(١) د. يوسف القرضاوى " دور القيم والاخلاق في الاقتصاد الإسلامي " – مرجع سابق صـ٣٠١.

رضي اللـه عنهما – عن الرسول صلى اللـه عليه وسلم أنه قال: " لا يبيع بعضكم على بيـع أخيه"[1]، وفي الحديث دلالة على ما ينبغي أن يتحلى به التاجر – أو المشتري – مـن أخـلاق مـع إخوانه، وهذا التوجيه يرسخ استقرار السوق، وإذا خالف التاجر ذلك فكأنما يخرق هذه التعاليـم الإسلامية السامية وهذا ما يفعله المغرق عند ممارسته لسياسة الإغراق، وقـد أفضـنا فـي الحـديث فيما ينبغي أن يكون عليه التاجر عند كلامنا عن المنافسة في الشريعة الإسلامية.

الثاني: الترهيب من إفساد السوق والنهي عن المنافسة الشريرة:

إن فساد السوق يلحق الضرر بالتجار والمستهلكين ولذلك وبناءً على قاعدة لا ضرر ولا ضرار فإن كل ما يؤدى إلى المضارة يأباه الشرع مثل التدليس بإخفاء سعر الوقت[2] ومنه النهـي عـن تلقي الركبان وبيع حاضر لبادٍ وبيع النَّجَش وبخس الناس أشياءهم كما منع الشرع إكراه النـاس على سعر لا يرضونه بغير مسوغ وبالجملة نهت الشريعة الإسلامية عن التلاعب بالأسعار وكل مـا يؤدي إلى فساد السوق أو يندرج تحت المنافسة الشريرة ومنها الإغراق.

ومما يلاحظ أن هذين الجانبين يمثلان ترغيباً في المنافسة المشروعة وترهيبـاً مـن المنافسـة غير المشروعة ويهدفان إلى استقرار السوق وبث روح التعاون المثمر بين التجار.

ولما كان السوق هو المجال الذي تزاول فيه التجارة بأساليبها المشروعة

(١) رواه البخاري رقم ٢١٣٩ انظر " فتح الباري بشرح صحيح البخاري " – مرجع سابق جـ٤ صـ٤٣٢.
(٢) د. يوسف القرضاوي – المرجع السابق صـ٢٧٦.

وغير المشروعة رأيت أن أفرد له عنوانا خاصاً وأبين معنى السوق, ومدى اهتمام الإسلام به, والركائز الأساسية التي يجب أن يقوم عليها السوق في الإسلام, وذلك كما يلي:

١- مفهوم السوق:

معنى السوق في اللغة: السوق موضع البياعات أو هي التي يتعامل فيها, وهي تذكر وتؤنث وتجمع على أسواق ومنه قوله تعالي " وقالوا مال هـذا الرسول يأكل الطعام ويمشي في الأسواق " [١] ويقال تسوق القوم إذا باعوا واشتروا واحتمل اشتقاقها من سوق الناس بضائعهم إليها [٢]، وفي الآية إشارة إلى أن أعاظم الناس يأنفون بأن يكونوا مع العامة في الأسواق لأن لهم من يقضي لهم حاجاتهم ويدير لهم شئونهم [٣].

ولذلك فإن الكفار عيروا الرسول صلى اللـه عليه وسلم بأكل الطعام لأنهم أرادوا أن يكون الرسول ملكاً، وعيروه بالمشي في الأسواق حين رأوا الأكاسرة والقياصرة والملوك والجبابرة يترفعون عن المشي في الأسواق وكان النبي صلى اللـه عليه وسلم يخالطهم في أسواقهم [٤].

معني السوق في الاصطلاح الشرعي: هو المكان الذي جرت عادة الناس منذ قديم الزمان أن يجتمعوا فيه ويتبادلون فيه السلع ويقضون فيه المصالح، بيد أنه بتطور الزمن لم يعد البيع والشراء قاصراً على مكان

---

(١) من الآية ٧ من سورة الفرقان.
(٢) المعجم الوجيز – مرجع سابق ص٣٢٩.
(٣) د. عبد الحفيظ فرغلي " آداب السوق في الإسلام " – مرجع سابق ص٧.
(٤) راجع القرطبي " الجامع لأحكام القرآن " – مرجع سابق جـ١٤ ص٩.

معين بل أصبحت البلاد كلها أسواق ويجوز أن ينعقـد البيـع والشـراء في أي مكـان ولـو لم يكن مخصصاً لهذا[1].

ويلاحظ أن المعنى الاصطلاحي للسوق أعم من المعنى اللغوي لأن معناه في اللغـة يقتصر ـ على الموضع أو المكان المعين المعروف الذي يجتمع فيه الناس بقصد البيـع والشـراء أو المبـادلات أما في المعنى الاصطلاحي فيشمل كل موضع أو مكان وقع فيه البيـع والشـراء وإن لم يكن معروفاً عند الناس بأنه سوق، فكل موضع يتم فيه التعامـل التجـاري والتعاقـد عـلى الصفقات التجاريـة يسمى سوقاً وبذلك فالسوق تشمل الموضع المادي الحقيقي الذي يتم فيه البيع والشراء والموضع الاعتباري الذي تتحدد فيه أسعار السلع، كما أن السوق تتنوع باعتبار مجالها إلى محلية ووطنيـة وسوق دولية أو عالمية، كما تتنوع السوق تبعاً لتنوع السلع التي تباع فيها فيقال سـوق الـذهب وسوق النفط وسوق الماشية وسوق السيارات[2].

٢- اهتمام الإسلام بالسـوق:

لقد بدأ اهتمام الإسلام بالسوق من اهتمامه بالتجارة واكتساب المال عن طريقها فالإسلام لم يحرم البيع ولكنه حرم ألواناً مـن المعاملـة تتنـافى مـع إنسـانية هـذا الـدين وسماحته ورحمته كالغصب والظلم والاختلاس والاستغلال والربا والتحايل وغير ذلك مـن وسـائل اكتساب المـال بالطرق

---

(١) د. عبد الحفيظ فرغلي - المرجع السابق ص٨.
(٢) لمزيد من التفصيل راجع د. عبد الهادي السعيد عرفه " الضوابط الشرعية للمنافسـة التجاريـة " - مرجع سابق ص-١٧٧.

غير المشروعة[1].

والإسلام يدعو إلى العمل والتجارة واكتساب المال بأسلوب راقٍ محكم يجمع بين العمل للدنيا التي فيها معاش الإنسان وللآخرة التي إليها معاده وحسابه، وطالما هناك تجارة فهناك سوق، والأسواق ضرب من التعاون يهدف إليه الدين، ولقد عرف التاريخ القديم ما يعرف الآن

بالتسويق الدولي فأخبر القرآن الكريم عن هذا المعني في قوله تعالي: ﴿لِإِيلَافِ قُرَيْشٍ (١) إِيلَافِهِمْ رِحْلَةَ الشِّتَاءِ وَالصَّيْفِ (٢) فَلْيَعْبُدُوا رَبَّ هَذَا الْبَيْتِ (٣) الَّذِي أَطْعَمَهُمْ مِنْ جُوعٍ وَآمَنَهُمْ مِنْ خَوْفٍ﴾[2].

وقد كان النبي صلى الله عليه وسلم يدخل الأسواق، بل دأب على التجارة منذ صغره فلما أتم من العمر اثنتي عشرة سنة سافر عمه أبو طالب إلى الشام في ركب للتجارة فأخذه معه[3]، وفي الخامسة والعشرين من عمره خرج تاجراً إلى الشام في مال خديجة -رضي الله عنها. قال ابن إسحاق: " كانت خديجة بنت خويلد امرأة تاجرة ذات شرف ومال تستأجر الرجال في مالها وتضاربهم إياه بشيء تجعله لهم وكانت قريش قوماً تجاراً فلما بلغها عن رسول الله - صلى الله عليه وسلم ما بلغها من صدق حديثه وعظيم أمانته وكرم أخلاقه بعثت إليه فعرضت عليه أن يخرج في مال لها إلى الشام تاجراً وتعطيه

(١) د. عبد الحفيظ فرغلي " آداب السوق في الإسلام " - مرجع سابق صـ١٧.
(٢) سورة قريش.
(٣) د. محمد سعيد رمضان البوطى " فقه السيرة " - دار الفكر - الطبعة السابعة ١٣٩٨هـ ١٩٧٨م صـ٥٣.

أفضل ما كانت تعطي غيره من التجار مع غلام لها يقال لـه ميسرة فقبلـه رسـول الـلـه صلى الـلـه عليه وسلم منها وخرج في مالها ذلك وخرج معه غلامها ميسرة حتى قدم الشام[(١)] ".

ولقد حظيت السوق باهتمام النبي صلى الـلـه عليـه وسـلم ، فقـال القرطبـي في ذلـك: " دخول الأسواق مباح للتجارة وطلب المعاش وكان عليه السلام يـدخلها لحاجتـه ولتـذكرة الخلـق بأمر الـلـه ودعوته[(٢)]"، وذكر القرطبي في موضع آخر ما رواه البخاري عن عطاء بـن يسـار لقيـت عبد الـلـه بن عمرو بن العاص قلت: أخبرني عن صفة رسول الـلـه صلى الـلـه عليـه وسـلم في التوراة: فقال: أجل و الـلـه إنه لموصوف في التوراة بـبعض صـفته في القـرآن " يـا أيهـا النبـي إنـا أرسلناك شاهداً ومبشراً ونـذيراً " - الأحـزاب ٤٥.. وحـرزاً للأميـن أنـت عبـدي ورسـولي سـميتك المتوكل ليس بفـظ ولا غليظ ولا صخاب في الأسواق ..."[(٣)].

واشتهر كبار الصحابة بالتجارة منهم على سبيل المثال أبو بكر وعمر وعثمان وعبـد الـرحمن بن عوف ومما يذكر في ذلك ما روى عن عمر - رضي الـلـه عنـه - لما اسـتأذن عليـه أبـو مـوسي الأشعري قال:..ألهانى الصفق في الأسواق ... يعني الخروج للتجارة[(٤)].

---

(١) ابن هشام " السيرة النبوية " المكتبة التوفيقية " جـ١ صـ١٣٤ تحقيق د. محمد فهمي السرجاني وكذلك الشيخ صفي الرحمن المباركفورى " الرحيق المختوم " دار المنار - الطبعة الثانية سنة ١٤١٨هـ سنة ١٩٩٨م صـ٤٥، صـ٤٦.

(٢) الجامع لأحكام القرآن - المرجع السابق جـ١٤ صـ٩.

(٣) المرجع السابق جـ٧ صـ٢٨٥.

(٤) رواه البخاري " باب الخروج للتجارة رقم ٢٠٦٢ " صحيح البخاري - مرجع سابق جـ٤ صـ٣٦٥.

وهكذا نرى إلى أي مدى كانت نظرة الإسلام إلى التجارة والعمل التجاري باعتبارهما من الأمور الحيوية لأي جماعة إنسانية ومن ثم ينبغي تنظيمها بضوابط الشرع حتى تستقيم الأمور وتستقر المعاملات بين الناس[1].

ولذلك حظيت السوق باهتمام التشريع الإسلامي واهتمام رسول الله صلى الله عليه وسلم ومن مظاهر ذلك ما يلي:-

أ) حرص النبي صلى الله عليه وسلم بعد هجرته من مكة إلى المدينة على إنشاء سوق للمسلمين مستقلة عن سوق اليهود في بني قينقاع التي كانوا يمارسون فيها أكل السحت والسعي وراء الكسب من أي باب وكانوا يضربون على الناس فيها الخراج ويبيعون فيها الأماكن أو يحتكرونها، وذلك بعد إنشائه المسجد ليدل على أن السوق في الإسلام تأتي أهميتها بعد المسجد مباشرة، فإذا كان المسجد لإقامة الدين والعمل للآخرة فإن السوق لإقامة الدنيا على أسس الدين وهدى الشرع[2].

ب) حظيت السوق باهتمامه صلى الله عليه وسلم ورعايته فتعهدها بالإشراف والمراقبة فكان يمر عليها بين حين وآخر فيرشد ويعلم ويحذر ويزجر ويراقب ويؤدب فطهرها من كثير من بيوع الجاهلية المشتملة على الغبن والغرر والغش والخداع والربا كما منع بيوع المحرمات فيها كالخمر

(١) د. عبد الهادي السعيد عرفة " الضوابط الشرعية للمنافسة التجارية " - مرجع سابق صـ١٨٠.

(٢) د. عبد السميع المصري " نظرية الإسلام الاقتصادية " مكتبة الأنجلو المصرية - دون سنة طبع صـ٨٧.

والخنزير^(١)، ولم يكتف بذلك فقد ولي النبي السوق لمن يتفقده فقد استعمل سعيد بـن العـاص بن أمية على سوق مكة بعد الفتح كما استعمل عمر إحدى النساء على سوق المدينة^(٢).

ج) عني الرسول صلى اللـه عليه وسلم كذلك بحرية السـوق وإتاحـة الفرص المتكافئـة للبيع والشراء بين الجميع على السواء ومقاومة كـل سـلطان أو مظهـر يـراد بـه التـأثير أو الاستئثار بأي امتياز خاص به، ولقد حدث أن رأي عليه السلام خيمة مضروبة لمحمد بـن مسلمة يباع فيها تمر فغضب وأمر بإحراقها لما فيها مـن شبهة احتكـار الأمـاكن واحتمال ادعائها بوضع اليد^(٣).

د) ولقد داوم النبي صلى اللـه عليه وسلم والخلفاء الراشدون - رضي اللـه عنهم - على تفقد أحوال السوق بأنفسهم ومراقبة الأسعار ومنع الاحتكار والاستغلال وكذلك الصحابة الكرام ومن جاء بعدهم من الحكام والولاة والأمراء عـبر العصـور والأزمنـة وفي مختلـف الأمكنة^(٤).

وهكذا نري أن للأسواق في الإسلام أهمية بالغة ومنزلة عالية بلغت في ظـل تشريعاته أعـلى درجات الدقة والتنظيم والتخطيط وصـارت وحـدات نظاميـة يسـودها العـدل ويعمهـا الرخـاء وتجري فيها المعاملات التجارية بثبات

(١) د. يوسف القرضاوي " دور القيم والأخلاق " - مرجع سابق صـ٢٦١ وما بعدها.
(٢) د. محمد سلام مدكور " القضاء في الاسلام " دار النهضة العربية " - دون سنة طبع صـ١٤٧.
(٣) د. عبد السميع المصري - المرجع السابق صـ٨٨.
(٤) د. عبد الهادي السعيد عرفة " الضوابط الشرعية للمنافسة التجارية " - مرجع سابق صـ١٨١.

واستقرار وبلا ضرر ولا ضرار.

٣- ركائز أساسية لبناء سوق إسلامية:

يقف الإسلام من السوق موقفاً وسطاً عادلاً لا غلو فيه ولا تقصير ولا طغيان ولا إخسار، فلا يقدس حرية التجارة كما يقدسها دعاة المذهب الفردي ولا يهملها ويدع التجار ليتحكموا في المنتج فيشتروا منه بأبخس الأثمان ويتحكموا في المستهلك ليبيعوا له بأغلى الأسعار، كما أنه لا يقف موقف الماركسية من السوق فيتحكم فيها تحكماً مركزياً ويلغي تجارة الأفراد لتصبح الدولة هي الرأسمالي الأكبر المتسلط على الأرزاق تسلطه على الأعناق، إنما يقر الإسلام الحرية المنضبطة والمقيدة بالعدل وضوابط الدين والأخلاق ويحميها بسياج من القيم الروحية والأخلاق الدينية والإنسانية تعد بمثابة ركائز أساسية لبناء سوق إسلامية نظيفة[1].

نوجز فيما يلي أهم الركائز والمبادئ التي لها ارتباط بموضوع الدراسة:

أ) توجيه النصح والإرشاد للمتعاملين في السوق[2]، وذلك يؤدي إلى ابتعاد التجار عن كل ما يؤدي إلى الضرر والضرار ومنها الاحتكار الآثم أو الإغراق الهدام بحيث يكون التاجر صادقاً أمينا متصفاً بالعدل والرحمة والسماحة والأخوة وحسن المعاملة ومراقبة الله في السر

(١) د. يوسف القرضاوى " دور القيم والأخلاق في الاقتصاد الإسلامي " - مرجع سابق صـ٢٦٤.
(٢) د. محمد فتحى صقر " تدخل الدولة في النشاط الاقتصادي " - مرجع سابق صـ١٢.

والعلن[1]، وقد تحدثنا عن جانب من هذه القيم والأخلاق عند البحث في المنافسة في الشريعة الإسلامية.

ب) تشجيع الجلب إلى الأسواق، وهو أسلوب فعال لمواجهة الاحتكار وقد بشر النبي صلى الله عليه وسلم الجالب بالرزق في الدنيا وحسن ثواب الآخرة, وذلك شريطة مراعاة مبدأ الوسطية والاعتدال بين صالح المستهلكين في الحصول على احتياجاتهم السلعية بأسعار مناسبة، وصالح المنتجين والتجار خشية إغراق السوق بالسلع المجلوبة فيكونوا عرضة للإقصاء من السوق وفساد حالهم[2].

ج) إلغاء التدخل غير المشروع وبعض أنواع الوساطة في التبادل، فالإسلام يحمي المتعاملين في الأسواق من التدخل غير المشروع في التعامل التجاري من غير أطرافه فمنع الرسول صلى الله عليه وسلم أن يبيع الرجل على بيع أخيه أي لا يعرض بيع سلعة على من اشتري سلعة تشابهها ليفسخ البيع الأول وكذلك منع الرسول صلى الله عليه وسلم السوم أي طلب شراء سلعة أوشك الانعقاد على شرائها حتى يتوافر الجو المناسب والاستقرار لعقد الصفقات والثبات في التعامل، كما نهى الإسلام عن بعض أنواع الوساطة والسمسرة فنهي عن تلقي الجلب وبيع الحاضر للبادي وبيع النجش وغيرها من البيوع التي تؤثر في أسعار السلع[3].

(1) انظر كذلك د. عبد الحفيظ فرغلي " آداب السوق في الإسلام " - مرجع سابق صـ71 وما بعدها.
(2) د. محمد فتحي صقر - المرجع السابق صـ14.
(3) د. محمد عبد المنعم عفر " النظرية الاقتصادية بين الإسلام والفكر الاقتصادي =

من خلال هذه المبادئ التي يكفلها الإسلام للأسواق، ومـن خـلال اهـتمام الرسـول والخلفـاء الراشدين والسلف الصالح من بعده برعاية الأسواق ومراقبتها في حدود الشريعة الغراء يتضح لنا أن الإسلام أرسى من القواعد والقيم ما يقي الأسواق من كـل ضرر أو ضرار وبالتالي مـن مسـاوئ الإغراق.

المطلب الثاني

الإجراءات العلاجية لحماية المنافسة من الإغراق

في الشريعة الإسلامية

تمهيـــد:

علمنا فيما سبق موقف الإسلام مـن رخـص الأسعار، وخلصنا إلى أن التـاجر إذا قصد مـن إرخاصه للأسعار الإضرار بمنافسيه وإقصائهم من السوق للاستحواذ عليه واحتكاره يعد من قبيل أعمال المنافسة غير المشروعة التي يجب على ولي الأمر أن يمنعها بكافة الوسائل الممكنة، فـاذا لم تفلح الإجراءات الوقائية في حماية السوق من الإغراق وقـام أحـد التجـار ذوى النفـوس الخبيثـة بإغراق السوق بسلعته للإضرار بالمنافسين لـه بحجة حريته في ممارسة نشاطه الاقتصادي وجـب على ولي الأمر أن يتدخل لمنعه من ممارسة سياسة الإغراق لأن هذه الحرية مقيدة بمـا يقتضيه الصالح العام[1].

= المعاصر" - مرجع سابق ص١٨ وما بعدها.
(١) د. محمد شوقي الفنجري " الحرية الاقتصادية وتدخل الدولة في النشاط الاقتصادي=

ويعتبر الإغراق من المخالفات الشرعية التي لم تقرر النصوص لها عقاباً محدداً والتي تسمى بالجرائم التعزيرية أي التي يعاقب عليها القاضي بالعقوبات التي يراها مناسبة حسب ظروف ارتكاب الفعل وظروف المخالف نفسه وتبعاً لما يراه محققاً للمصلحة العامة[1].

وبناءً على ذلك فنرى أن لولي الأمر أو من ينوب عنه أن يتخذ من الإجراءات العلاجية لظاهرة الإغراق ما يتلائم مع ظروف كل حالة قياساً على الإجراءات التي يمكن اتباعها مع المحتكر كإجبار المغرق على البيع بسعر المثل أو فرض التسعير الجبري في الأسواق أو تعزير المغرق بأي عقوبة ملائمة.

ولقد عرف الإسلام نظاماً يحكم مراقبة الأسواق ويوقع من العقوبات ما يتلائم مع كل حالة وهو نظام الحسبة أو المحتسب.

لذلك رأيت أن أقسم هذا المطلب إلى فرعين على النحو التالي:-

الفرع الأول: بيان الإجراءات العلاجية لحماية المنافسة من الإغراق.

الفرع الثاني: نظام الحسبة في الإسلام.

= في الإسلام" - مرجع سابق صـ١١٤.

(١) د. يوسف قاسم " التعامل التجاري في ميزان الشريعة " - مرجع سابق صـ٨٤.

الفرع الأول

بيان الإجراءات العلاجية لحماية المنافسة من الإغراق

للقضاء على الإغراق يمكن لولي الأمر أن يتدخل بوسائل شتي نوجز أهمها فيما يلي:

١- إجبار المغرق على بيع سلعته بثمن المثل:

اتفق جمهور الفقهاء من الحنفية والمالكية والشافعية والحنابلة والزيدية على أن للحاكم جبر المحتكر على بيع سلعته بثمن المثل دفعاً للضرر بالعامة[(١)]، ولما كان الإغراق ذريعة إلى الاحتكار وجب على الحاكم أن يجبر المغرق أيضاً على البيع بثمن المثل أي بالسعر الذي عليه جمهور التجار, ويستنبط ذلك من قول الإمام مالك تعليقاً على حديث عمر بن الخطاب لحاطب بن أبي بلتعة وهو يبيع زبيباً له بالسوق فقال له عمر: " إما أن تزيد في السعر وإما أن ترفع من سوقنا " فقال مالك: " لو أن رجلاً أراد فساد السوق فحط عن سعر الناس لرأيت أن يقال له: إما لحقت بسعر الناس وإما رفعت[(٢)]".

وكذلك ما صرح به أبو الوليد الباجى في تبيين السعر الذي يؤمر من حط عنه أن يلحق به فقال: " والذي يختص في ذلك من السعر هو الذي عليه جمهور الناس فإذا انفرد عنهم الواحد أو العدد اليسير بحط السعر أمر

(١) د. مستعين على عبد الحميد " السوق وتنظيماته في الاقتصاد الإسلامي " الدار السودانية للكتب - الخرطوم - دون سنة طبع صـ٢١٤.

(٢) ابن قيم الجورية " الطرق الحكمية " - مرجع سابق صـ٢٣٣.

من حطه باللحاق بسعر الناس أو ترك البيع[1]".

من خلال هذه النصوص يجوز للحاكم أو من ينيبه إجبار المغرق على رفع سعره إلى السعر السائد في السوق وإلا رفع منه لدرء الضرر المترتب على الإغراق.

٢- فرض التسعير لمحاربة الإغراق:

الأصل فى التسعيرعدم تدخل ولي الأمر بتحديد السعر إلا في بعض الظروف التي تستدعي ذلك متي ثبت أنه لا يصلح الناس إلا التسعير، فمتى كانت الأمور تسير سيراً عادياً بلا تطرف ولا بغي في مجال التعامل التجاري فلا يصح التدخل ولا يجوز[2]، ولكن عندما يظهر المغرضون والمفسدون من المحتكرين أو المغرقين فيجوز لولي الأمر التدخل بالتسعير لمواجهة الظروف غير العادية وهذا مروي عن الإمامين مالك والشافعي ومنقول عن بعض فقهاء المذهبين الحنفي والحنبلي[3].

وعلى الرغم من ارتباط التسعير بالاحتكار إلا أنه يمكن لولي الأمر أن يتدخل بالتسعير لمواجهة الإغراق أيضاً إذا رأي أنه يؤدى إلى إلحاق الضرر بالعامة، ومما يؤكد ذلك ما جاء في الهداية " فلا ينبغي للأمام أن يتعرض لحقه - أي بالتسعير - إلا إذا تعلق به دفع ضرر العامة[4]

(١) المنتقي شرح الموطأ - مرجع سابق جـ٥ صـ١٧.
(٢) د. يوسف قاسم " التعامل التجاري في ميزان الشريعة " - مرجع سابق صـ٨٨.
(٣) د. محمد سلام مدكور " الاحتكار وموقف التشريع منه " - مرجع سابق صـ٥٠٥ وما بعدها.
(٤) الميرغنياني " الهداية شرح بداية المبتدى " - مرجع سابق جـ٤ صـ٦٩.

"، وكذلك ما نقل عن الشوكاني في قوله: " التسعير هو أن يأمر السلطان أو نوابه أو كل من ولي من أمور المسلمين أمر أهل السوق أن لا يبيعوا أمتعتهم إلا بسعر كذا فيمنعون عن الزيادة عليه أو النقصان لمصلحة[1] " وحين يلجأ ولي الأمر إلى التسعير أخذاً بحقه الشرعي في تنظيم المعاملات وتحقيقاً للمصلحة العامة يكون من اللازم البيع بالأسعار المحددة بالتسعير وفيه إلزام للمغرق ألا يبيع إلا بالسعر المحدد.

٣- التعزير عقاب للإغراق.

لما كان الإغراق من المخالفات الشرعية التي لم يقرر لها المشرع عقوبة محددة، جاز لولي الأمر تعزير المغرق بإحدى عقوبات التعزير كمنعه من مباشرة العمل التجاري أو حبسه وهي عقوبات متنوعة ويترك تقديرها للحاكم أو لولي الأمر ليضع العقوبة التي تتناسب مع حاجة العصر والبيئة وبما يقتضيه حال الجماعة وتنظيمها والدفاع عن مصالحها في حدود القواعد العامة للشريعة[2].

ويمكن أن نستدل على ذلك بما رواه الإمام مالك عن يونس بن سيف عن سعيد بن المسيب أن عمر بن الخطاب مر بحاطب بن أبي بلتعة وهو يبيع زبيباً له بالسوق فقال له عمر: إما أن تزيد في السعر وإما أن ترفع من سوقنا[3] "، فهذا الخبر يتضمن التحذير بعقوبة الطرد من السوق إذا لم يمتثل

(١) نيل الأوطار - مرجع سابق جـ٣ صـ٢٦٠.
(٢) د. موسي عز الدين عبد الهادي " أحكام التسعير في الشريعة الإسلامية " - مرجع سابق صـ١٨٦.
(٣) موطأ الإمام مالك - المرجع السابق صـ٥٠٥.

حاطب لسعر السوق الذي حدده له الخليفة عمر بن الخطاب - رضي الله عنه.

الفرع الثاني

نظام الحسبة في الإسلام

يرتبط البحث في مكافحة الإغراق وحماية الأسواق من المنافسة غير المشروعة بالبحث في رقابة المحتسب للأسواق أو نظام الحسبة في الإسلام لما لهذا النظام من أثر عظيم في ضبط الأسواق ومراقبة السلع والأسعار وحماية المصلحة العامة والخاصة ومنع الأضرار بالتجار والمستهلكين على حد سواء، وفي هذا الفرع نتناول التعريف بالحسبة وبيان حكمها وشروط المحتسب ثم بيان اختصاصات المحتسب كما يلي:

أولاً: التعريف بالحسبة:

الحسبة في اللغة:

الحسبة لغة بمعنى الحساب ويقال: فلان حسن الحسبة في الأمر: يحسن تدبيره وفعله حسبة: مدخراً أجره عند الله، والحسبة منصب كان يتولاه في الدولة الإسلامية رئيس يشرف على الشئون العامة من مراقبة الأسعار ومراعاة الآداب، والمحتسب من كان يتولي منصب الحسبة[(١)] "، والاحتساب مصدر فعله احتسب، يقال احتسب بكذا: اكتفي به واحتسب على فلان الأمر: أنكره عليه، واحتسب الأجر على الله ادخره لربه، كما يقال احتسب بكذا أجراً عند الله أي فعله مدخراً إياه عنده، والمادة تدل في كثير من

(١) المعجم الوجيز - مرجع سابق مادة حسب صـ١٤٩.

استعمالاتها على العد كما تبين من الاستعمالات السابقة ومنه علم الحساب، والحسبة اسـم مـن الاحتساب[1].

الحسبة في الشرع:

والحسبة شرعاً هي أمر بالمعروف إذا ظهر تركه ونهي عن المنكر إذا ظهـر فعلـه[2] ويعرفهـا البعض[3]: بأنها وظيفة دينية من باب الأمر بالمعروف والنهي عـن المنكـر الـذي هـو فـرض عـلى القائم بأمور المسلمين يعين لذلك من يراه أهلاً له.

ويستعمل الفقهاء اسم الاحتساب في الدلالة على فعل ما يحتسبه فاعله عنـد اللـه مـدخراً إياه راجياً ثوابه في الدار الآخرة وذلك الاستعمال لا يكاد يخـرج عـن بعـض استعمالاتـه اللغويـة، وعلى ذلك فالأمر بالمعروف والنهي عن المنكر يسمي احتساباً كما يسمي حسبة وذلك إذا فعلـه لا لرياء ولا لسمعة ولا لإظهار علو أو كبرياء وكذلك كل معروف يفعله الإنسان لوجه اللـه تعـالي مدخراً ثوابه عنده لغير رياء ولا سمعة[4].

وتنقسم الحسبة عند بعض الفقهاء إلى حسبة عامة وحسبة خاصة،

(١) موسوعة الفقه الإسلامي " المجلس الأعلى للشئون الإسلامية " – مرجع سابق جـ٣ صـ٨٩.
(٢) الماوردي " الأحكام السلطانية " مطبعة الوطن سنة ١٢٩٨ هـ صـ٢٢٧.
(٣) د. محمد سلام مدكور " القضاء في الإسلام " – مرجع سابق صـ١٤٧ ويراجـع في تعريـف الحسبة كـذلك د. محمد جمال الدين على عواد " نظام القضاء في الإسلام " – دار النهضة طبعة ١٣٩٩هـ ١٩٧٩م صـ١٣٥، د. فتحي المرصفاوى " دراسة تطبيق الشريعة الإسلامية في مصر " – دار الفكر العربي سنة ١٩٨١ صـ١٤٣.
(٤) موسوعة الفقه الإسلامي – المرجع السابق صـ١٩٠.

فالعامة تثبت لكل مسلم دون اشتراط إذن سابق من الإمام لأنها عبارة عن الدعوة إلى ما جاءت

به الشريعة الإسلامية من أوامر ونواه فهي فرض كفاية وتستند على قوله صلى الـلـه عليه وسلم

: " من رأى منكم منكراً فليغيره .... " أما الحسبة الخاصة فلا تثبت إلا بتكليف الإمام وتفويضه

لأنها عبارة عن قيام شخص معين من قبل الإمام أو نائبه بتنفيذ تعاليم الدين وأحكامه لمراقبة

الأسواق والطرقات والمجالس العامة والنهي عن المنكر والتأديب على فعله والأمر بالمعروف

وعقاب تاركه، فهي فرض عين وتستند على قوله تعالى: ﴿ وَلْتَكُنْ مِنْكُمْ أُمَّةٌ يَدْعُونَ إِلَى

الْخَيْرِ وَيَأْمُرُونَ بِالْمَعْرُوفِ وَيَنْهَوْنَ عَنِ الْمُنْكَرِ وَأُولَئِكَ هُمُ الْمُفْلِحُونَ ﴾ الآية

١٠٤ من سورة آل عمران[1].

ثانيا: حكم الحسبة:

تقضي الشريعة الإسلامية بوجوب الحسبة على كل مسلم مكلـف يعلـم حكـم الـدين فيـما

يدعو إليه[2]، ويستند في وجوب الحسبة من مصادر الشريعة على القرآن الكريم والسنة والآثار.

١- الأدلة من القرآن الكريم:

في القرآن الكريم أدلة متعددة على وجوب الحسبة نذكر منها ما يلي:-

قوله تعالى: ﴿ وَلْتَكُنْ مِنْكُمْ أُمَّةٌ يَدْعُونَ إِلَى الْخَيْرِ وَيَأْمُرُونَ بِالْمَعْرُوفِ

---

(١) انظر د. عبد العزيز خليل بـديوي " القضـاء في الإسلام وحمايـة الحقوق " دار الفكر العربي سنة ١٩٧٩ صـ١٨.
(٢) د. محمد سلام مدكور " القضاء في الإسلام " – مرجع سابق صـ١٤٨.

وَيَنْهَوْنَ عَنِ الْمُنكَرِ وَأُولَئِكَ هُمُ الْمُفْلِحُونَ ﴾[1].

وقوله تعالى: ﴿ كُنْتُمْ خَيْرَ أُمَّةٍ أُخْرِجَتْ لِلنَّاسِ تَأْمُرُونَ بِالْمَعْرُوفِ وَتَنْهَوْنَ عَنِ الْمُنْكَرِ وَتُؤْمِنُونَ بِاللَّهِ﴾[2] وقوله تعالى: ﴿ لُعِنَ الَّذِينَ كَفَرُوا مِنْ بَنِي إِسْرَائِيلَ عَلَى لِسَانِ دَاوُودَ وَعِيسَى ابْنِ مَرْيَمَ ذَلِكَ بِمَا عَصَوْا وَكَانُوا يَعْتَدُونَ (٧٨) كَانُوا لَا يَتَنَاهَوْنَ عَنْ مُنْكَرٍ فَعَلُوهُ لَبِئْسَ مَا كَانُوا يَفْعَلُونَ﴾[3] وقوله تعالى: ﴿ وَالْمُؤْمِنُونَ وَالْمُؤْمِنَاتُ بَعْضُهُمْ أَوْلِيَاءُ بَعْضٍ يَأْمُرُونَ بِالْمَعْرُوفِ وَيَنْهَوْنَ عَنِ الْمُنْكَرِ﴾[4] وقوله تعالى: ﴿ الَّذِينَ إِنْ مَكَّنَّاهُمْ فِي الْأَرْضِ أَقَامُوا الصَّلَاةَ وَآتَوُا الزَّكَاةَ وَأَمَرُوا

---

(١) الآية ١٠٤ من سورة آل عمران وورد في تفسير الآية لتكن منكم جماعة يدعون إلى الخير إلى الدين أو إلى ما فيه صلاح ديني أو دنيوي ويأمرون بالمعروف أي بالطاعة وينهون عن المنكر أي عن المعصية، وقيل كل ما أمر الله ورسوله به فهو معروف وما نهي الله ورسوله عنه فهو منكر وقيل المعروف ما يعرف حسنه عقلاً أو شرعاً والمنكر ما ينكره العقل أو الشرع، راجع للطبرسي " مجمع البيان في تفسير القرآن " دار الفكر - بيروت - لبنان - طبعة ١٤١٤هـ ١٩٩٤م جـ٣ صـ٣٥٦ وما بعدها، وكذلك للألوسي " روح المعاني في تفسير القرآن العظيم والسبع المثاني - المركز الإسلامي للطبع والنشر - مكتبة دار التراث جـ٤ صـ٢١.

(٢) الآية ١١٠ من سورة آل عمران.

(٣) الآيتان ٧٨، ٧٩ من سورة المائدة.

(٤) الآية ٧١ من سورة التوبة.

بِالْمَعْرُوفِ وَنَهَوْا عَنِ الْمُنكَرِ وَلِلَّهِ عَاقِبَةُ الْأُمُورِ ﴾[1].

٢- الأدلة من السنة النبوية:

أما الأحاديث الواردة في الحسبة والتي تدل على وجوب الأمر بالمعروف والنهي عن المنكر فهي كثيرة أيضاً نذكر منها ما يلي.

- عن أبي سعيد الخدري - رضي الله عنه - قال: سمعت رسول الله صلى الله عليه وسلم يقول: "من رأي منكم منكراً فليغيره بيده فإن لم يستطع فبلسانه فإن لم يستطع فبقلبه وذلك أضعف الأيمان[2] ".

- عن النعمان بن بشير - رضي الله عنهما - عن النبي صلى الله عليه وسلم قال: "مثل القائم في حدود الله والواقع فيها كمثل قوم استهموا على سفينة فصار بعضهم أعلاها وبعضهم أسفلها وكان الذين في أسفلها إذا استقوا من الماء مروا على من فوقهم فقالوا: لو أنا خرقنا في نصيبنا خرقاً ولم نؤذ من فوقنا فإن تركوهم وما أرادوا هلكوا جميعاً وإن أخذوا على أيديهم نجوا ونجوا جميعاً[3] ".

- عن أبن مسعود -رضي الله عنه - أن رسول الله صلى الله عليه وسلم قال: " ما من نبي بعثه الله في أمة قبلي إلا كان له من أمته حواريون وأصحاب يأخذون بسنته ويقتدون بأمره ثم إنها تخلف من بعدهم خلوف يقولون

(١) الآية ٤١ من سورة الحج.

(٢) رواه مسلم ٤٩ " صحيح مسلم بشرح النووي " - مرجع سابق جـ١ صـ٢٦٧.

(٣) رواه البخاري " فتح الباري شرح صحيح البخاري " - مرجع سابق كتاب ٤٧ باب ٦ رقم ٢٤٩٣.

مالا يفعلون ويفعلون مالا يؤمرون فمن جاهدهم بيده فهو مؤمن ومـن جاهـدهم بقلبـه فهـو مؤمن ومن جاهدهم بلسانه فهو مؤمن وليس وراء ذلك من الإيمان حبة خردل[1] ".

- عن أبي سعيد الخدري - رضي اللـه عنـه - عـن النبـي صـلى اللـه عليـه وسلم قـال: "إياكم والجلوس في الطرقات " فقالوا: يا رسول اللـه مالنا من مجالسنا بد نتحدث فيهـا – فقال رسول اللـه صلى اللـه عليه وسلم : "فإذا أبيتم إلا المجلس فأعطوا الطريق حقه " قالوا: وما حق الطريق يا رسول اللـه، قال " غض البصر وكف الأذى ورد السـلام والأمـر بالمعروف والنهي عن المنكر[2] ".

٣- الأدلة من الآثار:

أما الآثار الواردة في الحسبة نذكر منها ما يلي.

- قول علي بن أبي طالب - رضي اللـه عنـه: " أول مـا تغلبـون عليـه مـن الجهاد – الجهـاد بأيديكم ثم الجهاد بألسنتكم ثم الجهاد بقلوبكم فإذا لم يعـرف القلـب المعـروف ولم ينكـر المنكر نكس فجعل أعلاه أسفله[3].

- قال أبو الدرداء - رضي اللـه عنه: لتأمرُن بالمعروف ولتنهوُنّ عن المنكر أو ليسلطن اللـه عليكم سلطاناً ظالماً لا يجل كبيركم ولا يرحم صغيركم ويدعو عليه خياركم فـلا يسـتجاب لهم وتستنصرون فلا

---

(١) رواه مسلم " ٥ " صحيح مسلم بشرح النووي – المرجع السابق جـ١ صـ٢٦٨.
(٢) البخاري ٨١/٥، ومسلم ٢١٢١ انظر للنووي " صحيح مسلم بشرح النووي " – مرجع سابق جـ٧ صـ٣١٨.
(٣) الغزالي " إحياء علوم الدين " – مرجع سابق جـ٢ صـ٤٢٥.

تنصرون وتستغفرون فلا يغفر لكم[١] ".

ثالثاً: شــروط المحتسب:

يشترط في المحتسب الـذي يقـوم بـأعمال الأمـر بـالمعروف والنهـي عـن المنكـر عـدة شروط هي[٢]:

١) أن يكون المحتسب مكلفاً لأن غير المكلف لا يلزمه أمر ولا نهي، أما إمكان الفعل وجـوازه لا يتوقف إلا على العقل، فالصبي المراهق للبلـوغ المميـز وإن لم يكـن مكلفـاً فلـه إنكـار المنكر وإذا فعل ذلك نال به ثواباً ولم يكن لأحد منعـه مـن حيـث أنـه لـيس بمكلـف لأن الحسبة قربة وهو من أهلها كالصلاة وغيرها من سائر القربات.

٢) أن يكون المحتسب مؤمناً، فلا تجب الحسبة على الكافر لأنها نصرة للـدين والكـافر لـيس من أهلها لأنه عدو للدين وجاحد لأصله.

٣) أن يكون المحتسب قادراً على الأمر بـالمعروف والنهـي عـن المنكـر فالعـاجز عـنهما بيـده وبلسانه لا تجب عليه الحسبة بهما وإنما تجب عليه بقلبه لأن كل من أحب اللـــه تعـالي يكره معاصيه وينكرها، قال عبد اللـه بن مسـعود - رضي اللـــه عنـه: " جاهـدوا الكفـار بأيديكم فإن لم تستطيعوا إلا أن تكفهروا في وجوههم فافعلوا، ويلحق بالعجز الحسي

(١) الغزالي - المرجع السابق جـ٢ صـ٤٢٤.

(٢) انظر في شروط المحتسب - الغزالي " إحياء علوم الدين " - مرجع سابق جـ٢ صـ٤٢٦ وما بعدها، د. محمد سلام مدكور " القضاء في الإسلام " - مرجع سابق صـ١٤٩ وما بعدها، د. عوف محمود الكفراوى " الرقابة المالية في الإسلام " مؤسسة شباب الجامعة بالإسكندرية سنة ١٩٨٣ صـ١٦٣ وما بعدها.

أن يخاف المحتسب على نفسه أو ماله أو عرضه مكروهاً أو يعلم أن إنكاره لا ينفع.

٤) أن يكون المحتسب مأذوناً له من جهة الإمام والوالي، وهذا الشرط اشترطه قوم فلم يثبتوا للآحاد من الرعية الحسبة، بينما أفسده صاحب الإحياء مستنداً إلى الآيات والأخبار التي تدل على أن كل من رأي منكراً فسكت عليه عصى إذ يجب نهيه أينما رآه وكيفما رآه على العموم، وأضاف قائلاً: " بأن التخصيص بشرط التفويض من الأمام تحكم لا أصل له[١]".

٥) أن يكون المحتسب عالماً بحكم الشرع فيما يأمر به وينهي عنه فإن الحسن ما حسنه الشرع والقبيح ما قبّحه الشرع ولا مدخل للعقول في معرفة المعروف والمنكر إلا بكتاب الله تعالي وسنة نبيه صلى الله عليه وسلم ولذلك كان الضابط في أمور الحسبة هو الشرع المطهر[٢].

٦) أن يكون المحتسب عادلاً عاملاً بما يأمر منتهياً عما ينهي عنه، وهذا الشرط اشترطه بعض الفقهاء كالماوردي[٣] لعموم قوله تعالي: ﴿ يَا أَيُّهَا الَّذِينَ آَمَنُوا لِمَ تَقُولُونَ مَا لَا تَفْعَلُونَ (٢) كَبُرَ مَقْتًا عِنْدَ اللَّهِ أَنْ

(١) الغزالي " إحياء علوم الدين " - مرجع سابق جـ٢ صـ٤٢٩.
(٢) د. موسى عز الدين عبد الهادي " أحكام التسعير في الشريعة الإسلامية " - مرجع سابق صـ١٧٤ نقلاً عن الأستاذ إبراهيم دسوقى الشهاوي - الحسبة في الإسلام صـ٤٣، صـ٤٤.
(٣) الماوردي " الأحكام السلطانية " - مرجع سابق صـ٢٢٨.

تَقُولُوا مَا لَا تَفْعَلُونَ﴾ [١]، غير أن فريقاً من الفقهاء ومنهم الغزالي لا يشترط ذلك وقال بأن للفاسق أن يحتسب ولعموم ما ورد في الأمر بالمعروف والنهي عن المنكر من الكتاب والسنة ولأن اشتراط ذلك قد يعطل الاحتساب[٢].

ويجب على المحتسب عند مزاولة الحسبة أن يتأدب بآداب معينة ويسلك في تغييره المنكر أو أمره بالمعروف درجات معينة، فلا ينبغي له أن يتجسس للتعرف على المنكر كما ينبغي له أن ينصح المحتسب عليه في بادئ الأمر بلطف دون عنف، فإذا لم يستجب يلجأ المحتسب إلى الوعظ والنصح والتخويف بالله تعالي وذلك فيمن يقدم على الأمر وهو عالم بكونه منكراً أو فيمن أصر عليه وهو يعرف أنه منكر، وقد يضطر المحتسب إلى التعنيف بالقول الغليظ إذا عجز عن المنع باللطف أو عند ظهور مبادئ الإصرار والاستهزاء بالوعظ والنصح، وقد يسلك المحتسب طريق التغيير باليد شريطة أن يكون قد عجز عن التغيير بالوسائل السابقة وأن يقتصر في طريق التغيير باليد على القدر المحتاج إليه، وقد تكون الوسيلة هي التهديد والتخويف وأخيراً قد يصل الأمر إلى أن يحتاج المحتسب إلى أعوان يشهرون السلاح[٣].

(١) الآيتان ٢، ٣ من سورة الصف.

(٢) الغزالي " إحياء علوم الدين " - مرجع سابق جـ٢ صـ٤٢٦.

(٣) الغزالي " إحياء علوم الدين " - مرجع سابق جـ٢ صـ٤٤٨.

رابعاً: اختصاصات المحتسب ودوره في مراقبة الأسواق:

تشمل الحسبة على أمرين أحدهما أمر بالمعروف والثاني نهي عن المنكر سواءً كان ذلك متعلقاً بحقوق الله تعالي أو بحقوق العباد أو بالحقوق المشتركة بين الله تعالي وبين عباده[1].

بيد أن من أبرز اختصاصات المحتسب التي اشتهرت بين الناس وتناولها الفقهاء بالبيان هي الإشراف على الأسواق ورقابة الأسعار ومنع أهل السوق من الغش والغبن والتدليس فيها وفي أثمانها ويدخل في ذلك سائر البيوع الفاسدة كالنجش وتلقي السلع قبل أن تجيء إلى السوق لما فيها من الظلم وتدليس الأثمان[2].

وكان المحتسب يعاقب من يعبث بالشريعة أو يرفع الأثمان ويمنع التعدي على حدود الجيران كما كان المحافظ على الآداب وعلى الفضيلة والأمانة بل كان المحتسب يشرف على السلع المعروضة في الأسواق فيشرف على بائعي الغراء وصانعي الحلوى وعلى شوائي اللحوم وعلى الرواسين أي بائعي الروس والأكارع وعلى قلائى السمك والهرائسيين أي صانعي الهريسة - وعلى الشرابيين - أي صناع الأشربة - وهي الأدوية السائلة - وعلى البزازين أي بائعي الثياب وعلى الحاركة وهم الذين ينسجون الغزل قماشاً وعلى الخياطين لمراعاة جودة التفصيل وعلى الصباغين والدلالين

(١) الماوردي " الأحكام السلطانية " - مرجع سابق صـ٢٣٠.

(٢) ابن تيمية "الحسبة في الإسلام " طبع ونشر دار عمر بن الخطاب الإسكندرية صـ٩ وما بعدها، والماوردي - المرجع السابق صـ٢٤٠.

والمنادين وعلى الصاغة وغيرها[١].

وقد كان المحتسبون يؤدون مهامهم في رقابة الأسواق على نحو يماثل أحدث ما يتبع اليوم في هذا المجال فقد كانوا يقومون بفرض التسعير على السلع وإلزام الباعة بالإعلان عن أسعارها كتابة، كما كانوا يبثون العيون للبحث عن الأماكن التي يختزن فيها التجار الجشعون سلعهم لمصادرتها وبيعها بالأسعار المحددة ويبعثون الصبية والجواري لابتياع السلع من التجار لينظروا بأي ثمن بيعت ويتأكدوا من سلامة الكيل والوزن[٢].

ولاشك أن مراقبة المحال التجارية والصناعية على هذا النحو تتضمن مراقبة لكيفية الإنتاج وكيفية التوزيع وعدالة الأثمان بلا ضرر ولا ضرار أي أنها تضمن منافسة عادلة بين التجار بلا ظلم ولا طغيان.

وتجدر الإشارة إلى أن وظيفة المحتسب تختلف عن وظيفة القاضي ووظيفة والي المظالم في الإسلام، فالقاضي يحكم بين الناس بطريق الإلزام أما المحتسب فينظر فيما يتعلق بالنظام العام والآداب مما لا ينبغي لأحد مخالفته أو الخروج عليه وفي الجنايات أحياناً مما يحتاج إلى سرعة الفصل فيها، أما والي المظالم فهو ينظر فيما استعصي من الأحكام على القاضي والمحتسب ولذا فإن رتبة المظالم أعلاها ثم رتبة القضاء ثم ولاية

(١) الشيزري " نهاية الرتبة في طلب الحسبة " نشر د. السيد الباز العربي - القاهرة سنة ١٩٤٦ مشار إليه في - البشري الشوربجي " التسعير في الإسلام " - مرجع سابق صـ١٢٧.

(٢) البشري الشوربجي " التسعير في الإسلام " - مرجع سابق صـ١٢٨.

الحسبة[1].

والحسبة باعتبارها من قواعد الأمور الدينية ولعظيم شأنها وعموم صلاحها وجزيل ثوابها فقد كان أئمة الصدر الأول من الإسلام يباشرونها بأنفسهم, ولكن لما أعرض عنها السلطان وندب لها من هان وصارت عرضة للتكسب وقبول الرشاء؛ ضعف أمرها وهان على الناس خطرها ولكن هذا الإخلال لا يسقط حكمها ولا يقلل من شأنها[2].

وأخيراً فإن ولاية الحسبة في الإسلام تشبه في الجملة دون التفصيل النيابة العامة في النظم الحالية ويقوم بعمل المحتسب الآن بصفة عامة النائب العام ووكلاؤه لأنهم قائمون على مراعاة الحقوق العامة المتعلقة بالمجتمع[3].

كما أن ما كان يقوم به المحتسب من أعمال تقوم به في الدولة المعاصرة إدارات ووزارات ومصالح متعددة كشرطة حماية الآداب ووزارة التموين والتجارة الداخلية ووزارة الاقتصاد والتجارة الخارجية ووزارة الصناعة ووزارة الصحة.. وما إلى ذلك وإن كانت أعمال هذه الجهات المختلفة تعرض على النيابة العامة بصفتها

---

(١) د. محمد سلام مدكور " القضاء في الإسلام " - مرجع سابق صـ١٥٣.
(٢) الماوردي " الأحكام السلطانية " - مرجع سابق صـ٢٤٥.
(٣) د. محمد سلام مدكور " القضاء في الإسلام " - مرجع سابق صـ١٥٣.

القيمة على أعمال الضبط القضائي[1].

---

(1) لمزيد من التفصيل راجع البشري الشوربجي " التسعير في الإسلام " - المرجع السابق صـ١٢٤، وانظر في التشريع المصري على سبيل المثال المواد ٢١، ٢٢، ٢٣، ٢٤ من قانون الإجراءات الجنائية رقم ١٥٠ لسنة ١٩٥٠، ومن مقتضى أحكام هذه المواد أن يقوم مأمورو الضبط القضائي بالبحث عن الجرائم ومرتكبيها وجمع الاستدلالات التي تلزم للتحقيق في الدعوى " م ٢١ " ويكون مأمورو الضبط القضائي تابعين للنائب العام وخاضعين لإشرافه فيما يتعلق بأعمال وظيفتهم م ٢٢، كما أشارت المادة " ٢٣ " من القانون المشار إليه على أن يكون مأمورو الضبط القضائي في دوائر اختصاصاتهم:
١- أعضاء النيابة العامة ومعاونوها. ٢- ضباط الشرطة وأمناؤها والكونستبلات والمساعدون. ٣- رؤساء نقط الشرطة. ٤- العمد ومشايخ البلد ومشايخ الخفراء. ٥- نظار ووكلاء محطات السكك الحديدية الحكومية، - لمزيد من التفصيل راجع د. فوزية عبد الستار " قانون الإجراءات الجنائية - دار النهضة العربية - الجزء الأول سنة ١٩٧٧ صـ٤٤ وما بعدها.
كما تنص المادة ١٧ من المرسوم بقانون ١٦٣ لسنة ١٩٥٠ الخاص بشئون التسعير الجبري بأن يكون للموظفين الذين يندبهم وزير التجارة والصناعة بقرار منه صفة رجال الضبط القضائي في إثبات الجرائم التي تقع بالمخالفة لأحكام هذا المرسوم بقانون والقرارات المنفذه له، وقد صدر القرار الوزاري رقم ٢٠٥ لسنة ١٩٥٢ ببيان الموظفين الذين لهم صفة الضبط القضائي بتنفيذ القانونين ٩٥ لسنة ١٩٤٥ و١٦٣ لسنة ١٩٥٠ وهم من العاملين بديوان وزارة التموين ومراقبات التموين بالمحافظات وبعض الضباط والمساعدين ينتدبون من الشرطة والقوات المسلحة للعمل بوزارة التموين، لمزيد من التفصيل راجع د. آمال عبد الرحيم عثمان " جرائم التموين دار النهضة العربية سنة ١٩٦٩ صـ١٦٤ وما بعدها " - مشار إليه في البشري الشوربجي " التسعير في الإسلام " - مرجع سابق هامش صـ١٢٥.

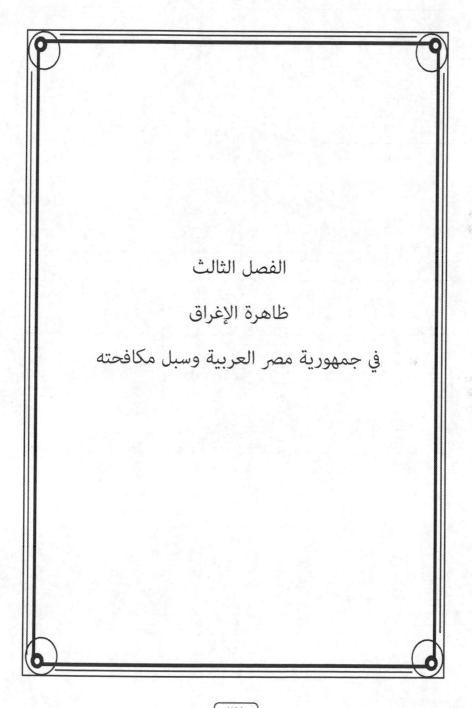

الفصل الثالث

ظاهرة الإغراق

في جمهورية مصر العربية وسبل مكافحته

الفصل الثالث

ظاهرة الإغراق في جمهورية مصر العربية وسبل مكافحته

تقـديم:

تعد جمهورية مصر العربية من الدول التي لها دور الريادة في المنطقة بالنسبة للاندماج في الاقتصاد العالمي حيث انضمت إلى الاتفاقية العامة للتعريفات والتجارة – الجات – بمقتضى القرار الجمهوري رقم ٢٠٢٩ لسنة ١٩٧٠، كما انضمت إلى عدد من الاتفاقات التجارية التي نتجت عنها جولة مفاوضات طوكيو التي دارت في إطار اتفاقية – الجات – ولما تبين أن الاتفاقية العامة للتعريفات والتجارة لم تعد صالحة لتنظيم التجارة العالمية وضبط حركة الاقتصاد العالمي فقد استلزم الأمر ضرورة تغطية الاتفاقية لكافة الأنشطة والمجالات التي طرحت نفسها في مجالات التجارة المختلفة وعلى الأخص ما يتعلق بالملكية الفكرية وتجارة الخدمات بجانب دمج التجارة في السلع الزراعية والمنسوجات ضمن القواعد العامة للتجارة في السلع، وقد أسفر ذلك عن إعداد الوثيقة الختامية لجولة أورجواي والتي تضمنها إعلان مراكش عام ١٩٩٤[١].

وقد شاركت جمهورية مصر العربية في جولة أورجواي للمفاوضات التجارية متعددة الأطراف بصفتها عضواً في – الجات – وقد استمرت مفاوضات هذه الجولة خلال الفترة من سنة ١٩٨٦ حتى سنة ١٩٩٤ عالجت خلالها قضايا تحرير التجارة العالمية في أوسع نطاقها، ومن ثم

---

(١) النظام المصري لمكافحة الإغراق – مرجع سابق ص٩.

وقعت مصر على هذه الوثيقة ووافق عليها مجلس الشعب عام ١٩٩٥ وصدر قرار رئيس الجمهورية رقم ٧٢ لسنة ١٩٩٥ بالموافقة على انضمام جمهورية مصر العربية، وعلى الاتفاقات التي تضمنتها الوثيقة الختامية المتضمنة لنتائج جولة أورجواي للمفاوضات التجارية المتعددة الأطراف وجداول تعهدات جمهورية مصر العربية في مجال تجارة السلع والخدمات الموقعة في مراكش بالمملكة المغربية بتاريخ ١٩٩٤/٤/١٥ [١].

وبذلك أصبحت مصر ـ عضواً كاملاً وأصلياً في منظمة التجارة العالمية اعتباراً من ١٩٩٥/٦/٣٠م وذلك بعد ثلاثين يوماً على إيداع وثائق تصديق مصر على اتفاقية إنشاء المنظمة والوثيقة الختامية المتضمنة الاتفاقات التي أسفرت عنها جولة أورجواي.

وترتب على انضمام مصر إلى منظمة التجارة العالمية التزامها بتحرير التجارة الخارجية وفتح الأسواق والالتزام بإزالة القيود والعقبات التي تقف أمام انسياب حركة التجارة الدولية وحظر استخدام القيود الإدارية والكمية للحد من الواردات أو لحماية صناعتها الوطنية، ولاشك أن هذه الالتزامات ستعمل على أن تكون الأسواق أكثر انفتاحاً وتزيد من درجة المنافسة فيها، كما أن إزالة كافة القيود على الواردات سيشكل ضغطاً على الصناعة المحلية [٢].

---

(١) الجريدة الرسمية العدد ٢٤ تابع في ١٥ يوينو سنة ١٩٩٥، وراجع د. عمر صقر " العولمة وقضايا اقتصادية وحاضرة" - مرجع سابق ص١٨٣.

(٢) قضايا الدعم والإغراق " قضية الواردات من صنف أسود الكربون " وزارة الاقتصاد والتجارة الخارجية جهاز مكافحة الدعم والإغراق والوقاية - سبتمبر سنة ٢٠٠٠ ص٥.

وكما تطبق مصر التزاماتها في منظمة التجارة العالمية فمن الضروري أن تستخدم حقوقها التي كفلتها اتفاقيات منظمة التجارة العالمية بكفاءة وفعالية، وبصفة خاصة في مجال تحقيق المنافسة العادلة للصناعة الوطنية وحمايتها من الممارسات الضارة بالاقتصاد القومي والمتمثلة في ممارسات الإغراق أو الدعم، وكذلك زيادة الواردات التي تسبب ضرراً للصناعة الوطنية[١].

ولقد تضمنت اتفاقيات منظمة التجارة العالمية الآليات المسموح بها والتي تمثل أهمية خاصة لحماية الصناعة الوطنية من الممارسات غير العادلة في التجارة الدولية والتي تؤثر على ظروف المنافسة العادلة، وتنطوي اتفاقية منظمة التجارة العالمية على ثلاثة اتفاقات تنظم وتحدد أساليب وإجراءات الحماية ضد الممارسات غير العادلة في التجارة الدولية وهي اتفاقات مكافحة الإغراق والدعم والإجراءات التعويضية واتفاق الوقاية، وأصبحت هذه الاتفاقات الثلاثة جزءاً من القانون المصري ولذا فقد تم إنشاء إدارة جديدة هي الإدارة المركزية للسياسات التجارية الدولية " جهاز مكافحة الدعم والإغراق والوقاية " للإشراف على تطبيق الاتفاقات المشار إليها في مصر[٢].

وعلى الرغم من توقيع الدول الأعضاء على اتفاقية منظمة التجارة

(١) قضايا الدعم والإغراق " قضية الواردات من صنف أسود الكربون " وزارة الاقتصاد والتجارة الخارجية جهاز مكافحة الدعم والإغراق والوقاية - سبتمبر سنة ٢٠٠٠ صـ٥.

(٢) النظام المصري لمكافحة الإغراق والدعم والرسوم التعويضية - جهاز مكافحة الإغراق - مرجع سابق صـ١١.

العالمية رضاً واقتناعاً إلا أن بعض هذه الدول تمارس عمليات الإغراق وبخاصة ضد الدول النامية - ومنها مصر - الأمر الذي يؤكد أن العالم تحول من الحرب والاستعمار العسكري إلى الحرب والاستعمار الاقتصادي[١] ولم يسلم الاقتصاد المصري من حالات الإغراق سواءً تمثل ذلك في الإغراق الاستيرادي وهو إغراق السوق المصري بواردات أجنبية رفع بشأنها قضايا إغراق أو الإغراق التصديري ويقصد به دعاوى الإغراق التي رفعت ضد بعض المنتجات المصرية[٢].

ولكن الحكومة المصرية لم تلبث أن واجهت ظاهرة الإغراق بعدة إجراءات أهمها إصدار قانون مكافحة الدعم والإغراق ولائحته التنفيذية التي تضمنت تشكيل جهاز مستقل لمكافحة الإغراق يقوم بمتابعة حالات السوق المصرية للإغراق من المنتجات الأجنبية المعانة والتحقق من توافر الأدلة والأسانيد المادية والقانونية لوجوده، كما يقوم بمتابعة القضايا التي ترفع من الدول الأجنبية ضد الصادرات المصرية والتي تتهم فيها المصدرين المصريين بإغراق أسواقها من السلع المصدرة[٣].

ولا تعد إنجازات الحكومة المصرية في هذا الشأن كافية لمواجهة ظاهرة الإغراق إلا إذا اقترنت باستراتيجية معينة تعمل جنباً إلى جنب بجوار القانون المصري وفي إطار اتفاق مكافحة الإغراق حتى تواجه مشكلة

(١) د. محمد عبد الحليم عمر - ورقة عمل - مرجع سابق صـ١٥.
(٢) د. محمد عبد الحليم عمر - المرجع السابق صـ١٤.
(٣) د. أحمد رالجي أبو الوفا " إغراق ادعاءات ومواجهات مطلوبة " الأهرام الاقتصادي - مرجع سابق صـ٣٠.

الإغراق وتوجد لها الحلول المناسبة والشاملة.

ولذا رأينا أن نقسم هذا الفصل إلى ثلاثة مباحث على النحو التالي:-

المبحث الأول: التطبيقات العملية لظاهرة الإغراق في جمهورية مصر العربية.

المبحث الثاني: إجراءات مكافحة الإغراق في جمهورية مصر العربية.

المبحث الثالث: استراتيجية مواجهة الإغراق في جمهورية مصر العربية.

المبحث الأول

التطبيقات العملية لظاهرة الإغراق في جمهورية مصر العربية

تمهيــد:

رغم ضوابط الإغراق التي بينتها وحددتها اتفاقية تطبيق المادة السادسة من الاتفاقيـة العامة للتعريفات والتجارة ١٩٩٤، والتي مـن المفترض أن تلتـزم بها جميـع الدول الأعضـاء في الاتفاقية، إلا أن بعض الدول الأجنبية مارست عمليـات الإغـراق في أسواقنا المصرية عـن طريـق شركاتها، كما أن بعض الدول أشهرت سلاح الإغراق ضـد بعـض المنتجات المصرية التـي تصدرها إليها بحجة حماية صناعاتها الوطنية من الإغراق.

وفيما يلي نعرض لبعض التطبيقات العملية لإغراق السـوق المصرية بـواردات أجنبيـة رفع بشأنها قضايا إغراق وهو ما يطلق عليه الإغراق الاستيرادي، ثم نعرض لبعض نمـاذج دعـاوى الإغراق التي رفعت ضد بعض المنتجات المصرية وهو ما يطلق عليه الإغراق التصديري وذلك في مطلبين على النحو التالي:

المطلب الأول

التطبيقات العملية لإغراق السوق المصري بمنتجات أجنبية

تعرضت الأسواق المصرية لممارسات إغراقية تسببت في وجود ضرر مادي بالصناعات المحلية لبعض المنتجات المثيلة نتيجة زيادة حجم الواردات المغرقة من بعض الدول التي تسببت في قيام منازعات حقيقية حول مكافحة الإغراق،

هذه الممارسات تعد صوراً حية لمنازعات الإغراق التي تحدث تطبيقاً لاتفاقية منظمة التجارة العالمية ولأحكام القانون رقم ١٦١ لسنة ١٩٩٨ والقرار الوزاري رقم ٥٤٩ لسنة ١٩٩٨ الصادر باللائحة التنفيذية للقانون، وقام جهاز مكافحة الإغراق باتخاذ قرارات عملية بشأنها، فمنها ما تم بشأنه فرض رسوم نهائية لمكافحة الإغراق ومنها منازعات تم إنهاء التحقيق بشأنها لعدم ثبوت صحة الادعاء بالإغراق.

وأهم هذه المنازعات ما يلي[1]:

- شكوى شركات المنتجات المعدنية ضد الواردات المغرقة من صنف الاستنلس إستيل الواردة من كل من أسبانيا واليونان.
- شكوى شركة الإسكندرية الوطنية للحديد والصلب ضد الواردات المغرقة من صنف حديد التسليح الوارد من كل من رومانيا - لاتفيا، أوكرانيا، روسيا، مقدونيا.
- شكوى شركة السكر والصناعات التكاملية ضد الواردات المدعمة من منتج السكر الأبيض الواردة من دول الاتحاد الأوربي.
- شكوى شركة النقل والهندسة بالإسكندرية للإطارات ضد الواردات المغرقة من كل من كوريا الجنوبية واليابان وفرنسا ودول الاتحاد الأوربي.
- شكوى شركتي الإسكندرية لحديد التسليح والعز للصلب ضد الواردات المغرقة من صنف حديد التسليح " عيدان أطوال " الواردة من تركيا.
- شكوى شركة الإسكندرية لأسود الكربون ضد الواردات المغرقة ذات منشأ أو مصدرة من الاتحاد الأوربي.

(١) الأهرام الاقتصادي العدد ١٥٧١ في ١٩٩٩/٢/١٥ صـ٣٣.

وفيما يلي نعرض لبعض تفاصيل الإجراءات التي اتخذها جهاز مكافحة الإغراق بصدد بعض الشكاوى التي قدمتها بعض الشركات الوطنية ضد الجهات المغرقة:

أولاً: شكوى شركة المنتجات المعدنية ضد الواردات المغرقة من صنف الاستنلس ستيل ذات منشأ اليونان وأسبانيا(١).

وبناءً على الشكوى المقدمة من شركة نوفا مصر- إحدى شركات الإنتاج المعدني المنتجة لأحواض الاستنلس ستيل سنة ١٩٩٦ ضد الواردات من منتج أحواض المطابخ من الاستنلس ستيل المصنعة من صلب الكروم والنيكل ذي القطعة الواحدة بدون لحام والمثبتة على الرخام أو الخشب الواردة من اليونان وأسبانيا بأسعار مغرقة، فقد صدر الإعلان رقم "١" لسنة ١٩٩٧ ببدء التحقيق في شأن هذه الواردات(٢).

(١) راجع الأهرام الاقتصادي " أشهر قضايا الإغراق " ملف العدد ١٥٧١ في ١٩٩٩/٢/١٥ صـ٣٣ إعداد هشام جاد.

(٢) وهذا نص الإعلان الصادر من جهاز مكافحة الإغراق " بناءً على القرار الجمهوري رقم ٧٢ لسنة ١٩٩٥ بشأن انضمام مصر لمنظمة التجارة العالمية WTO والاتفاقية المذكورة بالوثيقة الختامية والتي تشمل نتائج محادثات جولة أورجواي، ووفقاً للتشريع المصري فإن الاتفاقيات الدولية تعلو في رتبتها التشريع المحلي، ووفقا للقرار رقم ٧١ لسنة ١٩٩٥ فإن اتفاقية مكافحة الإغراق الملحقة بالوثيقة الختامية التي تشمل نتائج جولة أورجواي تعد جزءاً من التشريع المصري وعليه يقوم بتطبيق بنودها وفقاً للمادة السادسة من اتفاقية الجات فإنه سيتم البدء في إجراءات مكافحة الإغراق وقد تلقت الإدارة المركزية للسياسات التجارية الدولية شكوى وفقاً للمادة الخامسة من اتفاقية تنفيذ المادة السادسة من الجات ١٩٩٤ =

وقد استند الشاكي في ادعائه بالإغراق على مقارنة أسعار البيع للمنتج محل الشكوى في السوق المحلي اليوناني والأسباني بأسعار التصدير للمنتج المثيل إلى مصر والتي تبين منها أن هناك هامش إغراق لا يمكن إغفاله، حيث أدي ذلك إلى انعكاس سلبي على أسعار بيع المنتج المحلي كما أثر على الوضع المالي للشركة من حيث انخفاض في حجم المبيعات وانخفاض في أسعار البيع وفي الأرباح وكذلك انخفاض في الإنتاج وفي الطاقة المستغلة.

ومن أجل الحصول على المعلومات الضرورية فقد قامت سلطات التحقيق بإرسال استبيانات إلى المنتجين المحليين والمستوردين المصريين والمصدرين الأجانب والمنتجين الأجانب وحكومات الدول المصدرة وأي أطراف أخرى معنية بالتحقيق وعلى أي أطراف غير معروفة لسلطات التحقيق المصرية من مصدرين أجانب ومنتجين في الدول الأجنبية المعنية ومستوردي المنتج محل التحقيق أن يعلنوا عن أنفسهم للحصول على نسخة من الاستبيانات حتى يتمكنوا من تقديم ردودهم في التوقيتات الزمنية المحددة[1].

وبعد أن استمرت التحقيقات من ١٩٩٧/١/٣٠ وحتى يونيه ١٩٩٨

= تضمنت أن الواردات من أحواض المطابخ الاستنلس ستيل ذات عين واحدة أو عينين أو عين ونصف عين أو عينين ونصف مقاس ١٠٠ × ٤٨ سم والتي يتم تصنيعها في اليونان وأسبانيا تأتي بأسعار مغرقة وتسبب ضرراً مادياً على الصناعة المصرية.

(١) راجع أ. إبراهيم المنجي - دعوى مكافحة الإغراق - مرجع سابق صـ٣٠١ وما بعدها.

وأثبت الإغراق صدر القرار رقم ٣٢٤ لسنة ١٩٩٨ بتاريخ ١٩٩٨/٦/٢٢م بفرض رسوم نهائية لمكافحة الإغراق على الواردات من أحواض الاستنلس ستيل المصدرة من أو ذات منشأ أسبانيا واليونان[١].

(١) وهذا نص القرار " وزير التجارة والتموين ": بعد الإطلاع على قرار رئيس الجمهورية رقم ٧٢ لسنة ١٩٩٥ بشأن الموافقة على انضمام جمهورية مصر العربية لمنظمة التجارة العالمية والاتفاقات التي تضمنتها الوثيقة الختامية لنتائج جولة أورجواي للمفاوضات التجارية متعددة الأطراف وجداول تعهدات جمهورية مصر العربية في مجال تجارة السلع والخدمات الموقعة في مراكش بالمملكة المغربية بتاريخ ١٩٩٤/٤/١٥، وعلى القانون رقم ١٦١ لسنة ١٩٩٨ بشأن حماية الاقتصاد القومي من الآثار الناجمة عن الممارسات الضارة في التجارة الدولية، وعلى القرار الوزاري رقم ٦٧ لسنة ١٩٩٢ بشأن تشكيل لجنة مكافحة الدعم والإغراق والوقاية، وعلى تقرير لجنة مكافحة الدعم والإغراق المؤرخ في ١٩٩٧/٩/٩، وعلى ما عرضه رئيس قطاع التجارة الخارجية.

قـرر

مادة (١)

تخضع الواردات المصدرة من أو ذات منشأ أسبانيا من منتجات أحواض المطابخ المصنعة من الاستنلس ستيل من صلب الكروم والنيكل ذو القطعة الواحدة بدون لحام والمثبتة على الرخام أو الخشب والتي تدرج ضمن البند الجمركي ١٠/٢٤/٧٣ من الأصناف التالية: عين ونصف + صفاية، ٢،٥ عين، ٢ عين، عين واحدة + صفاية مقاس ١٠٠ × ٤٨سم لرسم نهائي لمكافحة الإغراق قدره ٥٠% من القيمة C.I.F.

مادة (٢)

تخضع الواردات المصدرة من أو ذات منشأ أسبانيا من منتجات أحواض المطابخ المصنعة من الاستنلس ستيل من صلب الكروم والنيكل ذو القطعة الواحدة بدون لحام والمثبتة على الرخام أو الخشب والتي تدرج ضمن البند الجمركي ١٠/٢٤/٧٣ =

ثانيا: شكوى شركة الإسكندرية الوطنية للحديد والصلب ضد الواردات المغرقة من حديد التسليح من كل من روسيا، رومانيا، أوكرانيا، لاتفيا، مقدونيا[1].

تلقي جهاز مكافحة الإغراق شكوى في ١٩٩٧/٤/٣ من الشركة التي تمثل الصناعة المحلية وهي شركة الإسكندرية الوطنية للحديد والصلب تدعي أن الواردات الواردة من كل من روسيا ورومانيا وأوكرانيا ولاتفيا ومقدونيا من صنف حديد التسليح أو لفائف ملساء أو مشرشرة من حديد التسليح لأغراض البناء والتشييد من حديد أو صلب غير مخلوط مدرفل بالحرارة على شكل أسياخ أو لفائف ملساء أو مشرشرة ترد بأسعار مغرقة وتتسبب ضرراً مادياً على الصناعة المحلية وذلك في عام ١٩٩٦، وقد استندت الشركة الشاكية في ادعائها على مقارنة أسعار التصدير من هذه الدول إلى مصر مع متوسط الأسعار العالمية لهذه السلعة وأسفرت المقارنة عن وجود هامش إغراق لا يمكن إغفاله.

وكانت الشركة قد أفادت بأنه لحقها ضرر مادي بسبب الزيادة الكبيرة في الواردات من هذه السلعة بأسعار مغرقة أثرت على أسعار بيع المنتج

= من الأصناف التالية: عين ونصف + صفاية، ٢ر٥ عين، ٢ عين، عين واحدة + صفاية مقاس ١٠٠ × ٤٨ سم لرسم نهائي لمكافحة الإغراق قدره ٣٥% من القيمة C.I.F.

مادة (٣)

ينشر هذا القرار في الوقائع المصرية ويعمل به من تاريخ نشرة - الوقائع المصرية العدد ١٣٨ - تابع - في ٢٢ يونية سنة ١٩٩٨.

(١) أ. إبراهيم المنجي - دعوى مكافحة الإغراق - مرجع سابق ص٣٠٥.

المحلي من حيث انخفاض الإنتاج وانخفاض المبيعات وزيادة في المخزون وانخفاض في حصة السوق وانخفاض في الأرباح وعليه فقد صدر الإعلان رقم ٢ لسنة ١٩٩٧ من الجهاز ببدء التحقيق في هذه الشكوى.

وبعد أن قامت سلطات التحقيق بعمل الاستقصاءات وجمع المعلومات من الجهات المعنية أخطرت كافة الأطراف المعنية لتقديم آرائهم كتابة مؤيده بالأسانيد وحددت فترة التحقيق من ١٩٩٦/١/١ وحتى ١٩٩٦/١٢/٣١ ...... وبعد الانتهاء تماماً من التحقيقات كانت النتيجة بإنهاء التحقيق في قضية الإغراق من السلع محل التحقيق من روسيا الاتحادية ومقدونيا والاستمرار في التحقيق الخاص بدعوى الإغراق من السلع محل التحقيق من رومانيا وأكرانيا ولاتفيا(١).

---

(١) ففي شأن إنهاء التحقيق في قضية الإغراق من السلع محل التحقيق من روسيا الاتحادية ومقدونيا صدر الإعلان رقم ١ لسنة ١٩٩٨ والذي يقضي بإنهاء تحقيق مكافحة الإغراق من الواردات من صنف حديد التسليح لأغراض البناء من حديد أو صلب غير مخلوط مدرفل بالحرارة على شكل أسياخ أو لفائف ملساء أو مشرشرة ذات منشأ أو مصدرة من روسيا الاتحادية ومقدونيا وذلك لأن إحصاءات الواردات التي تم فحصها قبل بدء التحقيق أظهرت أن السلع الخاضعة للتحقيق والتي كانت تصدر إلى مصر- ذات منشأ روسي وأثناء فترة التحقيق قدمت حكومة روسيا الاتحادية إلى سلطات التحقيق مستندات تدعي فيها أنه لم يكن هناك صادرات من السلع الخاضعة للتحقيق من روسيا وتم الحصول على فواتير من مصلحة الجمارك وبفحصها تبين أن واردات روسيا قد تم تسجيلها عن طريق الخطأ، وقد أكدت المستندات أن هذه الواردات من الاتحاد السوفيتي السابق أو من دول الكومنولث تم تسجيلها في الإحصائيات على أنها صادرات روسية ولم يتم استيرادها من روسيا الاتحادية، كما أظهر فحص الفواتير الواردة من الجمارك أيضاً أنه لم يكن هناك =

= واردات من مقدونيا - الوقائع المصرية - العدد ٤٣ تابع في ٢٣ فبراير سنة ١٩٩٨.
أما بالنسبة لاستمرار التحقيق الخاص بدعوى الإغراق من السلع محل التحقيق من رومانيا وأكرانيا ولاتفيا فقد صدر القرار رقم ٣٢٥ في ١٩٩٨/٦/٢٢ من وزير التجارة والتموين بفرض الرسوم النهائية لمكافحة الإغراق على الواردات من حديد التسليح لأغراض البناء المصدرة من أو ذات منشأ رومانيا واكرانيا ولاتفيا بنسب تتراوح بين ٤ر٦% إلى ٥ر٢٣% من القيمة - راجع الأهرام الاقتصادي العدد ١٥٧١ في ١٩٩٩/٢/١٥ - مرجع سابق ص٣٣.
وهذه نصوص مواد القرار:
مادة (١): تخضع للرسوم النهائية لمكافحة الإغراق منتجات حديد التسليح لأغراض البناء - قضبان وعيدان - مدرفلة بالحرارة بشكل لفائف غير منتظمة اللف من حديد أو من صلب غير مخلوط، قضبان وعيدان أخرى من حديد أو من صلب غير مخلوط غير مشغول أكثر من الطرق أو الدرفلة أو السحب بالحرارة بما فيها القضبان والعيدان المفتولة بعد الدرفلة من البند ١٣/٧٢ ... ومن البند ٧٢/ ١٤ ... وفقاً لبنود التعريفة الجمركية المنسقة والمصدرة من أو ذات منشأ رومانيا وأكرانيا ولاتفيا.
ولا تسري الرسوم المشار إليها بالفقرة السابقة على القضبان الأخرى من نوع خاص من الصلب والتي تستورد لأغراض التشكيل وهي مدرفلة على الساخن تصلح للتشكيل في العمليات الميكانيكية على البارد ولا يتم استخدامها في أغراض البناء.
مادة (٢): ينشر هذا القرار في الوقائع المصرية ويعمل به من تاريخ نشره - الوقائع المصرية العدد ١٣٨ تابع في ٢٢ يونية سنة ١٩٩٨.
وصدر القرار رقم ٣٢٣ لسنة ١٩٩٨ بفرض رسم مكافحة الإغراق على المنتجات المسطحة بالدرفلة من حديد أو من صلب غير مخلوط مدرفلة بالحرارة أو مدرفلة على البارد المصدرة من أو ذات منشأ أوكرانيا صادر بتاريخ ١٩٩٨/٦/٢٢ وذلك بنسبة ٢٠% من القيمة - الأهرام الاقتصادي العدد ١٥٧١ في ١٩٩٩/٢/١٥ -=

ثالثا: شكوى شركة الإسكندرية لأسود الكربون ضد الواردات المغرقة ذات منشأ أو مصدرة من الاتحاد الأوربي[1].

= مرجع سابق صـ٣٣.

وهذه نصوص مواد القرار الصادر من وزير التجارة والتموين:-

مادة (١): تخضع الواردات من منشأ أوكرانيا من منتجات مسطحة بالدرفلة من حديد أو من صلب غير مخلوط مدرفلة بالحرارة أو مدرفلة على البارد ... لرسم مكافحة إغراق قدره ٢٠% من القيمة ويسرى الرسم المشار إليه لمدة ستة شهور اعتباراً من تاريخ العمل بهذا القرار.

مادة (٢): ينشر هذا القرار في الوقائع المصرية ويعمل به من تاريخ نشره - الوقائع المصرية العدد ١٣٨ - تابع - في ٢٢ يونية سنة ١٩٩٨.

وبتاريخ ١٩٩٨/١٢/١٩ صدر القرار الوزاري رقم ٦٧٦ لسنة ١٩٩٨ بمد العمل بالقرار الوزاري رقم ٣٢٣ لمدة ستة شهور أخرى تبدأ من ١٩٩٨/١٢/٢١ - الأهرام الاقتصادي العدد ١٥٧١ في ١٩٩٩/٢/١٥ - مرجع سابق صـ٣٣.

تم صدر القرار رقم ٢١٦ لسنة ١٩٩٩ بزيادة رسوم مكافحة الإغراق المفروضة على المنتجات المدرفلة على الساخن أو على البارد من ذات منشأ أوكرانيا صادر بتاريخ ١٩٩٩/٥/١٦م والذي أقر ما يلي:-

مادة "١" زيادة رسوم مكافحة الإغراق على الواردات من أو ذات منشأ أوكرانيا من منتجات مسطحة بالدرفلة من حديد أو من صلب غير مخلوط مدرفلة بالحرارة أو مدرفلة على البارد من ٢٠% إلى ٤٠% من القيمة سيف .C.I.F.

مادة "٢" يمد العمل بالقرار الوزاري رقم ٦٧٦ لسنة ١٩٩٨ المشار إليه لمدة سنة اعتباراً من ١٩٩٩/٦/٢١.

مادة "٣" ينشر هذا القرار في الوقائع المصرية ويعمل به من تاريخ نشره - الوقائع المصرية العدد ١١٣ في ٢٦ مايو ١٩٩٩م.

(١) انظر: قضايا الدعم والإغراق - قضية الواردات من صنف أسود الكربون - المرجع السابق.

تلقى جهاز مكافحة الإغراق شكوى مكتوبة من شركة الإسكندرية لأسود الكربون بتاريخ ٢٣/ أغسطس سنة ٢٠٠٠ مؤيدة مستندياً ضد الواردات من أسود الكربون مصدرة أو ذات منشأ الاتحاد الأوربي، وتضمنت الشكوى الادعاء بأن تلك الواردات مغرقة وسببت ضرراً مادياً للصناعة المحلية حيث كانت الشركة توفر المنتج المثيل حتى نهاية ١٩٩٩ وكانت شركة الإسكندرية للإطارات تعد من أكبر عملائها وهى تمثل حوالي ٥٠% من إجمالي الاستهلاك المحلي، إلا أنه في عام ٢٠٠٠ تمكنت شركتان إيطاليتان من إرساء المناقصة عليهما وهـما – Degussa – A. G. Columbian Carbon Europe، وقد ادعت شركة الإسكندرية لأسود الكربون أن الشركتين الأوربيتين فازتا بالعطاء نتيجة للأسعار المغرقة مما سبب ضرراً مادياً للصناعة المحلية تمثلت في فرق سعري وخفض سعري، وانخفاض حجم المبيعات وحجم الإيرادات وانخفاض الأرباح وانخفاض الحصة السوقية وزيادة في المخذون[1].

_____

(١) ونبين فيما يلي الإجراءات التي اتخذتها سلطة التحقيق وما انتهت إليه بشأن هذه القضية:-
* مدة التحقيق: تم تحديد فترة التحقيق في الإغراق مـن ١ أكتـوبر ١٩٩٩ وحتى ٣٠ سبتمبر سنة ٢٠٠٠ وحددت فترة التحقيق في الضرر الفترة من عام ١٩٩٧ حتى عام ١٩٩٩ والثلاثة أشهر الأولي من عام ٢٠٠٠.
* الصناعة المحلية: طبقاً لنص المادة الأولي من اللائحة التنفيذية للقانون ١٦١ لسنة ١٩٩٨ التي تنص على " يعني تعبير الصناعة المحلية المنتجون المصريون للمنتجات الزراعية أو الصناعية المثيلة للمنتج المستورد والذين يمثل مجموع إنتاجهم النسبة الغالبة من إجمالي الإنتاج المحلي من هذا المنتج "، وتنص المـادة ١٩ من =

=   اللائحة على أنه " يشترط للبدء في التحقيق أن تكون الشكوى مؤيدة من منتجين محليين يزيد مجموع إنتاجهم على ٥٠% من إجمالي المنتج المثيل للمؤيدين والمعارضين للشكوى".

وحيث إن الشركة المصرية المنتجة للمنتج المثيل والتي قدمت الشكوى هي شركة الإسكندرية لأسود الكربون هي المنتج الوحيد لأسود الكربون في مصر فقد وجدت سلطة التحقيق أن إنتاج هذه الشركة يمثل إجمالي الإنتاج المحلي، ومن ثم فإن الشكوى المقدمة من الشركة قد توفرت فيها جميع الشروط المنصوص عليها في المادة ١٩ من اللائحة والخاصة بإجراءات بدء التحقيق.

* المنتج المثيل: ذكرت الشركة الشاكية بأن منتجاتها من أسود الكربون مشابهة في كافة خصائصها للمنتج المعني المستورد من الاتحاد الأوربي، وأن كلاً من المنتجين لهما نفس الخصائص المادية ومصنعه حسب نفس المواصفات الأمريكية ASTM وله نفس الاستخدام.

* الإغراق: قدم الشاكي بيانات مؤيدة مستندياً تتعلق بأسعار تصدير المنتج محل التحقيق وقد تم حساب سعر التصدير عند مستوى باب المصنع من واقع البيانات التي قدمتها الشركة الشاكية واعتبرت سلطة التحقيق أن الدليل الذي تقدم به الشاكي عن أسعار التصدير للشركتين المعينتين دليل كافٍ لأغراض بدء التحقيق.

كما تبين لسلطة التحقيق وجود هامش إغراق لصنف أسود الكربون تتراوح بين ٨٨% و١٣٣% من سعر التصدير عند مستوى باب المصنع.

* الضرر: تبين لسلطة التحقيق زيادة مطلقة لحجم الواردات المغرقة من الشركتين المدعي عليهما ولذا قررت سلطة التحقيق أن هناك دليلاً كافياً على وجود زيادة في حجم الواردات المدعي بإغراقها سواء بصورة مطلقة أو بالنسبة للإنتاج المحلي،

كما توصلت سلطة التحقيق إلى أن هناك دليلاً كافياً على وجود خفض سعري وفرق سعري بسبب فقد الشركة لمناقصة شركة الإسكندرية للإطارات لعام ٢٠٠٠ لصالح الواردات المدعي بإغراقها.

وبناءً على ما تقدم فقد توصلت سلطة التحقيق إلى وجود دليل كافٍ على أن الشركة=

المطلب الثاني

نماذج لبعض دعاوى الإغراق التي رفعت ضد مصر

سبق أن أوضحنا أن بعض الدول الأجنبية مارست الادعاءات الإغراقية ضد السلع المصرية التي تدخل أسواقها بحجة حماية صناعاتها الوطنية من الإغراق، ولكن معظم هذه الادعاءات انتهت ببراءة المنتجات المصرية من تهمة الإغراق مما يدل على أن هذه الدول تلجأ إلى هذه الادعاءات

= الشاكية قد وقع عليها ضرر مادي فيما يتعلق بحجم وإيراد المبيعات منذ فقدها لمناقصة شركة الإسكندرية للإطارات لصالح واردات الاتحاد الأوربي من أسود الكربون، كما تبين أنه كان يتوقع أن تكون هناك زيادة كبيرة في حجم وإيراد المبيعات أكبر مما تحققه حالياً لولا وجود الواردات المدعي بإغراقها من الاتحاد الأوربي ومن المتوقع تحقيق المزيد من الانخفاض على مستوى حجم وإيراد المبيعات المحلية للشركة الشاكية.

* النتائج: انتهت سلطة التحقيق على أساس المعلومات المتاحة المقدمة من الشركة الشاكية إلى جود دليل كافٍ على:

- أن أسود الكربون ذات منشأ أو المصدر من الاتحاد الأوربي قد ورد بأسعار مغرقة.
- أن الصناعة المحلية قد وقع عليها ضرر مادي بسبب الواردات المغرقة من أسود الكربون من الاتحاد الأوربي.
- انظر قضايا الدعم والإغراق " قضية الواردات من صنف أسود الكربون المصدرة من أو ذات منشأ الاتحاد الأوربي" تقرير بدء التحقيق " تحقيق مكافحة الإغراق النص غير السري " - وزارة الاقتصاد والتجارة الخارجية - جهاز مكافحة الدعم والإغراق والوقاية سبتمبر سنة ٢٠٠٠.

لاعتبارات غير اقتصادية[1].

وفيما يلي نوجز أهم القضايا التي رفعت ضد الصادرات المصرية:

١- جنوب إفريقيا تزعم إغراق أسواقها بمنتجات الألومنيوم المصرية[2]:

قامت مجموعة من الشركات المنتجة للألومنيوم بجنوب إفريقيا بتقديم شكوى تتهم فيها مصر باللجوء إلى سياسة الإغراق في أسواقها من أجل تسويق المنتجات المصرية، حيث تقدم بالشكوى مصنع " هندلر أند هارت " لتصنيع منتجات الألومنيوم إلى مجلس التجارة والجمارك بجنوب إفريقيا مدعياً وقوع العديد من الخسائر المادية الجسيمة للمصنع الذي يمثل نسبة كبيرة من صناعة الأواني المنزلية في جنوب إفريقيا.

وادعى الشاكي أن منتجات الألومنيوم المصرية تمثل حالة إغراق في سوق جنوب إفريقيا لأسباب وردت في الشكوى تتضمن أن المعلومات التي لدي الشركة الشاكية وتقدمت بها لسلطة التحقيق تؤكد أن القيمة الأصلية لمنتجات الألومنيوم في مصر ـ هي أعلي بشكل كبير بالمقارنة بقيمة سعر تسليم الميناء أو ما يعرف بسعر " الفوب " للمنتجات التي يتم تصديرها إلى جنوب إفريقيا، كما ادعت الشركة زيادة الواردات المصرية بنسب متزايدة مما يهدد مبيعاتها بالضرر الجسيم ولذا طالبت سلطة التحقيق باتخاذ إجراءات صارمة ضد مصر ـ لمكافحة الإغراق الذي تمارسه وقامت سلطة التحقيق بجنوب إفريقيا ببدء التحقيق في الشكوى التي تعد الأولي من نوعها

---

(١) د. أحمد رالجي أبو الوفا - إغراق ادعاءات ومواجهات مطلوبة - الأهرام الاقتصادي - مرجع سابق ص٣٠.
(٢) د. على إبراهيم - منظمة التجارة العالمية - مرجع سابق ص٢٥٢.

ضد مصر وطلبت من الأطراف المصرية المعنية بالتقدم بتفسيرات ودفوع لهذا الاتهام ومنحتهم فترة زمنية معينة[١].

وفي ٢٦ فبراير سنة ١٩٩٧ صدر القرار النهائي ضد الصادرات المصرية من أواني الألومنيوم المنزلية بخصوص فرض رسوم نهائية لمكافحة الإغراق على منتجات ثلاث شركات مصدرة مصرية اثنتان منها قطاع خاص تعاونتا مع جهاز مكافحة الإغراق في مواجهة الاتهام بأن منتجاتها مغرقة وكانت النتيجة أن بلغ الرسم النهائي الذي فرض على هذه المنتجات ٥ر٢% فحسب من مبلغ الرسم المؤقت السابق فرضه عليها أما الشركة الثالثة التي كانت قطاعاً عاماً فرض عليها الحد الأقصى من الرسوم النهائية لمكافحة الإغراق التي تطبقها جنوب إفريقيا على الواردات المصرية المغرقة لعدم تعاونها مع الجهاز[٢].

وفيما بعد ثبت عدم صحة هذا الاتهام وتبين أن الهدف منه هو تشويه صورة الشركات المصرية ربما لأغراض سياسية تقف ورائها جهات معادية[٣].

٢- قضية ملاءات الأسرة التي أقامها الاتحاد الأوربي ضد الصادرات المصرية [٤].

كانت سلطات التحقيق في الاتحاد الأوربي قد اتهمت مصر وبعض

(١) د. على إبراهيم - المرجع السابق - نفس الصفحة.
(٢) د. أحمد جامع " اتفاقات التجارة العالمية " - مرجع سابق صـ٦٨٣.
(٣) د. على إبراهيم " منظمة التجارة العالمية" - مرجع سابق صـ٢٥٣.
(٤) الأهرام الاقتصادي العدد ١٥٧١ في ١٩٩٩/٢/١٥ - مرجع سابق صـ٣٣.

الدول الأخرى بإغراق أسواقها بملاءات الأسرة وأغطية الألحفة وأكياس الوسائد، وفي ١٣ سبتمبر ١٩٩٦م قامت هذه السلطات باتخاذ إجراءات التحقيق ضد صادرات مصر من هذه السلع، وقام فريق من دول الاتحاد بزيارة مصر والشركات المصرية المدعي عليها ممارسة الإغراق لمراجعة البيانات والحسابات المالية وبيانات التكاليف المتعلقة بهذه الشركات[١] وفي ١٣ يونيو ١٩٩٧ قامت اللجنة الأوربية بإصدار القرار رقم ١٠٩٦ بشأن فرض رسوم إغراق مؤقتة ضد صادرات كل من مصر والهند وباكستان من ملاءات الأسرة لدول الاتحاد الأوربي[٢].

ثم صدر قرار الاتحاد الأوربي بفرض رسم نهائي لمكافحة الإغراق بنسبة ١٣٫٥% وذلك في نوفمبر ١٩٩٧[٣].

٣- قضية المنسوجات القطنية الخام التي أقامها الاتحاد الأوربي ضد صادرات الشركات المصرية[٤].

طلب منتجو القطن الخام الأوربيون من اللجنة الأوربية اتخاذ إجراءات ضد الواردات الرخيصة القادمة من آسيا والشرق الأوسط، وفي بداية الأمر رفضت بروكسل الشكوى فطلب المنتجون منها إعادة حساباتها[٥].

---

(١) د. على إبراهيم - المرجع السابق صـ٢٥٣.

(٢) الأهرام الاقتصادي العدد ١٥٧١ - المرجع السابق صـ٣٣.

(٣) د. أحمد جامع " اتفاقات التجارة العالمية " - مرجع سابق صـ٦٨٢.

(٤) الأهرام الاقتصادي العدد ١٥٧١ - المرجع السابق صـ٣٣.

(٥) نشرة التجارة الخارجية - قطاع التجارة الخارجية بوزارة التجارة والتموين - العدد الثاني - السنة الأولي - نوفمبر ١٩٩٨ صـ١٨.

وبإعادة النظر أعلنت سلطات التحقيق بالاتحاد الأوربي عن بدء التحقيق في الواردات المغرقة من مصر والصين والهند وباكستان وأندونسيا وتركيا وذلك في ١١ يونيو ١٩٩٧، وقامت سلطات التحقيق بإرسال نماذج الاستقصاء إلى الشركات المنتجة والمصدرين وحكومات الدول المعنية المصدرة واتحادات المستوردين والمنتجين في دول عديدة وعقدت بعد ذلك اجتماعات تحضيرية بمشاركة محامي الشركات المصرية، وكلف جهاز مكافحة الإغراق بالعمل مع محامي الشركات المصرية في تقديم المعاونة الفنية والقانونية للشركات المصرية لإعداد الردود على الأسئلة في التوقيتات الزمنية المحددة ومتابعة التحقيق[١].

وعندما صدر قرار سلطات التحقيق بفرض الرسوم المؤقتة على الصادرات المصرية من القطن الخام رفضت أغلبية دول الاتحاد الأوربي التصديق على هذا القرار، وبدأت مكاتب التمثيل بالاتحاد الأوربي وخاصة مكتب بروكسل لإجراء الاتصالات اللازمة مع المسئولين المعنيين لشرح وجهة النظر المصرية وحثهم على تأكيد الموقف المصري كما تم التنسيق مع وزارة الخارجية لحث الدول على تأييد موقف مصر من عدم فرض الرسوم على صادراتها.

وانتهت القضية برد الرسوم التي تم تحصيلها من المستوردين[٢].

(١) الأهرام الاقتصادي العدد ١٥٧١ - مرجع سابق صـ٣٣.
(٢) د. أحمد جامع " اتفاقات التجارة العالمية " - مرجع سابق صـ٦٨٢.

المبحث الثاني

إجراءات مكافحة الإغراق في جمهورية مصر العربية

تمهيـــد:

نظراً لتعرض السوق المصرية لظاهرة الإغراق من بعض الدول الأجنبية، والادعاءات الإغراقية التي توجه ضد المنتجات المصرية المصدرة إلى الدول الأجنبية - كما سبق أن أوضحنا - فقد قامت الحكومة المصرية بإجراءات عديدة لمواجهة ظاهرة الإغراق بقصد حماية الإنتاج المحلي والمستهلك المصري [1].

ولقد تمثلت هذه الإجراءات في إصدار قانون مكافحة الدعم والإغراق رقم ١٦١ لسنة ١٩٩٨ ولائحته التنفيذية التي تضمنت تشكيل جهاز مستقل لمكافحته يقوم بمتابعة حالات السوق المصرية للإغراق من المنتجات الأجنبية وكذلك متابعة القضايا التي ترفع في الدول الأجنبية ضد المنتجات المصرية.

وفيما يلي نوضح هذه الإجراءات بشيء من التفصيل في مطلبين على النحو التالي:

---

(١) د. أحمد جويلى " الإفلات من قبضة الإغراق " الأهرام الاقتصادي العدد ١٥٧١ – مرجع سابق صـ٣١

المطلب الأول

إصدار قانون مكافحة الدعم والإغراق ولائحته التنفيذية

يعتبر إصدار القانون رقم ١٦١ لسنة ١٩٩٨ بشأن حماية الاقتصاد القومي من الآثار الناجمة عن الممارسات الضارة بالتجارة الدولية من أهم النتائج المترتبة على انضمام مصر لمنظمة التجارة العالمية وتصديقها على اتفاقيات الوثيقة الختامية لدورة أورجواي للمفاوضات التجارية متعددة الأطراف في مراكش، وقد عمل بهذا القانون من ١٢ يونيو ١٩٩٨[(١)].

وبطبيعة الحال فإن كافة أحكام هذا القانون إنما تتمشى مع أحكام اتفاق مكافحة الإغراق بشأن تطبيق المادة السادسة من الاتفاقية العامة للتعريفات والتجارة " الجات " ١٩٩٤ وذلك رغم الاستعانة بتشريعات عدد من البلاد الأخرى لإعداد هذا القانون[(٢)].

ويتكون هذا القانون من إحدى عشرة مادة وهو يعطي الاختصاص لوزير التجارة والتموين[(٣)] باتخاذ الوسائل والإجراءات والتدابير والقرارات اللازمة لحماية الاقتصاد القومي من الإضرار الناجمة عن الدعم أو الإغراق أو الزيادة غير المبررة في الواردات وذلك في نطاق ما حددته

---

(١) الجريدة الرسمية العدد ١٢٤ تابع أ في ١١ يونيو سنة ١٩٩٨.
(٢) د. أحمد جامع " اتفاقات التجارة العالمية " - مرجع سابق ص٦٨.
(٣) نقل الاختصاص إلى وزير الاقتصاد والتجارة الخارجية وذلك منذ نقل تبعية قطاع التجارة الخارجية إلى وزارة الاقتصاد في ١٩٩٩/١٠/١١ - راجع د. أحمد جامع - المرجع السابق ص٦٨٠ بالهامش علماً بأنه قد أصبح الاختصاص لوزير التجارة الخارجية والصناعة بعد تعديل اسم الوزارة إلى وزارة التجارة الخارجية والصناعة.

الاتفاقات التي تضمنتها الوثيقة الختامية لنتائج جولة أورجواي للمفاوضات التجارية متعددة الأطراف، وتقوم الوزارة بتوفير الدراسات والمعلومات والبيانات اللازمة لإثبات حالات الدعم أو الإغراق أو الزيادة غير المبررة في الواردات، وكذلك بتقديم المعونة الفنية للمنتجين المحليين عند تعرضهم لشكوى في هذا الخصوص من البلاد الأعضاء في منظمة التجارة العالمية في الحالات المشابهة[١].

ومن حق الوزير المختص طلب المعلومات والبيانات اللازمة لإثبات حالات الإغراق من أية جهة كانت وعلى الجهات المطلوب منها المعلومات أو البيانات تقديمها خلال ثلاثين يوماً على الأكثر من تاريخ طلبها[٢].

ويصدر الوزير قرارات بالتدابير المنصوص عليها وفقاً للضوابط وفي الحدود التي قررتها الاتفاقات المتعلقة بالممارسات الثلاثة وهي " الدعم أو الإغراق أو الزيادة غير المبررة في الواردات " ويقضي القانون باختصاص محكمة القضاء الإداري بنظر المنازعات المتعلقة بتنفيذ أحكام القانون ويطعن في أحكامها أمام المحكمة الإدارية العليا[٣].

ويلزم القانون كل شخص أو جهة تختص بالتحقيق في الشكاوي المتعلقة بالممارسات الثلاث هذه بالحفاظ على سرية المعلومات والبيانات التي يقدمها ذوو الشأن أو الأطراف ذات المصلحة طبقاً للأحكام الواردة بهذا القانون ولائحته التنفيذية ويحظر الكشف عن المعلومات والبيانات المشار إليها إلا

(١) راجع المادة رقم ١ من القانون المشار إليه.
(٢) راجع المادة رقم ٢ من القانون المشار إليه.
(٣) مادة ٣، ٤ من القانون المشار إليه.

بتصريح كتابي محدد من الطرف الذي قدمها، ويعاقب من يخالف هـذا الحظر بغرامـة لا تقـل عن عشرة آلاف جنيه ولا تجاوز خمسين ألف جنيه[1].

أما اللائحة التنفيذية:

فقد صدر قرار وزير التجـارة والتموين رقم ٥٤٩ لسنة ١٩٩٨ بإصدار اللائحـة التنفيذيـة للقانون رقم ١٦١ لسنة ١٩٩٨ بشأن حماية الاقتصاد القومي من الآثـار الناجمـة عـن الممارسات الضارة في التجارة الدولية وتشتمل اللائحة التنفيذية على " خمس وتسعين " مـادة موزعـة علـى ستة أبواب:-

يختص الباب الأول من اللائحة بتعاريف وإحكـام عامـة ويتكون مـن فصلين، أولهما خاص بالتعاريف، ومن تلك التعاريف أنه يقصد باتفاق مكافحة الإغراق: الاتفاق الـذي تضمنه الملحق رقم (١ أ) بالوثيقة الختامية لنتائج جولة أورجواي بشـأن تطبيق المـادة السادسـة مـن اتفاقية جات ١٩٩٤، والذي يتضمن قواعد فرض رسوم مكافحة الإغـراق ضد الـواردات المغرقـة التي تدخل في تجارة بلد ما بأقل مـن قيمتهـا العاديـة والتي يترتب عليها حدوث ضرر مـادي بالصناعة المحلية أو التهديد بحدوثه.

كما ورد في التعريفات أن المقصود بالممارسات الضارة في التجارة الدولية: الزيادة في الواردات من منتج ما نتيجة إغراق أو دعم وما يترتب على ذلك من حدوث ضرر مادي بالصناعة المحليـة أو التهديد بحدوثه أو

---

(١) المادتين ٦، ٧ من القانون المشار إليه.

إعاقة إنشاء صناعة معينة.

أما الفصل الثاني فيختص بالأحكام العامة، ومن بين الأحكام العامة التي أتت بها المـادة الثانية أن يكون قطاع التجارة الخارجية بوزارة التجارة والتموين – تم نقل تبعية هذا القطاع إلى وزارة التجارة الخارجية كما سبق أن أوضحنا – هو الجهة المختصـة بتنفيـذ أحكام القـانون رقم ١٦١ لسنة ١٩٩٨ المشار إليه وأن تشكل بقرار من الوزير لجنة استشارية تختص بدراسـة النتائج التي تنتهي إليها سلطة التحقيق في الشكاوي المقدمة من الممارسات الضارة في التجارة الدوليـة، وتعرض اللجنة ما انتهت إليه من توصيات في هذا الشأن على الوزير.

أما الباب الثاني فقد خصص للشكوى وإجراءات التحقيق ويشمل فصلين أيضاً:

الفصل الأول خاص بالشكوى ويبين طرق تقديم الشكوى ومرفقاتها وشروط تقديمها حيث اشترطت المادة الرابعة عشر من اللائحة أن تكون الشكوى مقدمة من الصناعة المحلية أو ممن يمثلها أو ينوب عنها أو من الغرف الصناعية المعنية أو اتحاد الصناعات أو اتحادات المنتجين أو من الوزارات المشرفة على أي من قطاعات الإنتاج، على أن تتضمن الشكوى القرائن والأدلة على وجود الإغراق وكذلك الأضرار الناجمة عنه وعلاقة السببية بينه وبين الأضرار التي لحقت بالجهة الشاكية، كما تضمن هـذا الفصل ضرورة اشتمال الشكوى علـى البيانـات التي توضح الأضرار التي لحقت بالصناعة أو تلك التي يمكن أن تلحق بها مسـتقبلاً وكذلك ضرورة إخطار الشاكي بقبول شكواه ودراسة الشكوى والتأكد من مدي دقة الأدلة

المقدمة فيها وضرورة إخطار الشاكي بأسباب حفظها في حالة الحفظ.

أما الفصل الثاني فهو خاص بإجراءات التحقيق ومنها شروط البدء في التحقيق والحالة التي يجوز لسلطة التحقيق فيها بدء التحقيق دون تلقي طلب مكتوب من الصناعة المحلية أو باسمها وضرورة إخطار الدولة المعنية بالشكوى التي تم قبولها، وأن يكون الإعلان عن البدء في إجراءات التحقيق بطريق النشر في جريدة الوقائع المصرية، وغير ذلك من الإجراءات.

أما الباب الثالث: فخصصته اللائحة لمكافحة الإغراق وهو يتكون من سبعة فصول.

الفصل الأول: في حسابات الإغراق وفيه ورد مفهوم الإغراق بأنه " تصدير منتج ما إلى مصر بسعر تصدير أقل من قيمته العادية في مجرى التجارة العادي"، ويقصد بسعر التصدير: السعر المدفوع أو الواجب دفعه ثمناً لهذا المنتج من قبل المستورد دون تحميله بأي تكاليف أو رسوم أو نفقات تزيد على ما يتحمله عند البيع للاستهلاك المحلي في دولة المنشأ أو التصدير، كما ورد بهذا الفصل المقصود بالقيمة العادية وطريقة تقديرها والمقصود بهامش الإغراق.

أما الفصل الثاني فهو في تحديد الضرر حيث أوجب على سلطة التحقيق أن تحدد الضرر المادي الواقع على الصناعة المحلية بفحص كافة الأدلة الإيجابية وتحديد التهديد بحدوث ضرر مادي للصناعة المحلية على أن يكون راجعاً للواردات المغرقة وليس لأسباب أخرى وكذلك حالة تقييم أثر الواردات المجتمعة عند تحديد الضرر الناجم عن واردات مغرقة من أكثر من دولة.

أما الفصل الثالث فهو خاص بالإجراءات المؤقتة لمكافحة الإغراق وتناولتها المادة ٤٤ من اللائحة التي أجازت فرض هذه الإجراءات في صورة إيداع نقدي لا يجاوز هامش الإغراق بشروط معينة.

أما الفصل الرابع فهو خاص بالرسوم النهائية لمكافحة الإغراق وورد من أحكامها أن سلطة التحقيق تقوم بتحديد مقدارها ومدة سريانها التي لا تزيد على خمس سنوات تبدأ من تاريخ نشر القرار النهائي بفرضها في الوقائع المصرية.

أما الفصل الخامس فهو خاص بالتعهدات السعرية.

أما الفصل السادس فهو خاص بالأثر الرجعي.

أما الفصل السابع فهو خاص بمراجعة الرسوم النهائية لمكافحة الإغراق.

أما الباب الرابع: فهو خاص بالدعم والإجراءات التعويضية.

والباب الخامس: خاص بالتدابير الوقائية ضد الزيادة غير المبررة في الواردات.

ثم أخيراً الباب السادس: وهو خاص بالأحكام الختامية ويشتمل على أحكام متفرقة.

المطلب الثاني

جهاز مكافحة الإغراق

سبق أن أوضحنا أن المشرع حدد في القانون ١٦١ لسنة ١٩٩٨ بشأن حماية الاقتصاد القومي من الآثار الناجمة عن الممارسات الضارة بالتجارة الدولية – الاختصاص الإجرائي لمكافحة الإغراق إلى وزارة التجارة والتموين - " نقل الاختصاص فيما بعد إلى وزارة التجارة الخارجية والصناعة – " وذلك بمقتضى نص المادة الأولى من هذا القانون وفي نطاق ما حددته الاتفاقات التي تضمنتها الوثيقة الختامية لنتائج جولة أورجواي للمفاوضات التجارية متعددة الأطراف، وتقوم الوزارة في سبيل ذلك بما يلي:

١) توفير الدراسات والمعلومات والبيانات اللازمة لإثبات حالات الدعم أو الإغراق أو الزيادة غير المبررة في الواردات.

٢) تقديم المعونة الفنية للمنتجين المحليين عند تعرضهم لشكوى من إحدى الدول الأعضاء في منظمة التجارة العالمية في الحالات المشار إليها في البند السابق.

وتطبيقاً لنص المادة العاشرة من القانون المذكور والتي كلفت وزير التجارة والتموين بإصدار اللائحة التنفيذية للقانون فقد صدر قرار وزير التجارة والتموين رقم ٥٤٩ لسنة ١٩٩٨ بإصدار اللائحة التنفيذية للقانون المشار إليه، ونص في المادة الثانية منه على أن يكون قطاع التجارة الخارجية بوزارة التموين هو الجهة المختصة بتنفيذ أحكامه، وأن المقصود بسلطة التحقيق هي الإدارة المركزية لسياسات التجارة الدولية بقطاع

التجارة الخارجية (جهاز مكافحة الدعم والإغراق واتخاذ التدابير الوقائية).

وهذا الجهاز أنشيء بمقتضى المادة الحادية عشرة من قرار وزير التجارة والتموين رقم ٣٨١ لسنة ١٩٩٥ كتقسيم تنظيمي بقطاع التجارة الخارجية بالوزارة[١]، ويتكون هذا الجهاز من تقسيمات تنظيمية أربعة هي الإدارة العامة لمكافحة الدعم، والإدارة العامة لمكافحة الإغراق، والإدارة العامة للوقاية، وأخيراً الإدارة العامة للمعلومات[٢].

وكان هذا الجهاز يتبع وزارة التموين عندما كانت التجارة الخارجية من ضمن اختصاصاتها ثم تحول إلى وزارة التجارة الخارجية كما أوضحنا، ويقوم الجهاز ببذل الجهود المضنية للدفاع عن حقوق المصدرين والمنتجين المصريين ضد عمليات الإغراق التي يتعرضون لها وذلك من خلال الكوادر الفنية المدربة التي تقوم بتنظيم دورات تدريبية للعاملين في المصانع والشركات لتعريفهم بالإغراق وكيفية التصدي لهذه الظاهرة وفقاً للقانون المصري والدولي[٣].

(١) الوقائع المصرية العدد ١٥١ في ٨ يوليو سنة ١٩٩٥م.
(٢) د. أحمد جامع " اتفاقات التجارة العالمية " - مرجع سابق صـ٦٨١.
(٣) د. أحمد جويلي " الإفلات من قبضة الإغراق " - الأهرام الاقتصادي العدد ١٥٧١ - مرجع سابق صـ٣١.

المبحث الثالث

استراتيجية مواجهة الإغراق في جمهورية مصر العربية

تمهيـد:

ليس من شك في أن مصر لا تملك حرية البقاء خارج النظام العالمي الجديد الـذي تحددت ملامحه في اتفاقية الجات من حيث تقليل الأضرار وتعظيم المنافع المترتبة علـى هـذا النظام وأن مواجهة التحديات الناتجة عن اتفاقيات منظمة التجارة العالمية وآثارها على الاقتصاد المصري أمر لابد منه، ويتطلب الدعوة إلى تدبر الوسائل التي تمكننا من التعامل مع هذا الحدث العالمي بمـا يتناسب مع خطورته وحداثته، حيث إن تعظيم الإفادة مـن نتـائج جولـة أورجـواي المتمثلـة في منظمة التجارة العالمية رهن بالإجراءات والسياسات التـي سـوف تتخـذها الدولـة علـى الصـعيد الداخلي لحماية مصالحها وتعزيز قوتها التفاوضية مع التكتلات الاقتصادية المختلفة[1].

ولما كانت مصر جزءاً لا يتجزأ من الدول العربية والإسلامية المجاورة، وأن ما يؤثر على هـذه الدول يؤثر بالتبعية على مصر، كان ذلك أدعي إلى أن تعمل مصر ـ في إطار جماعـي منسـق مـع هذه الدول على خلق استراتيجية على المستوى الخارجي تـأمن بهـا بوائـق وتحديات اتفاقيات منظمة التجارة العالمية وآثارها السلبية وخاصة تلك التي تنجم عن ممارسات الإغراق من الـدول الصناعية الكبرى.

---

(١) الأستاذ / إبراهيم المنجي - المحامي - دعوى مكافحة الإغراق - مرجع سابق ص٩٥.

ولذا رأينا أن نقسم هذا المبحث إلي مطلبين على النحو التالي:-

المطلب الأول: الاستراتيجية المقترحة لمواجهة الإغراق على المستوى الإقليمي.

المطلب الثاني: الاستراتيجية المقترحة لمواجهة الإغراق على المستوي العربي.

المطلب الأول

الاستراتيجية المقترحة لمواجهة الإغراق على المستوي الإقليمي

قامت الحكومة المصرية بإجراءات عديدة – كما أوضحنا - لمواجهـة ظاهـرة الإغـراق التـي تعرضت لها الأسواق المصرية من الدول المختلفة، وأيضاً لمواجهة الادعـاءات مـن الـدول الأجنبيـة بإغراق أسواقها من المنتجات المصرية تمثلت هذه الإجراءات في إصدار القانون رقم ١٦١ لسـنة ١٩٩٨ ولائحته التنفيذية وكذلك إنشاء جهاز خاص لمواجهة الإغراق وهو جهـاز مكافحـة الإغراق التابع لوزارة التجارة الخارجية، ولكن يتعين على الحكومة المصرية أن تواجه ظاهرة الإغراق هذه باتباع استراتيجية معينة تعمل مع هذه الإجراءات لحماية المستهلك المصري والمنتج المصري عـلى حد سواء من النتائج الخطيرة المترتبة على ظاهرة الإغراق تتمثل هذه الاستراتيجية فيما يلي:

١)   لابد أن تبدأ الدولة من الإصلاح الداخلي لمنظمات الإنتاج وإصلاح هياكلها المالية والإدارية حتى يتسنى تأهيل الصناعة بكافة الوسائل لمواجهـة الصناعات المنافسـة لهـا في الجـودة والسعر، فكما أن للمنتج

الحق على الدولة في رعايته وحمايته كذلك يجب على الدولة أن تحمي المستهلك بفرض الإصلاح الداخلي لمنظمات الإنتاج وتطوير أساليبه حتى لا يجبر المستهلك على شراء سلع ومنتجـات غاليـة الثمن ورديئة الجودة[١].

ذلك لأن كثيراً من الصناعات في مصر تعاني مـن خلـل في هياكلهـا الإنتاجيـة والماليـة مـما يترتب عليه عدم كفاءتها الإنتاجية وزيادة تكلفتها وبالتالي ارتفاع أسعار مبيعاتها، كما أنه يتعذر عليها إثبات الضرر في حالة الشكوى من الإغراق لأن الضرر الواقع عليها يرجع غالباً إلى إدارتها وظروفها الخاصة وليس إلى الإغراق[٢].

٢   العمل علـى إقامـة اتحادات صناعية للمتنافسـين في مجـال الصناعة الواحدة بصـفتهم أصحاب صناعات وطنية والتنسيق فيما بينهم للنهوض بمستوي الجودة في المنتج والكفاءة العالية في الإنتاجية على أساس علمي لمواجهة المنافسة الأجنبية القادمة من الخارج لمنع السلوك الجائر في العلاقات التجارية الدولية[٣].

ويتم ذلك بزيادة نسبة التصنيع في مكونـات السلع المصدرة وإدخـال أساليب المعالجـة الفنية والتغليف وغيرها مـما يتيح إمكانيـة زيادة سعر السـلعة مـن خـلال التحكم في هوامش التكلفة والربح بحيث يمكن

---

(١) د. حسن الحيوان - الإفلات من قبضة الإغراق - الأهرام الاقتصادي العدد ١٥٧١ - مرجع سابق صـ٣١.
(٢) د. عبد الرحمن فوزي - الأهرام الاقتصادي العدد ١٥٧١ - مرجع سابق صـ٣٢.
(٣) د. عادل حشيش ود. أسامة الفولي ود. مجدي شهاب " أساسيات الاقتصاد الدولي " طبعة ١٩٩٨ صـ٣٠٤.

عرض السلعة وتصديرها بسعر منافس بعيداً عن احتمالات تعرضها لادعاءات تقديم الإعانات[١].

٣) الحاجة إلى إنشاء جهاز للمعلومات يعالج النقص في البيانات والإحصاءات الموثوق بها ليشمل البيانات الخاصة بالمنتجين وحجم الإنتاج وأسعار المبيعات والمخزون وأسعار البيع على مستوي كل صناعة وحجم السوق والاستهلاك بالإضافة إلى البيانات الخاصة بالسلع المستوردة المنافسة وأسعار بيعها في بلد المنشأ أو التصدير وأسعار بيعها في مصر[٢].

كما يجب أن يعالج الجهاز المقترح للمعلومات توفير البيانات الأساسية عن مختلف الشركات والقطاعات الإنتاجية التي تباشر نشاطاً تصديرياً فيما يتعلق بنفقات المدخلات ومدي توافر الشروط الخاصة بالعمالة والبيئة وغيرها مما تشترط الأسواق الدولية لعرضها على أي جهة تطلبها للتيقن من عدم ممارسة السلع المصرية المصدرة لسياسات إغراقية بناءً على ادعاءات غير حقيقية تستهدف تقييد دخول الصادرات المصرية[٣].

ويمكن أن يكون هذا الجهاز تابعاً للجهاز المركزي للتعبئة والإحصاء

(١) د. أحمد رالجي أبو الوفا - إغراق ادعاءات ومواجهات مطلوبة - الأهرام الاقتصادي العدد ١٥٦٥ - مرجع سابق صـ٣٢.

(٢) د. أحمد جويلي - الأهرام الاقتصادي العدد ١٥٧١ - مرجع سابق صـ٣١، صـ٣٢.

(٣) د. أحمد رالجي أبو الوفا - إغراق ادعاءات ومواجهات مطلوبة - الأهرام الاقتصادي - مرجع سابق صـ٣٢.

بإدارة متميزة وعاملين على مستوى عالٍ من التخصص، أو تابعاً لمركز المعلومات بمجلس الـوزراء أو جهاز مكافحة الإغراق[١].

كما يجدر بنا أن نشير إلى ضرورة تعاون المصدرين والمنتجين في تقديم البيانات الدقيقـة للجهاز المقترح حتى يتمكن جهاز مكافحة الإغراق مـن الـدفاع عـن حقوقهم لأن قضايـا الإغراق تتطلـب بيانـات ومستندات عديـدة ودقيقـة، ولقـد كفـل القـانون سريـة هـذه البيانات[٢].

٤) ضرورة قيام الشركات وتنظيمات رجال الأعمال بتـدريب مجموعـة مختـارة تتـولى اتخـاذ إجراءات تقديم الشكوى من الإغراق بالنيابة عن الصناعة المحلية على أن يقوم بتـدريبها جهاز مكافحة الإغراق، كما يتعين على الشركات المصرية المنتجـة القيـام بتطويـر أنظمتهـا المحاسبية حتى تتصف بالمرونة بما يتيح لها تقديم المعلومـات وفقـاً لمتطلبـات التحقيـق سواءً على المستوى الداخلي أو الخارجي، كما يجب فتح قنوات الاتصال وإقامة العلاقـات والتنسيق المستمر بين المنتجين المصريين ورجال الأعمال والمصدرين وجماعات الضغط في الدول الأجنبية لعقد لقاءات دورية مشتركة بهدف تأييد أو الـدفاع عـن الموقف المصري ضد الادعاءات بالإغراق[٣].

٥) ضرورة توافر مكاتب خبرة ومكاتب استشارية لتقديم المعاونة الفنية والقانونية للشركات المنتجة سواءً لتقديم الشكوى مستوفاة لعناصرها

---

(١) الأستاذ نعمان الزياتي - مكافحة الإغراق في اتفاقات منظمة التجارة - مرجع سابق صـ٣٧.

(٢) الأهرام الاقتصادي - العدد ١٥٧١ - مرجع سابق صـ٣١.

(٣) د. أحمد جويلي - الأهرام الاقتصادي العدد ١٥٧١ - مرجع سابق صـ٣٢.

الأساسية في حالة الشكوى من الإغراق أو للدفاع عن وجهة نظر هذه الشركات في القضايا التي ترفع ضدها من الخارج، وذلك نظراً لطبيعة هذه القضايا والتحقيقات الخاصة بها التي تتضمن العديد من الإجراءات الفنية والقانونية شديدة التعقيد والتي تتطلب مستوى متقدماً من الخبرة في التحليل المالي والاقتصادي والقانوني ويتحقق ذلك بإنشاء كيانات قانونية جديدة تأخذ شكل شركات للمحاماة متخصصة في هذا المجال خاصة وفي مجالات القضايا المتعلقة باتفاقات منظمة التجارة العالمية بصفة عامة[1].

ويمكن أن يتم ذلك بالاتفاق مع جهاز مكافحة الإغراق واتحاد المحامين المصريين لعقد دورات تدريبية لإنشاء كوادر متخصصة من المحامين الدوليين المتخصصين في مجال المرافعات الدولية في قضايا الإغراق والتجارة الدولية لتكوين نواة من الخبراء القانونيين والمستشارين الاقتصاديين الملمين بالقانون التجاري[2].

٦) أن تهتم الغرف الصناعية وتنظيمات رجال الأعمال واتحاد الصناعات المصرية بإنشاء وتحسين صندوق يتولى الإنفاق على قضايا الإغراق في الداخل والخارج وذلك نظراً لما تتطلبه هذه القضايا من نفقات وأعباء مالية كبيرة قد تعجز عنها الشركات المعنية بمفردها، وهذا ما حدث مع الشركات المصرية التي واجهتها صعوبات كبيرة في سداد

(١) الأهرام الاقتصادي العدد ١٥٧١ - مرجع سابق ص٣١.

(٢) راجع أ. نعمان الزياتي - مكافحة الإغراق في اتفاقات منظمة التجارة - مرجع سابق ص٣٧.

أتعاب مكتب المحاماة الذي اختارته للدفاع عن مصالحها في قضية الاتحاد الأوربي[١].

٧) يجب إعادة النظر في الأسواق التقليدية للصادرات المصرية والعمل على فتح الأسواق العربية والإسلامية أمام المنتجات المصرية واستخدام أساليب متطورة للتسويق في إطار خطة تتولى اتحادات المصدرين وضعها بمشاركة وزارتي التجارة والخارجية تعني بدراسة أنماط الاستهلاك وأشكاله وحجم الطلب في هذه الدول حتى يمكن تحقيق مستوى عالٍ من الاستفادة من منطقة التجارة الحرة مع هذه الدول، وهذا ما يقوم به الجانب المصري عبر مجموعة الكوميسا ومجموعة الكومنولث واتفاقات التجارة الحرة مع العديد من الدول المحيطة والتكتلات الدولية[٢].

٨) يجب توافر مجموعة من الأدوات التقليدية للتحكم في الواردات الأجنبية إلى الأسواق العربية وبخاصة تلك السلع التي يقابلها سلع بديلة داخل مصر وهذا ما يرشد اللجوء إلى تدابير مكافحة الإغراق[٣].

٩) ضرورة وضع خريطة إنتاجية لتوزيع مجالات الاستثمارات والبعد عن العشوائية المتمثلة في زيادة الاستثمارات عن الحد المناسب في أي من المجالات دون دراسة شاملة من قبل المستثمرين أو من أجهزة

(١) الأهرام الاقتصادي العدد ١٥٧١ - مرجع سابق ص٣٢.
(٢) د. أحمد رالجي أبو الوفا - الأهرام الاقتصادي العدد ١٥٦٥ - مرجع سابق ص٣٢.
(٣) أ. نعمان الزياتي - المرجع السابق ص٣٧.

التخطيط في الدولة لمدى استيعاب السوق لهذا المجال حتى لا يترتب عليه نتائج معوقة تحد من عائدها الاقتصادي مثلما حدث في الاستثمارات الموجهة لمجال السوق العقاري السياحي والمنتجات السياحية والمنسوجات، فمن الأجدر ترشيد هذه الاستثمارات كي تتفق مع احتياجات السوق المحلي واحتياجات أسواق التصدير الخارجية[١].

١٠) ومن جانبنا الخاص نقترح استخدام سياسات وآليات تحكم الرقابة على السلع المستوردة وتعمل على تشجيع المنتجات المحلية المماثلة لوقاية الأسواق المصرية من الإغراق – فالوقاية دائماً خير من العلاج – تتمثل هذه السياسات والآليات فيما يلي:-

أ) العمل على ضبط وإحكام الرقابة وسد الثغرات واستخدام النظم المتطورة لمنع تهريب السلع مجهولة المصدر بصورة غير شرعية من المنافذ البرية والبحرية والجوية إلى مصر- والتي تتسبب في إغراق السوق المصرية بسلع تقل أسعارها عن مثيلاتها بالأسواق المحلية.

ب) الضرب على أيدي العابثين من المستوردين الذين يتلاعبون في فواتير الأسعار بتخفيض قيمتها عمداً لأقل من القيمة الحقيقية لخفض نسبة الرسوم والجمارك عليها بالاتفاق مع الشركات الموردة مما يؤدي إلى طرح هذه السلع بأسعار تقل عن قيمة ما يماثلها بالأسواق المحلية.

ج) التطبيق الحازم للقوانين التي تحدد مواصفات وقياس الجودة للسلع المسموح باستيرادها من الخارج حتى لا تكون المنافسة غير المتكافئة

(١) د. أحمد رالجي أبو الوفا – الأهرام الاقتصادي – المرجع السابق صـ٣٢.

في الأسعار بينها وبين المنتج المحلي المماثل على حساب الجودة، وكذا التشديد على شهادة المنشأ عند دخول أي سلعة إلى مصر.

د) حث الأجهزة الحكومية والتابعة للقطاع العام وقطاع الأعمال العام على عـدم استيراد أي سلعة أو مادة يتوافر لها بـديل محلي بالمواصفات المطلوبة وكذلك نشر الـوعي لـدي القطاع الخاص والمستهلك المحلي للاعتماد على المنتجات المحلية المماثلة أو البديلة، ولا يتأتى ذلك إلا بالنهوض بمستوى جودة وسعر المنتج المحلي.

المطلب الثاني

الاستراتيجية المقترحة لمواجهة الإغراق على المستوى العربي

سبق أن أوضحنا أن الإغراق يعد أحد نتائج المنافسة العالمية غير العادلـة أو غير المشروعة، حيث إن الدول المتقدمة لم تعد تراعي بالقدر الكافي ظروف الدول النامية، فشنت عليها حرباً اقتصادية تمثل أحد محاورها في إغراق أسواقها بمنتجاتها المختلفة وبأسعار زهيدة تؤثر سلباً عـلى اقتصاديات الدول النامية، ولذلك يجب ألا تكون مسئولية الـدول النامية مسئولية منفردة بل يتعين على هذه الدول أن تتكتل إزاء المنافسة غير العادلة التي تتعرض لها وكذلك العمل عـلى فرض أساليب المنافسة الشريفة[1].

وتعد الدول العربية من أكثر دول العالم تعرضاً لحالات الإغراق، نظراً لاعتمادها بدرجة كبيرة على الأسواق الخارجية للحصول على احتياجاتها

---

(١) د. حسن الحيوان - الأهرام الاقتصادي العدد ١٥٧١ - مرجع سابق صـ٣١.

من السلع المختلفة الصناعية والاستهلاكية، ومما ساعد على ذلك أن نظم حماية الإنتاج المحلي من المنافسة الخارجية في العديد من الدول العربية تعتبر غير كافية وخاصة في مجالات الصناعات الإحلالية التي تنتج سلعاً استهلاكية تتنافس مع واردات مماثلة أو بديلة من الخارج مما يضعف القدرة التنافسية للصناعات الوطنية(١).

ومن هنا فقد أصبح من الضروري على الدول العربية - ومن بينها مصر - في ظل اتفاقية مكافحة الإغراق التي نتجت عن جولة أورجواي أن تعمل على حماية أسواقها من الإغراق وأن تدافع عن الادعاءات ضد منتجاتها المصدرة إلى الخارج بأنها مغرقة وذلك من خلال استراتيجية معينة نجملها في النقاط التالية(٢):

١) العمل على تحقيق التكامل والتنسيق بين الصناعات المتماثلة في الدول العربية لتحقيق المزايا النسبية لهذه الصناعات وزيادة قدرتها على المنافسة الدولية والتصدير إلى الخارج(٣).

ولا يتحقق ذلك إلا ببناء جهاز إنتاجي عربي قوي يعتمد على تقسيم

(١) د. إبراهيم محمد الفار - اتفاقيات منظمة التجارة العالمية - مرجع سابق ص٢٥٨، ص٢٥٩.
(٢) يلاحظ أن هذه الاستراتيجية يجب تحقيقها جنبا إلى جنب مع الأدوات المشروعة - في مجال التجارة الخارجية والتي تسمح بها اتفاقيات جولة أورجواي والمتمثلة في الأدوات الجمركية وغير الجمركية لخلق منظومة متكاملة لتنظيم الاستيراد ومواجهة الإغراق في السوق المصري - لمزيد من التفصيل راجع د. عمر صقر " العولمة وقضايا اقتصادية معاصرة - مرجع سابق ص١٨١ وما بعدها.
(٣) د. إبراهيم محمد الفار - المرجع السابق ص٢٥٩.

العمل وتتوافر له الميزة النسبية حتى ينتج سلعاً قادرة على المنافسة العالية في ظل التجارة الدولية فإيجاد القاعدة المنتجة للسلع - وليس تحرير حركة السلع - يشكل نقطة انطلاق مسيرة التكامل العربي المنشود[1].

٢   العمل على تكوين تكتل اقتصادي عربي يستطيع أن يلاحق التطورات المستجدة على الساحة الاقتصادية الدولية، وكذا العمل على فتح الأسواق العربية بدلاً من الأسواق الأوربية والأسيوية التي تغرق الأسواق العربية بمنتجاتها المختلفة وهذا ما يدعو إلى النهوض بالسوق العربية المشتركة سعياً نحو التكامل الاقتصادي إلى جانب بعض الاتفاقيات الثنائية والجماعية بين الدول العربية[2].

بيد أن ذلك لا يتحقق إلا من خلال تعاون عربي وثيق يتطلب إزالة أسباب الخلافات العربية حيث تفرض التحديات العالمية الجديدة ضرورة تكاتف الدول العربية ووقوفها صفاً واحداً وتقريب وجهات النظر لتسهيل الدخول في منطقة التجارة العربية الكبرى المرتقبة[3].

٣   العمل على زيادة معدلات تدفق الاستثمارات بين الدول العربية بتوفير المناخ الملائم للاستثمار وجذب المزيد من الاستثمارات المختلفة، ولا يتحقق ذلك إلا بالاستقرار السياسي وتوفير مزيد من الحماية للمستثمر

(١) د. عاطف السيد " الجات والعالم الثالث " مرجع سابق ص٢٤٢، ص٢٤٣.
(٢) د. محمد عبد الحليم عمر " مشكلة الإغراق وحرق الأسعار " ورقة عمل - مرجع سابق ص١٦.
(٣) أ. محمد خميس " حماية الصناعة الوطنية من الجات " - الأهرام الاقتصادي العدد ١٥٧٣ - مرجع سابق ص٢٠.

العربي ضد مخاطر الاستثمار، وفتح المجالات الواسعة أمام القطاع الخاص العربي للدخول في المشروعات الاقتصادية العربية المشتركة وكذلك توفير ضمانات قانونية وتشريعية لتشجيع وتنظيم الاستثمار الأجنبي[1].

٤   الاهتمام بإنشاء شبكة جديدة من وسائل النقل وطرق المواصلات لربط أجزاء الوطن العربي بعضها ببعض لتسهيل عملية نقل السلع بين الدول العربية المختلفة[2].

٥   ضرورة إعداد البرامج للتعريف بالمنتجات الوطنية في الدول العربية وتوعية المستهلك بها وبأهمية شراء المنتجات الوطنية والتخلي عن التحيز غير المبرر للمنتجات الأجنبية المماثلة وإعطاء الأولوية في المشتريات الحكومية للمنتجات الوطنية في حالة توافر عناصر المنافسة مع المنتجات الأجنبية من حيث السعر والجودة[3].

٦   العمل على إيجاد قدر معين من التنسيق بين الإنتاج والتصدير والمساهمة في حل المشكلات والصعوبات التسويقية والتمويلية والإدارية التي تحول دون زيادة التجارة العربية، وكذا العمل على إنشاء جهاز لتنمية الصادرات في كل دولة من الدول العربية للمساهمة في تنمية الصادرات من المنتجات العربية[4].

---

(١) د. عاطف السيد - المرجع السابق ص٢٤٥.
(٢) الأهرام الاقتصادي العدد ١٥٧٣ - المرجع السابق ص٢٠.
(٣) د. إبراهيم محمد الفار " اتفاقيات منظمة التجارة العالمية " - مرجع سابق ص٢٥٩.
(٤) د. إبراهيم محمد الفار " اتفاقيات منظمة التجارة العالمية " - مرجع سابق ص٣٠٨.

٧) إن تعقيد إجراءات مكافحة الإغراق يشكل عبئاً على الدول العربية باعتبارها دولاً نامية وكذلك على شركاتها الأقل تطوراً وذلك لإلمامها غير الكافي بالقوانين واللوائح والممارسات الإدارية في البلدان المستوردة وخبرتها الأقل في مواجهة ادعاءات اللجوء إلى الإغراق ويخلق ذلك العديد من المشاكل التي تواجهها هذه الدول في الدفاع بفاعلية عن حقوقها ومصالحها وبالتالي لابد من الحصول على دعم المجتمع الدولي ومساعدته وطلب المشورة في موضوعات الإغراق ويمكن اللجوء إلى مجلس التجارة والتنمية التابع للأمم المتحدة "الاونكتاد" للاستعانة به في هذا الشأن[١].

٨) ضرورة إقامة مركز عربي دولي دائم للإعلام وتوفير المعلومات التجارية التي تلقي الضوء على المنتجات العربية السلعية والخدمية[٢].

وكذلك لتوفير البيانات والمعلومات الكافية لتشخيص حالات الإغراق والتعرف على آثارها على الصناعات الوطنية[٣].

ويمكن كذلك تطوير الشبكة العربية للمعلومات الصناعية التي أنشأتها المنظمة العربية للتنمية الصناعية والتعدين بحيث تشمل المعلومات جميع الأنشطة الاقتصادية بدلاً من الصناعة فقط وجميع الدول العربية بدلاً من الدول الست التي تشارك في شبكة المعلومات وهي "مصر –

---

(١) أ. نعمان الزياتي " مكافحة الإغراق " – مرجع سابق صـ٣٦.
(٢) د. عاطف السيد " الجات والعالم الثالث " – مرجع سابق صـ٢٥١.
(٣) د. إبراهيم محمد الفار – مرجع سابق صـ٢٥٩.

المغرب – تونس – ليبيا – السعودية – سوريا[1] ".

٩)   وأخيراً نقترح إنشاء جهاز عربي لمكافحة الإغراق على غرار الجهاز المصري يقوم بتبني قضايا الإغراق في جميع الدول العربية سواءً التي ترفعها هذه الدول أو التي ترفع عليها على أن يمول الجهاز المقترح عن طريق إنشاء صندوق خاص تساهم فيه جميع الدول العربية وأن يزود بخبرات قانونية واقتصادية متميزة وعلى مستوى عالٍ من الخبرة في مجالات القضايا المتعلقة باتفاقات منظمة التجارة العالمية بصفة عامة وقضايا الإغراق بصفة خاصة.

---

(١) الأهرام الاقتصادي – العدد ١٥٧٣ – مرجع سابق ص ـ٢٠.

الخاتمة

وفي نهاية هذه الدراسة اعرض لهذه الخاتمة التي تشمل أهم النقاط والنتائج التي تناولتها وكذلك لأهم المقترحات والتوصيات التي توصلت إليها على النحو التالي:

أهم النقاط والنتائج التي تناولتها الدراسة:

* إن المنافسة ترتبط ارتباطاً وثيقاً بالأعمال التجارية والتجار، وتعد حرية المنافسة من سمات النظام الرأسمالي، كما أن المنافسة لا تفقد أهميتها كذلك في نظام الاقتصاد الموجه لأنها من مستلزمات التطور بوجه عام.

* وطالما أن التجار والمنتجين يتسابقون لتوفير أفضل الشروط وإدخال التحسينات على السلع والخدمات محل المنافسة فإن هذا التسابق مطلوب لأنه يؤدي إلى ازدهار التجارة وتسمى المنافسة حينئذ بالمنافسة المشروعة، أما إذا انحرفت المنافسة عن الجادة ولجأ المتنافسون إلى طرق غير مشروعة تتنافى والنزاهة وأصول التعامل التجاري فالمنافسة في هذه الحالة تفقد مشروعيتها وتصبح منافسة غير مشروعة أو غير شريفة.

* على الرغم من أن البعض عدد مساوئ وعيوباً للمنافسة إلا أن لها أهمية كبرى في مجال النشاط التجاري والصناعي حيث تؤدي إلى ازدهار المشروعات وتقدمها كما أن لها قدرة خلاقة في الابتكار وتحفز على الإبداع وتحقيق التقدم في مجال التجارة والصناعة.

* تتعدد صور المنافسة غير المشروعة ولها أمثلة كثيرة لا يمكن

حصرها كما أنه لا يمكن التنبؤ بما قد يستجد منها مستقبلاً، ولقد استقر الـرأي بشـأنها إلى تقسيمها إلى ثلاث مجموعات هي:

أولاً: أعمال تؤدي إلى الخلط واللبس بين المحال التجارية والمنتجات بقصد جذب العمـلاء إلى متجر منافس.

وثانياً: وسائل أو أعمال التشويه التي تهدف إلى النيل من سمعة التاجر المنافس أو إلى منتجاته.

وثالثاً: أعمال تهدف إلى إحداث الاضطراب الداخلي في المشروع المنافس أو في السوق. وخلصنا إلى اعتبار الإغراق من أبرز صور المنافسة غير المشروعة والتي تندرج ضمن المجموعـة الثالثـة الخاصة بإحداث الاضطراب في إطار السوق.

* إن المنافسة في الإسلام لها أصولها وقواعدها التي تختلف عن تلك التي تدعو إليها النظم الرأسمالية والاشتراكية، فالمنافس في ظل هذه الأنظمة يهدف ويتسابق إلى الربح متجاهلاً الدافع الإنساني والرابطة الإنسانية مستغلاً كل الفرص المتاحة للكسب، أما الإسلام فيدعو إلى المنافسة الخيرة التي تعود بالنفع على الفرد والمجتمع والتي يتحلى فيهـا التـاجر بقيـم وأخلاق تثمر في إيجاد تاجر يخشى اللـه تعالى ويتقيه ويعمل لآخرتـه قبل دنيـاه ويؤثـر غيره على نفسه.

* كما أن الإسلام يحذّر من المنافسة الشريرة المدمرة التي تقـوم عـلى أسـاس مـن الغـش والتضليل والخداع، والإسلام إذ يحض على المنافسة الخيرة فقد أوجب أن تمـارس في إطـار من التعاون والعدل وأن تكون بناءة تنصب على التسـابق في إجـادة العمـل وإجـادة المنتجات وتفوقها

ولتحقيق ذلك أوجب على التاجر أن يتحلى بجملة من الأخلاق والآداب الإسلامية في معاملاته وخلصنا إلى القول بأن هذه الأخلاق وتلك الآداب التي يزرعها الإسلام في قلب وضمير التاجر والمنتج تعد بمثابة حماية للمنافسة المشروعة في ظل الشريعة الإسلامية الغراء.

* ومن أوجه اهتمام الإسلام بالمنافسة المشروعة أنه قد اشترط لها شروطاً أهمها أن يقوم التنافس والتسابق في كافة مجالات النشاط الاقتصادي سعياً وراء الأفضل ووفقاً لحاجات الأمة ومطالبها المتعددة، وأن تنصب المنافسة على التسابق في إتقان العمل وزيادة الإنتاج والارتقاء بمستوى جودة المنتجات والخدمات، كما اشترط الإسلام ألا يترتب على المنافسة إضرار بالغير سواءً كان هذا الغير منتجاً أو تاجراً أو مستهلكاً أو المجتمع بصفة عامة، فإذا توافرت هذه الشروط انعكس ذلك على سوق المنافسة والمنافسين وجمهور المستهلكين وعلى الأمة بأثرها بأطيب الثمار والآثار، كما تثمر المنافسة في ظل الإسلام مجتمعاً متماسكاً ومتكاتفاً يعمه الرخاء والتآلف والتعاون.

* وإذا فقدت المنافسة المشروعة مشروعيتها - وذلك بارتكاب المنافس فعلاً من أفعال المنافسة غير المشروعة - فإنه يجب التصدي لهذا الفعل وإجبار المنافس المعتدي على الكف عن ممارسته ولذلك أقام القضاء المصري نظاماً قانونياً خاصاً يتمثل في دعوى المنافسة غير المشروعة، والتي أقرها قانون التجارة الجديد رقم ١٧ لسنة ١٩٩٩، وبصدور هذا القانون تجاوز المشرع أحكام المسئولية التقصيرية في تأسيسه لدعوى المنافسة غير المشروعة حيث أجاز للقاضي أن يحكم

- فضلاً عن التعويض - بإزالة الضرر وبنشر الحكم على نفقة المحكوم عليه في إحدى الصحف اليومية وذلك بناءً على أحكام المادة ٦٦ من هذا القانون، كما أن الشريعة الإسلامية قد نهت عن المنافسة غير المشروعة وحثت على المنافسة الخيرة ومن أجل ذلك فقد نهى الإسلام عن صور كثيرة من صور المنافسة غير المشروعة منها - ما يتصل بهذه الدراسة - النهي عن كل ما يحدث الاستغلال والغش والخداع وكذلك النهي عن كل ما يحدث الاضطراب والتلاعب في الأسواق واعتبر الإسلام أن ممارسة هذه الصور حرام وأن مرتكبها يعد آثماً وظالماً ويجب على وليّ الأمر منعه من ذلك.

* أما بالنسبة لمفهوم الإغراق فقد تعرضنا لمفهومه طبقاً للاتفاقية العامة للتعريفات والتجارة - الجات ثم لمفهومه طبقاً للقانون المصري رقم ١٦١لسنة ١٩٩٨ الصادر بشأن حماية الاقتصاد القومي من الآثار الناجمة عن الممارسات الضارة في التجارة الدولية ثم لمفهومه لدى بعض الفقهاء ثم ذهبنا إلى تأييد التعريف القائل بأن الإغراق هو" بيع السلعة في الأسواق الأجنبية بثمن يقل عن الثمن الذي تباع به نفس السلعة في نفس الوقت وبنفس الشروط في السوق الداخلية "، كما أوضحنا بأن اختلاف مفاهيم الإغراق يبرر الصعوبات التي تواجهها الدول لإثبات وجوده ولكي يمكن للدولة المستوردة أن تثبت وجود إغراق في أسواقها لسلعة ما، وحتى يمكن اتخاذ ما يلزم من إجراءات لمكافحة الإغراق على الواردات المغرقة فلابد من توافر شروط ثلاثة هي: التثبت من وقوع الإغراق وأن يتحقق ضرر للصناعة المحلية وأخيراً إثبات رابطة السببية بين الواردات المغرقة والضرر الذي

يلحق بالصناعة المحلية.

* أما عن أنواع الإغراق فينقسم إلى عدة أنواع رئيسية بحسب أغراض المغـرق وقدرتـه عـلى الاستمرار في ممارسة الإغراق وهـذه الأنـواع هـي: الإغـراق العـارض أو الطـارئ والإغـراق المؤقت والإغراق المستمر أو طويل الأجل.

* ولبيان موقف الإسلام من الإغراق أثرنا ثلاث نقاط مهمة:

النقطة الأولى: الثمن العادل في الإسلام وخلصنا إلى أن الثمن العادل في الإسلام يختلـف عـما يـراه أنصار المذهب الحر وأنصار نظرية رجال الكنيسة فليس هـو الـثمن الـذي يسـاوي نفقـة الإنتاج زائدة مكافأة للمنتج أو البائع تختلف باختلاف مركزه الاجتماعي وإنما هـو الـثمن الذي لا يضير بالبائع وكذلك لا يضير بالمشتري ويعد صالحاً للتطبيق في كل نظام.

النقطة الثانية: موقف الإسلام من رخص الأسعار، وقمنا ببيان آراء الفقهاء في شأن رخص الأسـعار وخلصنا إلى نتيجة مهمة وهي أنه على الـرغم مـن أن الإسـلام حبـب إلى التجـار إرخـاص الأسعار للتيسير على الناس إلا أن التاجر إذا قصـد مـن إرخاصـه للأسـعار الإضرار بالتجـار الآخرين المنافسين له وإفساد السوق عليهم فإن هذا يعد عملاً غير مشروع يجب معاقبة مرتكبه، وبالتالي فإن الإسلام يمنع إرخاص الأسعار الـذي يـؤدي إلى إفسـاد السـوق وخلـق حالة من المنافسة غير المشروعة بين التجار المتمثلة في الإغراق.

النقطة الثالثة: حكم الإغراق في الشريعة الإسلامية , وقصدنا من ذلك الأدلة التي تؤكد حرمة الإغراق الضاري مـن القـرءان الكـريم والسـنة النبويـة وأعـمال الخلفـاء الراشـدين ومـن القواعد العامة وكذلك من المعقول.

* أما عن الآثار المترتبة على الإغراق فتختلف تلك الآثار في الدول المستوردة عنهـا في الـدول المصدرة، فبالنسبة لآثار الإغراق على الدول المستوردة فإن الإغراق قد يجلب فائدة مؤقتة وعاجلة للمستهلك نتيجة شراءه السلع بأسعار أقل نسبياً في فترة زمنية معينة إلا أن هذه المنافع سرعان ما تتحول إلى خسائر يتحملها المستهلك وذلك بعد تحقق هـدف المغـرق واحتكاره السوق هذا بالنسبة للإغراق المؤقت أمـا في حالـة الإغراق الـدائم فيرى أنصـار مذهب الحماية أنه لا ضرر منه على المستهلك الوطني ولكنا ذهبنا إلى عـدم تأييـد هـذا الرأي على إطلاقه فمهما طال أمد الإغراق فـلا يمكـن أن يكـون مؤبـداً ولـذلك خلصـنا إلى القول بضرورة الحماية من الإغراق ولو كان دائماً.

- أما بالنسبة لآثار الإغراق على المنتجين في الدولة المستوردة فإنه يمثل أكبر المخاطر وأبلـغ الأضرار حيث يؤدي إلى ظهور الاحتكارات ويقلل من حوافز الاستثمار ويعمل عـلى زيـادة البطالة وتبديد الموارد المحلية المتاحة كـما يـؤدي إلى الخلـل في المـيزان التجـاري ونقـص الموارد المالية العامة.

- أما عن آثار الإغراق على الدول المصدرة فإن المستهلك في هـذه الـدول لا يضار طالمـا أن السعر لم يرتفع ولكنه قد يحرم من مزايا

التوسع في الإنتاج وقد يصاب بالضرر إذا كانت السلعة المغرقة مادة أولية تستعملها الدول المنافسة في إنتاج سلع أخرى، أما بالنسبة للمنتجين المصدرين للسلع المشابهة للسلعة المغرقة فإن الإغراق يعد سلوكاً ضاراً بالمنافسة الحرة بين المنتجين الأجانب المصدرين لهذه السلع في أسواق الدولة المستوردة، كما أن الإغراق يثير حرباً شرسة وصراعاً تنافسياً قاتلاً بين المنتج المغرق والمنافسين الآخرين.

ولذلك توصلنا إلى القول بضرورة حماية الاقتصاد القومي من مخاطر الإغراق وبفرض القيود على حركات السلع التي يراد لها إغراق السوق الوطني والقضاء على المنافسة فيه.

* أما عن حماية المنافسة من مخاطر ظاهرة الإغراق فأشارت الدراسة إلى أنه ينبغي التفرقة بين الأنواع المختلفة من الإغراق، فقد يكون الإغراق عارضاً ولا ينتج عنه أي أثر، كما قد يكون مفيداً للمستهلك أو للصناعة المحلية فهذه الأنواع لا تسبب أضراراً أو تهديداً للصناعة المحلية.

* أما عن الإغراق الذي يجب مكافحته والذي يؤثر على المنافسة المشروعة ويعد صورة من صور المنافسة غير المشروعة فهو الذي يكتمل فيه شروط ثلاثة هي وقوع الإغراق ووجود ضرر مادي أو تهديد بوجوده للصناعة المحلية المعنية أو تأخير مادي لقيامها، وأخيراً علاقة أو رابطة السببية بين الواردات المغرقة ووجود هذا الضرر.

* أما عن تدابير مكافحة الإغراق فقد نظمها اتفاق مكافحة الإغراق، كما نظمها المشرـع المصري من خلال اللائحة التنفيذية للقانون رقم ١٦١

لسنة ١٩٩٨م وهي ثلاثة تدابير هي الإجراءات المؤقتة، والتعهدات السعرية، والرسوم النهائية لمكافحة الإغراق.

* وخلصت الدراسة إلى أنه على الرغم من أن اتفاق مكافحة الإغراق الذي جاءت به جولة أورجواي يعتبر أفضل مجموعة أحكام تم التوصل إليها لمكافحة الإغراق في النصف الثاني من القرن العشرين، وعلى الرغم من الإيجابيات التي أتى بها هذا الاتفاق إلا أن هذه الايجابيات لا تلغى السلبيات التي تؤخذ على الاتفاق كما أنها لا تفيد الدول النامية وأن الاتفاق يعتبر الحارس الأمين على أسوار الدول الصناعية الكبرى التي تطبق الاتفاق على الدول النامية فقط وأن هذه الدول تلجأ إلى اتباع أسلوب مكافحة الإغراق باعتباره إجراءً حمائياً ذا فاعلية شديدة.

أما عن مكافحة الإغراق في الشريعة الإسلامية:

فقد فصلت الدراسة نوعين من الإجراءات هما: الإجراءات الوقائية لحماية المنافسة من الإغراق وتمثلت هذه الإجراءات في شيئين الأول: الترغيب في تنظيم السوق وبث روح المنافسة الخيرة بين التجار, والثاني: الترهيب من إفساد السوق والنهي عن المنافسة الشريرة، أما عن الإجراءات العلاجية فتمثلت في إجبار المغرق على بيع سلعته بثمن المثل، وفرض التسعير لمواجهة الإغراق وعقوبة التعزيز ثم فصلت الدراسة نظام الحسبة في الإسلام لما لهذا النظام من أثر عظيم في ضبط الأسواق ومراقبة السلع والأسعار وحماية المصلحة العامة والخاصة ومنع الإضرار بالتجار والمستهلكين على حد سواء، وخلصت الدراسة إلى نتيجة مهمة وهي اعتبار

نظام الحسبة نظاماً مثالياً لضبط الأسواق والأسعار وبالتالي لحماية المنافسة بـين التجار مـن أي ممارسات ضارة بالتجار والمستهلكين.

أما عن ظاهرة الإغراق في جمهورية مصر العربية وسبل مكافحته:

فقد أوضحت الدراسة بأن الأسواق المصرية قد تعرضت لممارسات إغراقية تسببت في وجود ضرر مادي بالصناعات المحلية لبعض المنتجات المثيلة، ولقد قام جهاز مكافحـة الإغـراق باتخـاذ قرارات عملية بشأنها ثم بينت الدراسة نمـاذج لـدعاوى الإغـراق التـي رفعـت ضـد مصر- والتـي انتهت ببراءة المنتجات المصرية من تهمة الإغراق.

* ثم تعرضت الدراسـة للإجـراءات التـي قامـت بهـا الحكومـات المصرية لمواجهـة ظـاهرة الإغراق بقصد حماية الإنتاج المحلي والمستهلك المصري والتي يعتبر مـن أهمهـا إصـدار قانون مكافحة الدعم والإغراق رقم ١٦١ لسنة ١٩٩٨ ولائحتـه التنفيذيـة التـي تضمنت تشكيل جهاز مستقل لمكافحة الإغراق.

ثانيا توصيات بشأن تفعيل المنافسة المشروعة ومنع الإغراق:

أولاً: أن تبدأ الدولة من الإصلاح الداخلي لمـنظمات الإنتاج وإصلاح هياكلها الماليـة والإداريـة حتى يتسنى تأهيل الصناعة بكافة الوسائل لمواجهة الصـناعات المنافسـة لهـا في الجـودة والسعر، فكما أنه من حق المنتج على الدولة رعايته وحمايته كذلك يجب على الدولة أن تحمي المستهلك بفرض الإصلاح الداخلي لمنظمات الإنتاج وتطوير أسـاليبه حتـى لا يجبر المستهلك على شراء سلع ومنتجات غالية ورديئة الجودة.

ثانياً: العمل على إقامة اتحادات صناعية للمتنافسين في مجال الصناعة بصفتهم أصحاب صناعات وطنية والتنسيق فيما بينهم للنهوض بمستوى الجودة في المنتج والكفاءة العالية في الإنتاجية على أساس علمي لمواجهة المنافسة الأجنبية ويتم ذلك بزيادة نسبة التصنيع في مكونات السلع المصدرة وإدخال أساليب المعالجة الفنية والتغليف وغيرها.

ثالثاً: ضرورة إنشاء جهاز للمعلومات يعالج النقص في البيانات والإحصاءات الموثوق بها ليشمل البيانات الخاصة بالمنتجين وحجم الإنتاج وأسعار المبيعات والمخزون وأسعار البيع على مستوى كل صناعة وحجم السوق والاستهلاك بالإضافة إلى البيانات الخاصة بالسلع المستوردة المنافسة وأسعار بيعها في بلد المنشأ أو التصدير وأسعار بيعها في مصر.

كما يجب أن يعالج الجهاز المقترح للمعلومات توفير البيانات الأساسية عن مختلف الشركات والقطاعات الإنتاجية التي تباشر نشاطاً تصديرياً فيما يتعلق بنفقات المدخلات ومدى توافر الشروط الخاصة بالعمالة والبيئة وغيرها مما تشترط الأسواق الدولية لعرضها على أي جهة تطلبها للتيقن من عدم ممارسة السلع المصرية المصدرة لسياسة الإغراق بناءً على ادعاءات غير حقيقية تستهدف تقييد دخول الصادرات المصرية، ويمكن أن يتبع هذا الجهاز الجهاز المركزي للتعبئة والإحصاء أو لمركز المعلومات بمجلس الوزراء أو جهاز مكافحة الإغراق.

رابعاً: ضرورة قيام الشركات وتنظيمات رجال الأعمال بتدريب مجموعة مختارة تتولى اتخاذ إجراءات تقديم الشكوى من الإغراق نيابة عن الصناعة المحلية على أن يقوم بتدريبها جهاز مكافحة الإغراق، كما يتعين على الشركات المصرية المنتجة تطوير أنظمتها المحاسبية حتى تتصف بالمرونة لتقديم معلومات دقيقة على المستوى الداخلي أو الخارجي.

كما يجب فتح قنوات الاتصال وإقامة العلاقات والتنسيق المستمر بين المنتجين المصريين ورجال الأعمال والمصدرين وجماعات الضغط في الدول الأجنبية لعقد لقاءات دورية مشتركة بهدف تأييد أو الدفاع عن الموقف المصري ضد الادعاءات بالإغراق.

خامساً: ضرورة توافر مكاتب خبرة ومكاتب استشارية لتقديم المعاونة الفنية والقانونية للشركات المنتجة سواءً لتقديم الشكوى مستوفاة لعناصرها الأساسية في حالة الشكوى من الإغراق أو للدفاع عن وجهة نظر هذه الشركات في القضايا التي ترفع ضدها من الخارج وذلك نظراً لأن الإجراءات الخاصة بهذه القضايا شديدة التعقيد وتطلب مستوى من الخبرة في التحليل المالي والاقتصادي والقانوني ويتحقق ذلك بإنشاء كيانات قانونية جديدة تأخذ شكل شركات للمحاماة متخصصة في هذا المجال.

ويمكن تحقيق ذلك بالاتفاق مع جهاز مكافحة الإغراق واتحاد المحامين المصريين لعقد دورات تدريبية لإنشاء كوادر متخصصة من المحامين الدوليين المتخصصين في مجال المرافعات الدولية في قضايا

الإغراق والتجارة الدولية لتكون نواة مـن الخبراء القانونيين والمستشارين الاقتصاديين الملمـين بالقانون التجاري.

سادساً: ضرورة إنشاء وتحسين صندوق يتولى الإنفاق عـلى قضايا الإغـراق في الـداخل والخـارج وذلك بتعاون الغرف الصناعية وتنظيمات رجال الأعمال واتحاد الصناعات المصرية وذلك نظراً لما تتطلبه هذه القضايا مـن نفقات وأعبـاء ماليـة كبيـرة قد تعجـز عنهـا الشركات المعنية بمفردها.

سابعاً: ضرورة الاهتمام بأسواق الصادرات المصرية والعمل على فتح الأسواق العربية والإسلامية أمام المنتجات المصرية واستخدام أساليب متطورة للتسويق في إطار خطة تتولى اتحادات المصدرين وضعها بمشاركة وزارتي التجارة والخارجية.

ثامناً: يجب توافـر مجموعـة مـن الأدوات التقليديـة للـتحكم في الـواردات الأجنبيـة إلى الأسـواق العربية وبخاصة تلك السلع التي يقابلها سلع بديلة داخل مصر وهذا ما يرشد اللجوء إلى تدابير مكافحة الإغراق.

تاسعاً: يجب استخدام سياسات وآليات تحكم الرقابة على السلع المستوردة وتعمل عـلى تشجيع المنتجات المحلية المماثلة لوقاية الأسواق المصرية مـن الإغراق وتتمثل هـذه السياسات والآليات فيما يلي:

١) العمل على ضبط وإحكام الرقابة وسد الثغرات واستخدام النظم المتطورة لمنع تهريب السلع مجهولة المصدر بصورة غير شرعية من المنافذ البرية والبحرية والجوية إلى مصر مع التأكد من دقة سداد الجمارك على السلع المسموح بدخولها بما يحد ويمنع تهريب السلع

بطرق غير مشروعة والتي تتسبب في إغراق السوق المصرية بسلع تقل أسعارها عـن مثيلاتها بالأسواق المحلية.

٢ الضرب على أيدي العابثين من المستوردين الذين يتلاعبون في فواتير الأسعار بتخفيض قيمتها لأقل من القيمة الحقيقية لخفض نسبة الرسوم والجمارك عليها مما يؤدي إلى طرح هذه السلع بأسعار تقل عن قيمة ما يماثلها بالأسواق المحلية.

٣ التطبيق الحازم للقوانين التي تحدد مواصفات وقياس الجودة للسلع المسموح باستيرادها من الخارج حتى لا تكون المنافسة غير المتكافئة في الأسعار بينها وبين المنتج المحلي المماثل على حساب الجودة وكذا التشديد على شهادة المنشأ عند دخول أي سلعة إلى مصر.

٤ حث الأجهزة الحكومية والتابعة للقطاع العام وقطاع الأعمال العام على عـدم استيراد أي سلعة أو مادة يتوافر لها بـديل محلي بالمواصفات المطلوبة وكـذلك نشر الـوعي لـدى القطاع الخاص والمستهلك المحلي للاعتماد على المنتجات المحلية المماثلة أو البديلة ولا يتأتى ذلك إلا بالنهوض بمستوى جودة وسعر المنتج المحلي.

عاشراً: العمل على تكوين تكتل اقتصادي عربي يستطيع أن يلاحق التطورات المستجدة على الساحة الاقتصادية الدولية ويعمل على فتح الأسواق العربية بمنتجاتها المختلفة وهذا ما يدعو إلى النهوض بالسوق العربية المشتركة إلى جانب بعض الاتفاقيات الثنائية والجماعية بين الدول العربية ويتحقق ذلك بما يلي:

١ لابد من بناء جهاز إنتاجي عربي قوي يعتمد على تقسيم العمل

وتتوافر له الميزة النسبية حتى ينتج سلعاً قادرة على المنافسة العالمية في ظل التجارة الدولية.

٢) العمل على زيادة معدلات تدفق الاستثمارات بين الدول العربية بتوفير المناخ الملائم للاستثمار وجذب المزيد من الاستثمارات المختلفة ولا يتحقق ذلك إلا بالاستقرار السياسي وتوفير المزيد من الحماية للمستثمر العربي وفتح المجالات أمام القطاع الخاص العربي وتوفير ضمانات قانونية وتشريعية لتشجيع وتنظيم الاستثمار الأجنبي.

٣) الاهتمام بإنشاء شبكة جديدة من وسائل النقل وطرق المواصلات لربط أجزاء الوطن العربي بعضها ببعض لتسهيل نقل السلع بين الدول العربية المختلفة.

٤) ضرورة إعداد برامج للتعريف بالمنتجات الوطنية في الدول العربية وتوعية المستهلك العربي بها وبأهمية الاعتماد على المنتجات العربية والتخلي عن التحيز غير المبرر للمنتجات الأجنبية المماثلة - وبخاصة منتجات الدول التي لها مواقف عدائية مع الدول العربية.

٥) العمل على إيجاد قدر معين من التنسيق بين الإنتاج والتصدير والمساهمة في حل المشكلات والصعوبات التسويقية والتمويلية والإدارية التي تحول دون زيادة التجارة العربية، وكذا العمل على إنشاء جهاز لتنمية الصادرات في كل دولة من الدول العربية للمساهمة في تنمية الصادرات من المنتجات العربية.

٦) ضرورة إقامة مركز عربي دولي دائم للإعلام وتوفير المعلومات التجارية التي تلقي الضوء على المنتجات العربية من السلع والخدمات

وكذلك لتوفير المعلومات الكافية لتشخيص حالات الإغراق والتعرف عـلى آثارهـا عـلى الصـناعات الوطنية.

٧) العمل على إنشاء جهاز عربي لمكافحة الإغراق على غرار الجهاز المصري يقوم بتبني قضـايا الإغراق في جميع الدول العربية سواءً التي ترفعها هذه الدول أو التي ترفع عليها على أن يمول الجهاز المقترح عن طريق إنشاء صندوق خاص تسـاهم فيـه جميـع الـدول العربيـة وأن يزود بخبرات قانونية واقتصادية متميزة وعلى مسـتوى عـالٍ مـن الخـبرة في مجـالات القضايا المتعلقة باتفاقات منظمة التجـارة العالميـة بصـفة عامـة وقضـايا الإغـراق بصـفة خاصة.

* * *

وفي النهاية يتبقى كلمة وهي إننا إذا أردنا أن نحقق للمنافسة حماية فعالة مـن الممارسـات التي تضر بها حتى تؤتي ثمارها فلن يتأتى ذلك في ظل تشريعات وضعية قد لا تكون إلا مجرد حبر على ورق مهما بلغت من الدقة والعنايـة وذلـك إذا مـا طبقـت عـلى مجتمـع يخلـو مـن القـيم الأخلاقية والروحية.

فالمذاهب التي تسـود العـالم الآن لا تهـتم إلا بالجانـب المـادي مـن الحيـاة وتعـد المصـلحة والأنانية والاستغلال هي الأخلاق التي تحكمها , وللحق نقـول بـأن الإنسـانية حيـنما تـتخلى عـن المثل والقيم الأخلاقية تصبح الحضارة والآلة والمخترعات وسـائل إضرار يتحـول فيهـا الإنسـان إلى وحش كاسر، ومما يؤسف له أن الاستعمار وامتصاص دم الشعوب واستغلال خيراتها

وطاقاتها والرفاهية على حسابها كل هذه الجرائم تصبح فضائل في ظل حضارة زائفة تخلو من الروح والخلق.

ولا أدل على ذلك من أن الأزمة الاقتصادية التي حدثت في الآونة الأخيرة , والتي أزعجت العالم اجمع إنما حدثت بسبب التمسك بهذه المذاهب التي حذّر منها الإسلام منذ أكثر من أربعة عشر قرناً من الزمان , كما حذّر منها المنصفون من غير المسلمين عندما أشاروا إلى ضرورة التمسك بالقيم التي نادى بها القرءان الكريم في قوله تعالى: ﴿ يَا أَيُّهَا الَّذِينَ آمَنُوا اتَّقُوا اللَّهَ وَذَرُوا مَا بَقِيَ مِنَ الرِّبَا إِنْ كُنْتُمْ مُؤْمِنِينَ (٢٧٨) فَإِنْ لَمْ تَفْعَلُوا فَأْذَنُوا بِحَرْبٍ مِنَ اللَّهِ وَرَسُولِهِ وَإِنْ تُبْتُمْ فَلَكُمْ رُءُوسُ أَمْوَالِكُمْ لَا تَظْلِمُونَ وَلَا تُظْلَمُونَ﴾ الآيتين ٢٧٨, ٢٧٩ من سورة البقرة.

والحق الذي لا مراء فيه أن الإسلام هو الذي يملك تسخير المادة والحضارة لخير الإنسانية جمعاء , وهو الذي يستطيع أن ينقذ الشعوب من المصير الذي تساق إليه بسبب انطلاق عقال المصلحة والأنانية والاستغلال، وكان ذلك سبباً في أن تتجه آمال المظلومين والمقهورين والجياع والعراة إلى الإسلام تبحث فيه عن طوق النجاة باعتباره الدين الأوحد الذي حفظ كبرياء الإنسان وكرامته وصانه من الاستعباد والإذلال، وكيف لا، والإسلام منهج ذو خصائص تميزه من ناحية التصور الاقتصادي ومن ناحية الشريعة المنظمة لارتباطات الحياة كلها , ومن ناحية القواعد الأخلاقية التي تقوم عليها هذه الارتباطات، فالإسلام لم يقتصر على النصائح الأخلاقية في تبني

مجالاته بل دعم ذلك وأكمله وأيده بقواعد تشريعية تنظم جميع العلاقات وتحدد الحقوق وتفرض الواجبات، كما أنه تميز عن غيره من الأنظمة الوضعية بعدم الاقتصار على الإلزام الخارجي بل دعم قواعده الإلزامية بأسس ودوافع اعتقادية ونفسية تولد في الإنسان حوافز داخلية لتنفيذ هذه القواعد وتوقظ فيه الضمير والشعور بالمسئولية دائماً.

ولقد قرر علماء المسلمين أن على ولاة الأمر أن يسهروا على مصالح رعيتهم وأن يسوسوا الناس بما يكفل لهم الحياة الطيبة في إطار من التعاون والود وبما يحول بين نفوسهم وبين التحاقد والتحاسد ومما يحقق ذلك الضرب على أيدي الطغاة الجشعين الذين لا هم لهم في الحياة إلا إرواء شهواتهم المادية وجمع المال الذي لا يشبع المنهوم فيه من أي طريق جاع الناس أو شبعوا، ولو نُفِّذت الأحكام الإسلامية لوجد الجاهل ضالته من العلم والفقير حاجته من العيش والمريض حقه من العلاج والدواء، ولتهيأت وسائل المعيشة الشريفة للأمة الإسلامية والعربية.

وأخيراً نسأل الله سبحانه أن يبصر ولاة الأمر بما في هذا التشريع الإسلامي الحكيم العادل في دقة ومسايرة لكل إصلاح فيربطوا سياستهم وسلوكهم بتشريعاته المشرقة الحكيمة التي حوت كل ما هو صالح لكل أمة في كل جيل وفي كل عصر ليصبح منهج حياة لقيادة البشرية كلها، كما نسأله سبحانه أن يمدهم بمعونته وتوفيقه للعمل على توفير الرخاء لشعوبهم وإصلاح نفوس المحتكرين الجشعين بما يرون فيه صلاح نفوسهم وتحقيق الخير للمجتمع.

* * *

يقول الله تعالى: ﴿إِنَّمَا كَانَ قَوْلَ الْمُؤْمِنِينَ إِذَا دُعُوا إِلَى اللَّهِ وَرَسُولِهِ لِيَحْكُمَ بَيْنَهُمْ أَنْ يَقُولُوا سَمِعْنَا وَأَطَعْنَا وَأُولَئِكَ هُمُ الْمُفْلِحُونَ ﴾.

(الآية ٥١ من سورة النور)

وآخر دعوانا أن الحمد لله رب العالمين, ربنا لا تؤاخذنا إن نسينا أو أخطأنا ربنا ولا تحمل علينا إصراً كما حملته على الذين من قبلنا ربنا ولا تحملنا ما لا طاقةً لنا به واعف عنا واغفر لنا وارحمنا أنت مولانا فانصرنا على القوم الكافرين.

وصلى اللهم وسلم وبارك على سيدنا محمد وعلى آله وصحبه وسلم

تم بحمد اللـه تعالى وتوفيقه

المؤلف دكتور / محمد أنور حامد على

ثبت المراجع

القسم الأول

المراجـع الشـرعية

أولاً: القرآن الكريم وعلومه:

١) القرآن الكريم

٢) ابن كثير " تفسير القرآن العظيم " للإمام الحافظ عماد الدين أبو الفداء إسماعيل بـن كثـير القرشي الدمشقي المتوفى سنة ٧٧٤- راجعاها وقام بتصحيحها أبو عبد الرحمن أحمد بـن محمد - مكتبة الإيمان - بريده السعودية - الطبعة الأولى سنة ١٤١٥ هـ

٣) الألوسي " روح المعاني في تفسير القرآن العظيم والسبع المثاني " لأبي الفضل شهاب الدين السيد محمود الألولسي البغدادي المتوفى سنة ١٢٧هـ- المركز الإسلامي للطباعة والنشر- - مكتبة دار التراث.

٤) الشيخ سيد قطب " في ظلال القرآن " دار الشروق - الطبعة الشرعية السابعة عشر- سنة ١٤١٢هـ/ سنة ١٩٩٢م

٥) الطبرسي " مجمع البيان في تفسير القرآن " للشيخ أبو علي الفضل بن الحسن الطبرسي من أكابر العلماء في القرن السادس- دار الفكر - بيروت - لبنان طبعة سنة١٤١٤هـ/ سنة١٩٩٤م

٦) القرطبي " الجامع لأحكام القرآن " لأبي عبد اللـه بـن محمد الأنصاري القرطبي - دار الفكر - بيروت - لبنان - طبعة سنة ١٩٩٤م

ثانياً: السنة وعلومها:

١) ابن تيمية " المنتقى من اخبار المصطفى "لمجد الـدين أبي البركات عبد السـلام بـن تيمية الخراني – وقف علي تصحيحه وعلق هوامشه خادم السنة محمد حامـد الفقـي – من علماء الأزهر – الطبعة الأولى – مطبعة حجازي سنة ١٩٣٢.

٢) ابن حجر "فتح الباري بشرح صحيح البخاري " للإمام الحـافظ أحمـد بـن علـي بـن حجر العسقلاني – دار الحديث – القاهرة – الطبعة الأولى سنة ١٤١٩هـ سنة ١٩٩٨م

٣) ابن رجب الحنبلي "جامع العلوم والحكم " لأبن رجب الحنبلي البغـدادي الدمشـقي المتوفى سنة ٧٩٥هـ - دار الحديث – الطبعة الثالثة سنة ١٤١٨هـ- سنة ١٩٩٧م

٤) ابن ماجه " سنن ابن ماجه " لأبي عبد اللـه محمد بن يزيد القزويني شركة الطباعة العربية السعودية سنة١٩٨٤م تحقيق محمد مصطفى الأعظمي.

٥) أبو داود "سـنن أبي داود " للإمام الحـافظ المصـنف المـتقن أبي داود سـليمان ابـن الاشعث السجستاني الأزدي المولود سنة ٢٠٢هـ المتوفى سنة٢٧٥هـ - مراجعـة محمـد محي الدين عبد الحميد – مطبعة مصطفى محمد – دون سنة طبع.

٦) الإمـام مالـك " موطا الإمام مالـك " لأبي عبد اللـه مالـك بـن أنـس الأصبحي دار الحديث.

٧) البيهقي " السنن الكبرى " لإمام المحدثين الحافظ أبي بكر احمد بن الحسين بـن علـي البيهقي – دار الفكر – بيرون – لبنان – الطبعة

الأولى سنة ١٤١٦هـ/ سنة ١٩٩٦م

٨) الحافظ أبو بكر الهيثمي " مجمع الزوائد ومنبع الفوائد " للحافظ نور الدين علي بن أبي بكر الهيثمي- المتوفى سنة ٨٠٧ هـ بتحرير الحافظين الجليلين العراقي وابن حجر مؤسسة المعارف -بيروت طبعة سنة ١٤٠٦هـ- سنة ١٩٨٦م.

٩) الشوكاني " نيل الأوطار شرح منتقى الأخبار من احاديث سير الأخيار" للشيخ الإمام المجتهد قاض قضاة القطر اليماني محمد بن علي بن محمد الشوكاني دار الحديث - الطبعة الخامسة سنة١٤١٨هـ- سنة ١٩٩٨م خرج أحاديثه وعلق عليها عصام الدين الصبابطي.

١٠) الشيخ منصور علي ناصف " التاج الجامع للأصول في أحاديث الرسول " دار الكتب العلمية - بيروت - لبنان - دون سنة طبع.

١١) الصنعاني " سبل السلام شرح بلوغ المرام من أدلة الأحكام " لمحمد بن إسماعيل الكحلاني الصنعناني - مطبعة مصطفى البابي الحلبي.

١٢) المنذري " الترغيب والترهيب من الحديث الشريف " للإمام الحافظ زكي الدين عبد العظيم بن عبد القوي المنذري الدمشقي- تحقيق أيمن صالح - دار الحديث - طبعة اولى سنة ١٩٩٤.

١٣) المنذري " مختصر صحيح مسلم " للإمام أبي الحسين مسلم بن الحجاج القشيري النيسابوري - تحقيق محمد ناصر الدين الألباني - المكتب الإسلامي - بيروت - الطبعة الخامسة سنة١٤٠٥هـ سنة١٩٨٥م.

١٤) النسائي " سنن النسائي " بشرح الحافظ جلال الدين السيوطي وحاشية الإمام السندي - دار الكتب العلمية - بيروت.

١٥) النووي " رياض الصالحين " للإمام أبي زكريا يحي بن شرف النووي الدمشقي - دار الكتب القطرية سنة ١٩٨٨ تحقيق شعيب الأرنؤوط.

١٦) النووي " صحيح مسلم بشرح النووي " دار الفجر للتراث - طبعة سنة ١٤٢٠هـ سنة ١٩٩٩م راجعه محمد محمد تامر

ثالثاً: مراجع اللغة العربية

١) المعجم الوجيز - إصدار مجمع اللغة العربية طبعة خاصة بوزارة التربية والتعليم

٢) مختار الصحاح - للإمام محمد بن أبي بكر عبد القادر الرازي - رحمه الله - مطبعة عيسى الحلبي - دار إحياء الكتب العربية.

٣) لسان العرب - لأبي الفضل جمال الدين محمد بن مكرم المعروف بابن منظمور المصري - دار المعارف.

رابعاً: الفقه الإسلامي ومذاهبه

(أ) المذهب الحنفي:

١) ابن عابدين " حاشية ابن عابدين المسماة رد المحتار على الدر المختار شرح تنوير الأبصار " للشيخ محمد أمين الشهير بابن عابدين - المطبعة الكبرى الأميرية - الطبعة الثانية سنة١٣٢٦هـ.

٢) ابن نجيم " الأشباه والنظائر " للشيخ زين العابدين إبراهيم بن نجيم تحقيق عبد العزيز محمد الوكيل - مؤسسة الحلبي وشركاه سنة١٩٦٨.

٣) البابرتي " شرح العناية بهامش الفتح على الهداية " للإمام أكمل الدين محمد بن محمود البابرتي - المتوفى سنة ٧٨٦هـ - مطبعة مصطفى محمد - دون سنة طبع.

٤) الكاساني " بدائع الصنائع في ترتيب الشرائع " للإمام علاء الدين أبي بكر بن مسعود الكاساني الحنفي - الملقب بملك العلماء المتوفى سنة ٥٨٧هـ الطبعة الثانية سنة ١٤٠٢هـ سنة ١٩٨٢هـ - دار الكتاب العربي - بيروت - لبنان.

٥) المرغنياني " الهداية شرح بداية المبتدي " لشيخ الإسلام برهان الدين أبي الحسن علي بن أبي بكر بن عبد الجليل الراشداني المرغنياني المتوفى سنة ٥٩٣هـ - مطبعة مصطفى البابي الحلبي

٦) الموصلي " الاختيار لتعليل المختار" للإمام عبد الله بن محمود بن مودود بن محمود أبي الفضل مجد الدين الموصلي المتوفى سنة ٦٨٣هـ بتحقيق محمد محي الدين عبد الحميد - مكتبة محمد علي صبيح وأولاده - دون سنة طبع.

٧) داماد افندي " مجمع الأنهر في شرح ملتقى الأبحر " للمولى الفقيه المحقق عبد الله بن الشيخ محمد بن سليمان المعروف بداماد أفندي وهامشه الشرح المسمى بدر المتقى في شرح الملتقى، دار إحياء التراث العربي - دون سنة طبع.

٨) محمود بن احمد العنيني المولوى محمد عمر الشهير بناصر الإسلام الرامفوري" البناية في شرح الهداية " دار الفكر العربي - الطبعة الثانية سنة ١٤١١هـ - سنة ١٩٩٠م

(ب) المذهب المالكي:

١) ابن جزي " قوانين الحكام الشرعية ومسائل الفروع الفقهية " لمحمد بن احمد بـن جزي الغرناطي المالكي ١٢٩٤-١٣٤٠م عالم الفكر - الطبعة الأولى سنة ١٩٧٥.

٢) ابن رشد " بداية المجتهد ونهاية المقتصد " للقاضي الأمام أبي الوليد محمد بـن احمـد بـن محمد بن احمد بن رشد القرطبي الحفيد المتوفى سنة٥٩٥ هـ دار الفكر للطباعة.

٣) أبو الوليد الباجي " المنتقى شرح موطأ الإمام مالك " للقاضي أبي الوليد سليمان بن خلـف بن سعد بن أيوب بن وارث الباجي الأندلسي المولود سنة ٤٠٣هـ المتوفى سنة٤٩٤هـ - مطبعة السعادة - الطبعة الأولى سنة ١٣٣٢هـ

٤) الإمام مالك " المدونة الكبرى " رواية الإمام سحنون

٥) الحطاب " مواهب الجليل شرح مختصر خليل " لأبي عبد اللـه محمد بن محمد بن عبد الرحمن المغربي المعروف بالحطاب - دار الفكر طبعة سنة١٩٧٨م

٦) السيوطي " موطأ مالك وشرحه تنوير الأبصار " للإمام جلال الدين عبد الرحمن السيوطي المتوفى سنة ٩١١هـ مطبعة الحلبي سنة١٩٥١م.

(ج) المذهب الشافعي:

١) ابن حجر الهيثمي " الزواجر عن إقتراف الكبائر " لأبي العباس أحمد بـن محمـد بـن عـلي حجر الملكي الهيثمي ٩٠٩-٩٧٤هـ دار الكتب

العلمية - بيروت - لبنان الطبعة الأولى سنة ١٤٠٧هـ سنة ١٩٨٧م

٢) أبو الطيب البخاري " الروضة الندية شرح الدرر البهية " للسيد الإمام العلامة الملك المؤيد من الله الباري أبي الطيب صديق بن حسن بن علي الحسيني القنوجي البخاري- دار المعرفة - بيروت - لبنان طبعة ١٣٩٨هـ ١٩٧٨م.

٣) الرملي " نهاية المحتاج إلى شرح المنهاج " للعلامة شمس الدين محمد بن شهاب الدين أحمد الرملي المصري الشهير بالشافعي الصغير المتوفى سنة ١٠٠٤هـ مطبعة مصطفى الحلبي سنة ١٣٥٧هـ سنة ١٩٣٨م.

٤) الشافعي " الأم " للإمام المجتهد أبي عبد الله محمد بن أدريس العباسي ابن عثمان بن شافع بن سائب بن عبد يزيد بن هاشم بن عبد المطلب جد الرسول × المتوفى في سنة ٢٠٤هـ - دار الفكر.

٥) الشربيني " مغني المحتاج إلى معرفة ألفاظ المنهاج " للعلامة الشيخ محمد الشربيني الخطيب - مطبعة مصطفى البابي الحلبي سنة ١٣٥٢هـ سنة ١٩٣٣م

٦) الغزالي " إحياء علوم الدين " للإمام أبي حامد محمد بن محمد الغزالي المتوفى سنة٥٠٥هـ علق عليه جمال محمد ومحمد سيد - دار الفجر للتراث - طبعة أولى سنة١٩٩٩م.

٧) الماوردي " الإحكام السلطانية والولايات الدينية " للعالم العلامة أقضى القضاة ابي الحسن علي بن محمد بن حبيب النصري البغدادي الماوردي المتوفى سنة٤٥٠هـ مطبعة الوطن سنة ١٢٩٨هـ

٨) الماوردي " الحاوي الكبير" تحقيق وتعليق الـدكتور محمـود مسـطرجي وآخـرين – دار الفكر للطباعة والنشر والتوزيع

(د) المذهب الحنبلي:

١) ابن تيمية " الحسبة في الإسلام " لشيخ الإسلام تقي الدين أحمدبن تيميـة ٦٦١-٧٢٨م دار عمر بن الخطاب الإسكندرية – دون سنة طبعة.

٢) ابن قدامه " المغني " لأبي محمد عبد الـله بن أحمد بن محمد بن قدامه بن مقدام بـن نصر المتوفى سنة ٦٣٠هـ- دار الكتاب العربي للنشر طبعة سنة ١٤٠٣هـ سنة ١٩٨٣م.

٣) ابن قيم الجوزية "أعلام الموقعين عن رب العالمين " لشمس الدين أبي عبد الـله محمد بن أبي بكر المعروف بأبن قيم الجوزية المتوفى سنة ٧٥١ تحقيق محمد محي الـدين عبـد الحميد مطبعة السعادة – الطبعة الأولى سنة ١٣٧٤ سنة١٩٥٥م.

٤) ابن قيم الجوزية " الطرق الحكمية " مطبعة المؤيد سنة١٣١٧هـ

(هـ) المذهب الظاهري:

١) ابن حزم " المحلي " للإمام أبي محمد علي بن أحمد بن سعيد بـن حـزم الظاهري المتوفى سنة ٤٥٦ هـ تحقيق أحمد محمد شاكر – دار التراث بالقاهرة

(و) المذاهب الأخرى:

١) أحمد بن يحي المرتضى " البحر الزخار الجامع لمذاهب علماء الأمصار " للشيخ أحمـد بـن يحى المرتضى – دار الكتاب الإسلامي.

٢) الشهيد: السعيد زين الدين الجبعي العاملي " الروضة البهية شرح اللمعة الدمشقية " للشهيد محمد بن جمال الدين مكي العاملي - دار العالم الإسلامي - بيروت - لبنان.

٣) الشيخ محمد أطفيش " شرح كتاب النيل وشفاء العليل " للشيخ محمد بن يوسف أطفيش - مكتبة الإرشاد - جدة - السعودية - الطبعة الثالثة سنة ١٤٠٥هـ - سنة ١٩٨٥م.

٤) د. محمد بكر إسماعيل " الفقه الواضح من الكتاب والسنة على المذاهب الأربعة " دار المنار - الطبعة الثانية سنة١٩٩٧.

خامسا: مراجع في أصول الفقه:

١) د. أحمد النجدي " الوجيز في أصول الفقه " بدون ذكر اسم المطبعة ولا سنة الطبع.

٢) الشاطبي " الموافقات في أصول الشريعة " لإبراهيم بن موسى اللخمي الغرناطي المالكي المتوفى سنة٧٩هـ دار الفكر العربي - الطبعة الثانية سنة ١٣٩٥هـ سنة ١٩٧٥م.

٣) القرافي " الفروق " للإمام العلامة شهاب الدين أبي العباس أحمد بن إدريس بن عبد الرحمن الصنهاجي المشهور بالقرافي رحمه الله - عالم الكتب - بيروت.

٤) د. حسين حامد حسان " نظرية المصلحة في الفقه الإسلامي " دار النهضة العربية سنة ١٩٧١,

٥) د. زكريا البري " اصول الفقه " دار النهضة سنة ١٩٨٤,

٦) د. عبد الحميد ميهوب" اصول الفقه " المؤسسة الفنية للطباعة والنشر

سنة ١٩٨٦.

٧)   عز الدين بن عبد السلام " قواعد الأحكام في مصالح الأنام " للإمام المحدث الفقيه سلطان
العلماء أبي محمد عز الدين عبد العزيز بن عبد السلام السلمي المتوفى سنة٦٦٠هـ راجعه
وعلق عليه طه عبد الرؤوف سعد-دار الجيل – الطبعة الثانية سنة١٤٠٠هـ سنة١٩٨٠م.

٨)   د. محمد فاروق البنهان " الاتجاه الجماعي في التشريع الاقتصادي الإسلامي " دار الفكر
للطباعة والنشر والتوزيع – الطبعة الأولى سنة ١٩٧٠م.

٩)   د. محمود محمد عوض " مباحث في أصول الفقه الإسلامي " دار النهضة سنة٢٠٠١م
سنة١٤٢١هـ

سادسا: مراجع في التاريخ العام والتاريخ الإسلامي:

١)   ابن كثير" البداية والنهاية " لشيخ الإسلام الإمام الحافظ المفسر المؤرخ عماد الدين أبي
الفداء إسماعيل بن عمر بن كثير القرشي الدمشقي المتوفى سنة ٧٧٤هـ تحقيق محمد عبد
العزيز النجار- الناشر دار الغد العربي – الطبعة الأولى سنة ١٩٩١م

٢)   ابن هشام " السيرة النبوية " لأبي محمد عبد الملك بن هشام المعافري المتوفى بمصر-
سنة٢١٣ هـ - تحقيق د. محمد فهمي السرجاني – المكتبة التوفيقية.

٣)   البوطي " فقه السيرة" للدكتور محمد سعيد رمضان البوطي- دار الفكر - الطبعة السابعة
سنة ١٣٩٨هـ سنة ١٩٧٨م.

٤) الكاندهولي " حياة الصحابة" للعلامة الشيخ الفقيه المحدث الصوفي محمد يوسف الكاندهولي – تقديم السيد أبي الحسن علي الحسن – مكتبة الدعوة.

٥) المباركفوري " الرحيق المختوم في السيرة النبوية " لفضيلة الشيخ صفي الرحمن المباركفوري – دار المنار – القاهرة – الطبعة الثانية سنة١٤١٨هـ - سنة ١٩٩٨م.

سابعاً: الموسوعات والمعاجم الإسلامية:

١) د. أحمد الشرباصي " المعجم الاقتصادي الإسلامي " دار الجيل – دون سنة طبع.

٢) المجلس الأعلى للشئون الإسلامية " موسوعة الفقه الإسلامي " سنة ١٤١٤هـ

٣) د. محمد عبد المنعم " موسوعة الإقتصاد الإسلامي " دار الكتاب العربي – القاهرة.

ثامناً: مراجع إسلامية عامة:

١) ابن خلدون " مقدمة ابن خلدون " تحقيق د. علي عبد الواحد وافي – لجنة البيان العربي سنة١٣٧٦هـ سنة١٩٥٧م.

٢) الإمام محمود شلتوت " الإسلام عقيدة وشريعة " دار الشروق طبعة ١٣ سنة١٤١٤هـ- سنة١٩٨٥م.

٣) البشري الشوربجي " التسعير في الإسلام " طبعة سنة١٣٩٣هـ سنة١٩٧٣م دون ذكر اسم المطبعة.

٤) الشيخ محمد الغزالي " الإسلام المفترى عليه " نهضة مصر للطباعة والنشر والتوزيع طبعـة ثانية سنة ١٩٩٩م.

٥) الشيخ محمد الغزالي " الإسلام والمناهج الاشتراكية " نهضة مصر سنة ٢٠٠٠.

٦) الشيخ محمد الغزالي " خلق المسلم " دار التوفيق النموذجيـة – الطبعـة التاسعـة سنة ١٩٨٣م.

٧) د. عبد الحفيظ فرغلي " آداب السوق الإسلامية " سلسلة الـدين المعاملـة – دار الصحوة طبعة أولى سنة ١٩٨٧م.

٨) د. عبد السميع المصري " نظرية الإسلام الاقتصادية " مكتبة الأنجلو المصرية – دون سنة طبع.

٩) د. عبد العزيز خليل بـديوي " القضـاء في الإسلام وحمايـة الحقوق " دار الفكـر العربي سنة ١٩٧٩م.

١٠) د. علي عبد الرسول " المبادئ الاقتصادية في الإسلام " دار الفكـر العربي- الطبعـة الثانية سنة ١٩٨٠م.

١١) د. عوف محمد الكفراوي " الرقابة المالية في الإسلام" مؤسسة شباب الجامعة بالإسكندرية سنة ١٩٨٣.

١٢) د. محمد جمال الدين علي عواد " نظام القضاء في الإسلام " دار النهضة سنة١٣٩٩هـ

١٣) د. محمد سليمان الأشقر وآخرين " بحوث فقهيـة في قضايا اقتصادية معاصرة " دار النفائس للنشر والتوزيع – الأردن – الطبعة الأولى سنة ١٤١٨ هـ –سنة١٩٩٨م.

١٤)   د. محمد شامه " الإسلام كما ينبغي أن نعرفه " مكتبة شامة سنة ١٩٨٢,

١٥)   د. محمد شوقي الفنجري " المدخل إلى الاقتصاد الإسلامي " دار النهضـة العربيـة طبعـة
سنة ١٩٧٢,

١٦)   د. محمد عبد المنعم عفر " النظرية الاقتصادية بين الإسلام والفكر الاقتصادي المعاصر "
بنك فيصل الإسلامي بقبرص- الطبعة الأولى سنة ١٤٠٨هـ سنة١٩٨٨م.

١٧)   د. محمد فتحي صقر " تدخل الدولة في النشاط الاقتصادي في إطار الاقتصاد الإسلامي "
إدارة البحوث – مركز الاقتصاد الإسلامي – المصرف الإسلامي الدولي للاستثمار والتنميـة
طبعة سنة ١٩٨٨م.

١٨)   مستعين علي عبد الحميد " السوق وتنظيماته في الاقتصاد الإسلامي " الـدار السـودانية
للكتب – الخرطوم – دون سنة طبع.

١٩)   د. مصطفى مـراد " الثلاثـون المبشـرون بالجنـة " دار الفجـر للتـراث – الطبعـة الأولى
سنة١٩٩٩.

٢٠)   د. يوسف القرضاوي " الحلال والحرام في الشريعة الإسلامية " المكتب الإسلامي الطبعة
الخامسة عشر سنة١٩٩٤م.

٢١)   ------ "دور القـيم والأخـلاق في الاقتصـاد الإسـلامي " مكتبـة وهبـة – الطبعـة الأولى
سنة١٤١٥هـ

٢٢)   ------"فتاوى معاصرة " دار القلم للنشر والتوزيع بالكويت – الطبعة الثانية سنة ٢٠٠٠،
ودار الوفاء للطباعة والنشر – الطبعة الثانية سنة١٤١٥هـ سنة١٩٩٤م

(٢٣) ------" فقه الزكاة " مؤسسة الرسالة- الطبعة الرابعة والعشرون سنة ١٤٢٠هـ سنة ١٩٩٩م.

(٢٤) د. يوسف قاسم " التعامل التجاري في ميزان الشريعة الإسلامية – الطبعة الثانية سنة ١٩٩٢م.

القسم الثاني

المراجع القانونية والاقتصادية

أولاً: الكتــب:

(١) د. إبراهيم أحمد إبراهيم " الجات والحماية الدولة لبرامج الكمبيوتر وحق المؤلف " في الدولة العربية سنة ١٩٩٤.

(٢) إبراهيم المنجي المحامي " دعوى مكافحة الإغراق " منشأة المعارف بالإسكندرية الطبعة الأولى سنة ٢٠٠٠.

(٣) د. إبراهيم محمد الفار " اتفاقيات منظمة التجارة العالمية – دار النهضة العربية سنة ١٩٩٩م.

(٤) د. أحمد جامع " اتفاقيات التجارة العالمية الجزء الأول " دار النهضة العربية سنة ٢٠٠١.

(٥) ------" العلاقات الاقتصادية الدولية " دار النهضة العربية سنة ١٩٧٤،

(٦) ------" النظرية الاقتصادية" دار النهضة العربية الطبعة السادسة سنة ١٩٩٥م.

(٧) د. أحمد سيد مصطفى " تحديات العولمة والتخطيط الاستراتيجي "

الجمعية المصرية للاقتصاد والإحصاء سنة٢٠٠٠,.

٨) د. أحمد محرز " الحق في المنافسة المشروعة في مجالات النشاط الاقتصادي " طبعـة سنة١٩٩٤.

٩) ------ " القانون التجاري " مطبعة حسان سنة ١٩٨٦- سنة١٩٨٧م.

١٠) ------ " القانون التجاري " النسر الذهبي طبعة سنة٢٠٠٠,.

١١) د. أكثم أمين الخولي " الموجز في القانون التجاري " مطبعة نهضة مصر سنة١٩٧٠,.

١٢) ------ " الوسيط في القانون التجاري " الأموال التجاريـة " الطبعـة الأولى مطبعـة نهضـة مصر سنة ١٩٦٤م.

١٣) د. جودة عبد الخالق " مدخل إلى الاقتصاد الدولي " دار النهضة العربية – الطبعـة الأولى سنة ١٩٧٨م.

١٤) جون هدسون ومارك هرنـدر " العلاقـات الاقتصادية الدوليـة " ترجمـة طـه عبـد اللـه ومحمد عبد الصبور تقديم د. سلطان محمد سلطان – دار المريخ للنشر سنة ١٩٨٧,.

١٥) جيمس جوارتيني وريتشارد ستروب " الاقتصاد الجزئي " ترجمة محمد عبد الصـبور – دار المريخ للنشر – دون سنة طبع.

١٦) جي هولتن ولسون " الاقتصاد الجزئي " ترجمة د. كامل سلمان – دار المريخ.

١٧) د.حسين الماحي " تنظيم المنافسة " دار النهضة العربية – الطبعة الأولى سنة ٢٠٠٣

١٨) د. حسين عمر " اقتصاد السوق " دار الكتاب الحديث سنة١٩٩٩م

١٩) ------ " الموسوعة الاقتصادية " دار الفكر العربي الطبعة الرابعة سنة ١٩٩٢.

٢٠) د. حسين محمد فتحي "الممارسات الاحتكارية والتحالفات التجارية لتقويض حريتي التجارة والمنافسة " دار أبو المجد للطباعة سنة ١٩٩٨م.

٢١) د. حمد الله محمد حمد الله " الوجيز في حقوق الملكية الصناعية والتجارية " دار النهضة العربية – الطبعة الثانية سنة ١٩٩٧م.

٢٢) ------- " حماية المستهلك في مواجهة الشروط التعسفية في عقود الاستهلاك" دار الفكر العربي سنة١٩٩٧م.

٢٣) د. رضا عبيد " القانون التجاري " دار الثقافة العربية – الطبعة الثالثة سنة ١٩٩٨,

٢٤) د. سامي عفيفي ود.محمود حسين حسني "مدخل إلى سياسات التجارة الخارجية "مكتبة عين شمس طبعة ١٩٩٠م /١٩٩١م.

٢٥) عادل احمد حشيش" العلاقات الاقتصادية الدولة " دار الجامعة الجديدة للنشر ـ سنة ٢٠٠٠,

٢٦) د. عاطف السيد " الجات والعالم الثالث" طبعة سنة ١٩٩٩م.

٢٧) د. عطية عبد الحليم صقر " الإغراق بين الاتفاقية العامة للتعريفة والتجارة والسياسات التجارية في مصر " دار النهضة طبعة سنة ١٩٩٨م.

٢٨) د. علي إبراهيم " منظمة التجارة العالمية - جولة أورجواي وتقنين

نهب العالم "دار النهضة العربية سنة ١٩٩٧م.

٢٩)   د. علي البـارودي " مبـادئ القانون التجـاري والبحري " دار المطبوعـات الجامعيـة سنة ١٩٧٧م.

٣٠)   د. علي حسن يونس " المحل التجاري "دار الفكر العربي - دون سنة طبع.

٣١)   د. عمر صقر " العولمة وقضايا اقتصادية معاصرة الدار الجامعية سنة ٢٠٠٢، سنة ٢٠٠٣,

٣٢)   د. فوزية عبد الستار " قانون الإجراءات الجنائية " دار النهضة العربية سنة ١٩٧٧م.

٣٣)   مستشار محمد إبراهيم خليل " قانون التجارة الجديد معلقاً على نصوصه " مطابع روز اليوسف الجديدة سنة ١٩٩٩، سنة ٢٠٠٠,

٣٤)   د. محمد حسني عباس " الملكية الصناعية والمحل التجاري " دار النهضة العربية سنة ١٩٧١,

٣٥)   محمد سلمان مضحي " الاحتكار والمنافسة غير المشروعة " دار النهضة العربية سنة ٢٠٠٤م.

٣٦)   د. محمد عبد العزيز عجمية " الاقتصاد الدولي "دار الجامعات المصرية سنة ١٩٧٨,

٣٧)   د. محمود سمير الشرقاوي " القانون التجاري " دار النهضة العربية سنة ١٩٨٢,

٣٨)   د. مصطفى كمال طه " القانون التجاري " الدار الجامعية سنة١٩٩١م.

٣٩)   د. نادية محمد معوض " القانون التجاري وفقاً لأحكام قانون التجارة

الجديد رقم ١٧ لسنة ١٩٩٩م- دار النهضة العربية - الطبعة الأولى سنة ١٩٩م، سنة ٢٠٠٠.

ثانياً:الرســـائل العلميـــة:

١) أحمد رالجي أبو الوفا " الواقع الاحتكاري في التجارة الدولية وأثره في نظريتها " رسالة دكتوراه - كلية الحقوق، جامعة عين شمس سنة١٩٩٢م ".

٢) عادل عبد العزيز على السن " سياسة التجارة الخارجية في إطار منظمة التجارة العالمية والاقتصاد المصري " رسالة دكتوراه - كلية الحقوق - جامعة عين شمس سنة ,٢٠٠١

٣) عباس مصطفى أنور " التزام بائع المحل التجاري بعدم إنشاء تجارة منافسة " رسالة دكتوراه كلية الحقوق - جامعة عين شمس سنة ,١٩٨٠

٤) عبد العزيز بن الحجاج حنفي حسين " سياسة تدخل الدولة الإسلامية في النشاط الاقتصادي " رسالة دكتوراه كلية الشريعة والقانون - جامعة الأزهر - القاهرة سنة ١٩٨٣.

٥) محمد الأمير يوسف وهبه " صور الخطأ في دعوى المنافسة غير المشروعة رسالة دكتوراه - كلية الحقوق- جامعة القاهرة سنة ١٩٩٠م.

٦) محمد عبده إسماعيل " الشركات المتعددة الجنسيات ومستقبلها في الدول النامية " رسالة دكتوراه - كلية الحقوق - جامعة عين شمس سنة ١٩٨٦م.

٧) محمد متولي عبد الجواد - " المنافسة والاحتكار بين الشريعة والاقتصاد " رسالة دكتوراه - كلية الشريعة والقانون - جامعة الأزهر - القاهرة سنة ١٩٧٩م.

٨) موسى عز الدين عبد الهادي " أحكام التسعير في الشريعة الإسلامية " رسالة دكتوراه - كلية الحقوق - جامعة القاهرة سنة ١٩٨٩م.

ثالثاً: البحوث والمقالات والندوات:

١) د. أحمد رالجي أبو الوفا " إغراق ادعاءات وموجهات مطلوبة " الأهرام الاقتصادي - العدد ١٥٦٥ الصادر بتاريخ ٤ يناير سنة ١٩٩٩م.

٢) د. أحمد عبد الرحمن الملحم " الاحتكار المحظور ومحظورات الاحتكار في ظل نظرية المنافسة التجارية " مجلة القانون والاقتصاد العدد ٦٣ سنة ١٩٩٣م.

٣) د. الهادي السعيد عرفه " الضوابط الشرعية للمنافسة التجارية " - دراسة مقارنة "مجلة البحوث القانونية والاقتصادية" - كلية الحقوق - جامعة المنصورة العدد ٢٩ في ابريل سنة ٢٠٠١.

٤) د. حسن خضر " قانون تنظيم المنافسة ومنع الاحتكار " الأهرام الاقتصادي العدد ١٨٣٨ في ٢٩ مارس سنة ٢٠٠٤.

٥) د. عادل محمد خليل " تبسيط الجات " الأهرام الاقتصادي " العدد ١٥٨٠ الصادر بتاريخ ١٩٩٩/٤/١٩

٦) عبد الجواد علي "حماية الصناعة الوطنية من الجات " " الأهرام الاقتصادي العدد ١٥٧٣ الصادر في ١٩٩٩/٣/١م.

٧) عبد الرحمن الشاذلي وزير التموين الأسبق " الإفلات من قبضة الإغراق " ملف عدد الأهرام الاقتصادي رقم١٥٧١ بتاريخ ١٩٩٩/٢/١٥ – تحقيق

٨) د. محمد سلام مدكور " الاحتكار وموقف التشريع الإسلامي منه " مجلة القانون والاقتصاد " كلية الحقوق – القاهرة – العدد ٦٣ سنة ١٩٩٣م.

٩) د. محمد شوقي الفنجري " الحرية الاقتصادية وتدخل الدولة في النشاط الاقتصاد الإسلامي " مجلة إدارة قضايا الحكومة – العدد الثاني السنة٢٧ ابريل/ يونيو سنة ١٩٨٣,

١٠) د. محمد عبد الحليم عمر " مشكلة الإغراق وحرق الأسعار ورقة عمل مقدمة إلى الحلقة النقاشية السادسة عشر المنعقدة بمركز صالح عبد الله كامل للاقتصاد الإسلامي – جامعة الأزهر – القاهرة في٢٣/٩/٢٠٠٠,

١١) د. محمود محمد عمارة " الإسلام وتحرير إرادة الأمة " مجلة منبر الإسلام السنة٥٧ العدد ١١ ذو القعدة سنة١٤١٩ هـ - فبراير – مارس سنة ١٩٩٩م.

١٢) نعمان الزياتي " احتكارات السوق كيف نواجهها؟ الأهرام الاقتصادي العدد ١٤١٠ في ١٩٩٦,/١/١٥

١٣) -------" جني ثمار الإصلاح " الأهرام الاقتصادي العدد ١٥٦٥ في ١٩٩٩,/١/٤

١٤) -------" مكافحة الإغراق في اتفاقات منظمة التجارة العالمية " كراسات استراتيجية العدد ٧١ السنة الثامنة سنة ١٩٩٨.

رابعاً: أهـم القوانـين والنشرات:

١) القانون رقم ١٦١ لسنة ١٩٩٨ بشـأن حمايـة الاقتصاد القـومي مـن الآثار الناجمـة عـن الممارسات الضارة في التجارة الدولية – الجريدة الرسمية العـدد ١٢٤ تـابع أ في١١ يونيـه سنة ١٩٩٨.

٢) قرار وزارة التجارة والتموين رقم ٥٤٩ لسنة ١٩٩٨ بإصدار اللائحة التنفيذية للقانون رقم ١٦١ لسنة ١٩٩٨- الوقائع المصرية – العدد ٢٤ تابع في٢٤ أكتوبر سنة ١٩٩٨.

٣) بروتوكلات حكماء صهيون – دار النصر للطباعة الإسلامية طبعة سنة١٩٩٤

٤) جولة أورجواي – الوثيقة الختامية – مراكش ١٥أبريل سنة١٩٩٤م.

٥) قانون التجارة الجديد رقم ١٧لسنة١٩٩٩م.

٦) قانون حماية المنافسة ومنع الممارسات الاحتكارية رقم ٣ لسنة ٢٠٠٥ – الجريد الرسمية – العدد ٦ مكرر – بتاريخ ٢٠٠٥/٢/١٥.

٧) وزارة الاقتصاد – النظام المصري لمكافحة الإغراق والدعم والرسوم التعويضية والوقاية في إطار اتفاقية منظمة التجارة العالمية- وزارة الاقتصاد والتجارة الخارجية – جهاز مكافحة الدعم والإغراق والوقاية يونيو سنة ٢٠٠٠.

٨) وزارة الاقتصاد – قضايا الدعم والإغراق – قضية الـواردات مـن صنـف أسـود الكربـون" وزارة الاقتصاد والتجارة الخارجية – جهاز مكافحة الدعم والإغراق سبتمبر سنة ٢٠٠٠.

٩) وزارة التجارة والتمـوين – نشرة التجـارة الخارجيـة – قطاع التجـارة الخارجيـة بـوزارة التجارة والتموين – سابقاً – العدد الأول السنة

الأولى - مارس سنة١٩٩٨م.

١٠) وزارة التموين - نشرة التجارة الخارجية - قطاع التجارة الخارجية بوزارة التجارة والتموين - العدد الثاني السنة الأولى - نوفمبر سنة ١٩٩٨م.

١١) وزارة قطاع الأعمال العام " دليل الإجراءات والإرشادات العامة لبرنامج الحكومة لتوسيع قاعدة الملكية وإعادة الهيكلة وحوافز العاملين والإدارة - الجزء الأول - القاهرة - فبراير ١٩٩٣.

خامساً: الأحكـــــــام:

١) المستشار أنور العمروسي - قضايا النقض التجاري حتى سنة٢٠٠٠ - دار المطبوعات الجامعية - الطبعة الأولى سنة ,٢٠٠١

٢) حكم محكمة النقض المدنية المصرية - جلسة ٢٥ يونيو سنة ١٩٥٩ السنة العاشرة والطعن رقم٦٢ لسنة٢٥ القضائية - مطبعة دار القضاء العالي الفرعية سنة ,١٩٥٩

٣) حكم محكمة النقض المدنية المصرية جلسة ١٩٥٦/٣/٨قضية رقم ٢٧٤لسنة٢٢ القضائية.

٤) المستشار معوض عبد التواب " المستحدث في القضاء التجاري - أحكام النقض في إحدى وعشرين عاماً ١٩٧٤-١٩٩٥ الطبعة الثالثة سنة١٩٩٧ دار منشأة المعارف بالإسكندرية.

سادساً: الـدوريـــــات:

١) كراسات إستراتيجية - العدد ٧١ السنة الثانية سنة ١٩٩٨م.

٢)‏ مجلة إدارة قضايا الحكومة العدد الثاني السنة٢٧ ابريل / يونيو سنة ١٩٨٣م.

٣)‏ مجلة كلية الشريعة والقانون بطنطا العدد الأول سنة ١٩٨٦,

٤)‏ مجلة الأهرام الاقتصادي - أعداد متفرقة.

٥)‏ مجلة البحوث القانونية والاقتصادية - كلية الحقوق- المنصورة - أعداد متفرقة.

٦)‏ مجلة الشريعة والقانون - كلية الشريعة والقانون - جامعة الأزهر - القاهرة - أعداد متفرقة.

٧)‏ مجلة العربي العدد ٥٠٧ فبراير سنة ٢٠٠١,

٨)‏ مجلة القانون والاقتصاد - كلية الحقوق - جامعة القاهرة العدد ٦٣ لسنة ١٩٩٣,

٩)‏ مجلة مصر المعاصرة - أعداد متفرقة.

١٠)‏ مجلة منبر الإسلام السنة ٥٧ العدد ١١ ذو القعدة سنة ١٤١٩هـ

١١)‏ جريدة الأهرام - أعداد متفرقة.

سابعاً: المراجع الأجنبية.

١)‏ *NIGEL PIERCY* " Export strategy- Marks and competion " ١٩٨٢.

٢) EVANS and WAISH the E.I.U Guide to the New GATT.

الفصل الأول

ماهية الإغراق وموقف الإسلام منه

الفصل الثاني

حماية المنافسة المشروعة من الإغراق

(مكافحة الإغراق)

الفصل الثالث

ظاهرة الإغراق

في جمهورية مصر العربية وسبل مكافحته

Printed in the United States
By Bookmasters